COLABORAÇÃO PREMIADA
Lições práticas e teóricas

— de acordo com a jurisprudência do Supremo Tribunal Federal —

Conselho Editorial
André Luís Callegari
Carlos Alberto Molinaro
César Landa Arroyo
Daniel Francisco Mitidiero
Darci Guimarães Ribeiro
Draiton Gonzaga de Souza
Elaine Harzheim Macedo
Eugênio Facchini Neto
Gabrielle Bezerra Sales Sarlet
Giovani Agostini Saavedra
Ingo Wolfgang Sarlet
José Antonio Montilla Martos
Jose Luiz Bolzan de Morais
José Maria Porras Ramirez
José Maria Rosa Tesheiner
Leandro Paulsen
Lenio Luiz Streck
Miguel Àngel Presno Linera
Paulo Antônio Caliendo Velloso da Silveira
Paulo Mota Pinto

Dados Internacionais de Catalogação na Publicação (CIP)

C157c   Callegari, André Luís.
      Colaboração premiada : lições práticas e teóricas : de acordo com a jurisprudência do Supremo Tribunal Federal / André Luís Callegari, Raul Marques Linhares. 2. ed. rev. e ampl. – Porto Alegre : Livraria do Advogado, 2019.
      184 p. ; 23 cm.
      Inclui bibliografia.
      ISBN 978-85-9590-091-2

      1. Colaboração premiada (Processo penal) - Brasil. 2. Corrupção - Brasil. 3. Crime organizado. I. Linhares, Raul Marques. II. Título

CDU 343.14(81)
CDD 345.8105

Índice para catálogo sistemático:
1. Colaboração premiada (Processo penal) : Brasil   343.14(81)

(Bibliotecária responsável: Sabrina Leal Araujo – CRB 8/10213)

André Luís Callegari
Raul Marques Linhares

COLABORAÇÃO PREMIADA
Lições práticas e teóricas
— de acordo com a jurisprudência do Supremo Tribunal Federal —

2ª EDIÇÃO
revista e ampliada

livraria
DO ADVOGADO
editora

Porto Alegre, 2020

©
André Luís Callegari
Raul Marques Linhares
2020

(edição finalizada em agosto/2019)

Projeto gráfico e diagramação
Livraria do Advogado Editora

Revisão
Rosane Marques Borba

Arte da capa
Maurício Pamplona
designer
+55 51 985441614

Direitos desta edição reservados por
Livraria do Advogado Editora
Rua Riachuelo, 1334 s/105
90010-273 Porto Alegre RS
Fone: (51) 3225-3311
editora@doadvogado.com.br
www.doadvogado.com.br

Impresso no Brasil / Printed in Brazil

À Cristina Motta e ao André da Motta Callegari.
Aos queridos amigos do IDP/Brasília, em especial à Gabriela Jardim e ao Atalá Correia.
André Luís Callegari

À Ana Paula Zago, com o meu amor e a minha admiração.
Raul Marques Linhares

Préfacio da 2ª edição

A colaboração premiada é instituto de negociação estatal altamente eficiente, transformando criminosos em auxiliares da investigação criminal, revelando mais facilmente a estrutura criminosa e possibilitando provas da culpa penal. Tão grande eficiência, porém, como qualquer fonte de poder, exige conhecimento pleno de sua forma e de seus limites.

Nesta obra, Callegari e Linhares contribuem para o aclaramento das práticas da colaboração premiada e propõem caminhos interpretativos, inclusive para o preenchimento das ainda variadas lacunas de procedimento e de amplitude dessa negociação.

Inicia o estudo pela delimitação da colaboração premiada, sua natureza e caracteres dos sujeitos negociadores, passando em seguida ao enfrentamento do procedimento da colaboração, desde o pré-acordo, à homologação, à competência judicial e ao tormentoso tema do sigilo[1]. O terceiro e final capítulo trata dos efeitos e obrigações em acordo de colaboração premiada, inclusive repactuadas, pelo colaborador e pelo estado – todos se vinculando à avença homologada, como negócio jurídico, ao qual se exige estabilidade e cumprimento, em atenção aos princípios da confiança e da boa-fé, aplicáveis aos contratos, mesmo de natureza pública.

Realmente a nova Lei nº 12.850/2013, de repressão à criminalidade organizada, introduz no país limitações e procedimento para a colaboração premiada – mas o faz de modo parcial, incompleto. Segue a jurisprudência delimitando o que se pode negociar e como se pode negociar, muitos aspectos ainda demandando definição.

---
[1] Já no prefácio da primeira edição, o Ministro Gilmar Mendes alertava para os riscos da não admissão de acesso e controle do negócio da delação por aqueles que são diretamente por ela atingidos – e possuem evidente interesse concreto e jurídico de controlar abusos –, mas ainda é preciso ressaltar o evidente dano direto (e não menor) pelo sigilo social: publicidade e fundamentação nos atos públicos constituem-se em garantia de legitimidade e controle de qualquer agente ou poder instituído. O contrato estatal precisa ser controlado não apenas pelos negociadores, mas pelos atingidos e pela sociedade – não pode haver interesse no sigilo de negociação investigatória.

Diversos são os aspectos merecedores de estudo. Pode ser exigido o silêncio e não impugnação pelo colaborador? Pode o agente estatal imotivada e desarrazoadamente deixar de oferecer acordo? Qual o limite de exame na homologação judicial? Como tratar no processo o descumprimento do acordo, mesmo parcial? Estes aspectos, entre vários outros, são enfrentados nesse estudo e servirão à evolução do instituto da colaboração premiada.

A eficiência da colaboração premiada é objetivamente constatada em números da conhecida operação lava jato, onde condenados 188 acusados, realizados 395 pedidos de cooperação internacional com 50 países e obtida a recuperação de aproximadamente R$ 12 bilhões para os cofres públicos. Como meio de obtenção da prova, 134 delações premiadas foram realizadas[2].

É grande o poder, proporcionalmente aos riscos de abusos. Não pode o relevantíssimo órgão ministerial transformar-se no novo inquisidor, investigando, acusando, julgando (aplicando penas concretas) e executando de imediato o acordo negociado, com homologações judiciais muitas vezes sumárias e sem o mais aprofundado exame dos termos acordados. Não podem ser admitidos termos ilícitos e desarrazoados em negócios do estado-persecutor. Não pode a colaboração premiada ser vulgarizada como *muleta investigatória*, eximindo o estado de seu dever de investigar a justa causa e no contraditório apresentar provas do crime.

Callegari e Linhares, experientes na academia e na advocacia, trazem nessa obra não apenas a revisão do estado da arte, como ainda propõem novos caminhos e limites à colaboração premiada.

É contribuição muito útil e atual nesse embate da eficiência e garantias que enfrentam nesse tema os tribunais do país. A colaboração premiada, como eficiente mas gravoso meio de intervenção estatal na investigação, precisa ser reservada para gravosos crimes, com dificuldade probatória e ante agentes de menor importância no grupo criminoso. A colaboração premiada precisa ter definidos os limites de forma e conteúdo das negociações. A colaboração premiada precisa manter a eficiência, sem permitir abusos e mantendo o processo justo, em seus fins e em seu meio.

Nefi Cordeiro
Professor de graduação e pós-graduação em Processo Penal
Ministro do Superior Tribunal de Justiça

---

[2] Lava Jato completa 4 anos neste sábado; veja números da operação. Site: <http://agenciabrasil.ebc.com.br/politica/noticia/2018-03/lava-jato-completa-4-anos-neste-sabado-veja-numeros-da-operacao>. Acesso em 13/08/2018.

Prefácio da 1ª edição

O livro "Colaboração Premiada: Lições práticas e teóricas" surge em momento fundamental ao debate sobre a expansão da justiça criminal negocial no Brasil. Cada vez mais intensamente surgem propostas para a ampliação ao cabimento de acordos para aplicação de sanções a partir da confissão consentida do imputado, em troca de um tratamento mais benéfico na resposta punitiva estatal.

André Callegari e Raul Linhares unem suas consolidadas premissas teóricas, desenvolvidas ao longo de destacadas carreiras acadêmicas, com ampla experiência prática em casos onde atuaram como patronos no exercício do direito de defesa de seus clientes. A partir disso, apresentam problematizações com pertinência teórica e prática, expondo teses com relevância acadêmica e profissional.

Para tanto, o trabalho aqui prefaciado realiza ampla análise do instituto da colaboração premiada, a partir da doutrina, da prática atual e da jurisprudência dos Tribunais Superiores, especialmente do Supremo Tribunal Federal. Aqui vale destacar o cuidado dos autores ao expor, detalhadamente e em separado, a visão de cada Ministro do STF, quando da análise dos contornos do juízo homologatório, delimitados no julgamento da QO na Pet 7.074 em 29 de junho de 2017.

Conforme sustentado pelos autores, o incentivo estatal à cooperação dos imputados à persecução penal, impulsionado, inclusive, por diplomas internacionais assinados pelo Brasil, caracteriza "elemento negocial inserido no processo penal, com o oferecimento um prêmio (abrandamento da punição) ao investigado em troca de informações e documentos que possam levar à responsabilização do restante dos autores do delito".

De modo semelhante, afirmei anteriormente que "a colaboração premiada consiste na concessão de benefícios (sanção premial) aos imputados que colaboram com a investigação ou instrução criminal".[1]

---

[1] MENDES, Gilmar F.; BRANCO, Paulo Gustavo G. *Curso de Direito Constitucional*. 14ª ed. São Paulo: Saraiva, 2019.

Segundo assentado na doutrina, "a colaboração premiada é um acordo realizado entre acusador e defesa, visando ao esvaziamento da resistência do réu e à sua conformidade com a acusação, com o objetivo de facilitar a persecução penal em troca de benefícios ao colaborador, reduzindo as consequências sancionatórias à sua conduta delitiva".[2]

O Supremo Tribunal Federal entende que a "colaboração premiada é um negócio jurídico processual, uma vez que, além de ser qualificada expressamente pela lei como 'meio de obtenção de prova', seu objeto é a cooperação do imputado para a investigação e para o processo criminal, atividade de natureza processual, ainda que se agregue a esse negócio jurídico o efeito substancial (de direito material) concernente à sanção premial a ser atribuída a essa colaboração".[3]

Diante desse cenário, Callegari e Linhares concluem que "a adoção do instituto da colaboração premiada no ordenamento jurídico brasileiro parece ser uma medida, ao menos a curto prazo, irrevogável", mas "por mais que o a colaboração premiada promova, inevitavelmente, uma revisão de algumas práticas processuais, deve-se primar pela sua compatibilização com as garantias processuais penais há tanto tempo consagradas".

Um exemplo de questão que envolve a proteção de direitos fundamentais no cenário de justiça negocial é a posição adotada majoritariamente pelos Tribunais Superiores com relação ao cabimento de impugnações por corréus aos acordos firmados com delatores. Quanto aos delatados, entendeu-se que ele não tem legitimidade para impugnar o acordo, por "se tratar de negócio jurídico personalíssimo". O contraditório em relação aos delatados seria estabelecido nas ações penais instruídas com as provas produzidas pelo colaborador.[4] Tal falta de interesse jurídico dos corréus delatados para impugnar o acordo de colaboração premiada foi reiterada em diversos precedentes do STF e do STJ. Contudo, há relevantes problematizações críticas, especialmente com relação à intangibilidade ao acordo que é acarretada por tal posição.[5] Trata-se, portanto, de questão a

---

[2] VASCONCELLOS, Vinicius G. *Colaboração premiada no processo penal.* 2ª ed. São Paulo: RT, 2018. p. 62.

[3] HC 127.483, rel. Min. Dias Toffoli, Pleno, julgado em 27-8-2017.

[4] Idem.

[5] Segundo Didier e Bomfim, "o acordo de colaboração alcança a esfera jurídica de terceiros, como é o caso daqueles que foram 'delatados', que podem ter contra si deferidas medidas cautelares penais e ou até mesmo uma denúncia, todas elas baseadas em declarações prestadas pelos colaboradores" (DIDIER JR., Fredie; BOMFIM, Daniela. Colaboração premiada (Lei n. 12.850/2013): natureza jurídica e controle da validade por demanda autônoma – um diálogo com o Direito Processual Civil. *Civil Procedure Review*, v. 7, n. 2, p. 135-189, mai./ago. 2016, p. 170-171).

ser analisada cautelosamente, carecendo, assim, de futuras reanálises pelos Tribunais.

Além disso, a questão sobre a valoração dos elementos probatórios produzidos pelos colaboradores também é analisada por Callegari e Linhares. Já afirmei anteriormente que se trata de ponto amplamente debatido, que se consolidou nos Tribunais Superiores em um sentido de limitação da forca probatória das declarações de delator.[6] Nesse sentido, a Lei 12.850/13 regula a questão no § 16 do artigo 4º, que determina: "nenhuma sentença condenatória será proferida com fundamento apenas nas declarações de agente colaborador". Trata-se de visão consolidada na doutrina[7] e na jurisprudência nacional de modo pacífico.[8] Isso tem sido analisado pelo STF em alguns julgados. Por exemplo, no Inquérito 4.074, firmou-se que somente as declarações do colaborador e elementos produzidos por ele mesmo (como agendas de compromissos e planilhas de contabilidade) não são suficientes para possibilitar o recebimento da denúncia no processo penal.[9]

Sem dúvidas, esta obra de Callegari e Linhares aporta importantes reflexões sobre tais questões problemáticas e diversos outros pontos de questionamento em relação à colaboração premiada no Brasil. Há aqui relevante contribuição à doutrina nacional sobre a temática.

Boa leitura!

Brasília - DF, fevereiro de 2019.

Professor Gilmar Ferreira Mendes
Doutor em Direito
Ministro do Supremo Tribunal Federal

---

[6] MENDES, Gilmar F.; BRANCO, Paulo Gustavo G. *Curso de Direito Constitucional*. 14ª ed. São Paulo: Saraiva, 2019.

[7] Na doutrina clássica: MITTERMAYER, C. J. A. Tratado da prova em matéria criminal. Tomo II. Rio de Janeiro: A. A. da Cruz Coutinho, 1871. p. 123-125; ESPÍNOLA FILHO, Eduardo. *Código de Processo Penal Brasileiro anotado*. Vol. III. 5ª ed. Rio de Janeiro: Borsoi, 1960. p. 39-40.

[8] "Desde logo, adianta-se, a posição majoritária é a que nega a possibilidade de um juízo condenatório fundar-se exclusivamente em declarações de coimputado beneficiário do instituto premial; diz-se mesmo que a quase totalidade das obras e posicionamentos doutrinários consultados não admitem que este elemento de prova tenha força de, isoladamente, sustentar o decreto de condenação." (PEREIRA, Frederico Valdez. *Delação Premiada*. Legitimidade e Procedimento. 3ª ed. Curitiba: Juruá, 2016. p. 73-74).

[9] Inq. 4.074, rel. Min. Edson Fachin, rel. p. acórdão Min. Dias Toffoli, julgado em 14-8-2018.

Sumário

Introdução..15
1. Aspectos gerais..23
    1.1. Natureza jurídica da colaboração premiada..23
    1.2. Requisitos do acordo de colaboração premiada....................................28
        1.2.1. A voluntariedade...32
    1.3. A colaboração premiada como meio de obtenção de prova......................37
        1.3.1. Decisão condenatória e força probatória das declarações do colaborador..45
    1.4. Sujeitos do acordo de colaboração premiada..49
2. O procedimento da colaboração premiada..59
    2.1. Pré-acordo, proposta e o termo de acordo...61
    2.2. A produção probatória e sua forma..69
    2.3. A decisão de homologação do acordo e o posicionamento dos Ministros do STF..71
        2.3.1. Ministro Luiz Edson Fachin...77
        2.3.2. Ministro Alexandre de Moraes..78
        2.3.3. Ministro Luís Roberto Barroso..80
        2.3.4. Ministra Rosa Weber..81
        2.3.5. Ministro Luiz Fux...82
        2.3.6. Ministro Dias Toffoli..83
        2.3.7. Ministro Ricardo Lewandowski...84
        2.3.8. Ministro Gilmar Mendes..86
        2.3.9. Ministro Marco Aurélio..87
        2.3.10. Ministro Celso de Mello...88
        2.3.11. Ministra Cármen Lúcia..89
        2.3.12. Conclusivamente: sobre a homologação do acordo....................91
        2.3.13. Excurso: homologação do acordo, vinculação à sentença e segurança jurídica...93
    2.4. Competência para o processamento do acordo....................................94
    2.5. Sigilo e acesso aos autos do acordo...97
    2.6. A implicação do acordo na ordem de manifestação dos acusados............110

3. Efeitos do acordo de colaboração premiada...115
   3.1. Deveres da autoridade estatal..115
   3.2. Deveres do agente colaborador..117
      3.2.1. Deveres de disponibilidade próprios do papel de colaboração.........117
      3.2.2. Renúncia ao direito ao silêncio e dever de dizer a verdade..............118
      3.2.3. Renúncia a impugnações..120
      3.2.4. Demais deveres...121
   3.3. Direitos do agente colaborador..123
   3.4. Cumprimento do acordo e aplicação dos prêmios................................126
   3.5. Sanções premiais e sua definição – da não denúncia aos demais prêmios...130
      3.5.1. Linhas introdutórias sobre a colaboração premiada e imunidade processual (não denúncia)...134
      3.5.2. Análise do caminho para a concessão dos prêmios........................141
      3.5.3. Sanções premiais extralegais: sobre sua (im)possibilidade...............147
   3.6. Retratação, descumprimento e rescisão do acordo..............................154
      3.6.1. Retratação da proposta..154
      3.6.2. Descumprimento do acordo...156
      3.6.3. Sobre a consciência da ilicitude na omissão e a rescisão do acordo....161
      3.6.4. Procedimento de rescisão do acordo..164
      3.6.5. Rescisão total, rescisão parcial e modulação do acordo de colaboração..168
      3.6.6. Homologação da rescisão em tribunais: decisão monocrática ou por colegiado..170
      3.6.7. Prisão preventiva como consequência do descumprimento do acordo..171
   3.7. Impugnação do acordo de colaboração por terceiros............................173

Conclusão...177

Referências..181

Introdução

O Direito, como construção social, é decorrência de sua própria historicidade. Ou seja, as diversas demandas sociais que, com o tempo, assumem um papel protagonista em cada comunidade, influenciam diretamente no Direito como um todo. Por exemplo: quando, em uma comunidade, se começam a questionar os modelos padrões de ativos financeiros e, a partir de então, surge uma nova forma de moeda (veja-se o caso das moedas digitais), é o Direito Civil (mas, não apenas ele) que assimilará o surgimento dessa pauta e a ela fornecerá uma nova ou velha resposta para que se possibilite a sua regulação (ou simplesmente a sua proibição, caso se entendesse socialmente inviável essa nova modalidade de ativo).

Isso não ocorre de maneira diferente com o Direito Penal, modelado a cada época e em cada sociedade pelos tantos valores que surgem e que desaparecem. Por esse motivo, podem-se comparar as tantas conformações do Direito Penal no curso da história (desde as mais até as menos garantistas), bem como falar das tantas alterações de preocupações coletivas que provocam modificações na atuação do Direito Penal.

Exemplo disso é a tutela penal do meio ambiente, um valor social que recebe da sociedade contemporânea uma importância elevada, o que se deve a diversos fatores que marcam a nossa sociedade e que se faziam ausentes ou menos intensos em épocas passadas (eventos naturais específicos, desenvolvimento do conhecimento científico, disseminação, facilidade de notícias etc.).

Junto dessa inovação, ainda se pode fazer referência à alteração de paradigma promovida pela tutela penal do meio ambiente, ao difundir a possibilidade de responsabilização criminal da pessoa jurídica em um Direito Penal classicamente centrado na pessoa física (*societas delinquere non potest*). Assim, estabelece o artigo 3º da Lei de Crimes Ambientais (Lei 9.605/98):

Art. 3º As pessoas jurídicas serão responsabilizadas administrativa, civil e penalmente conforme o disposto nesta Lei, nos casos em que a infração seja cometida por decisão de seu representante legal ou contratual, ou de seu órgão colegiado, no interesse ou benefício da sua entidade.

Parágrafo único. A responsabilidade das pessoas jurídicas não exclui a das pessoas físicas, autoras, coautoras ou partícipes do mesmo fato.

Nesse cenário, pode-se dizer que, dentre as tantas prioridades sociais contemporâneas que escoam na demanda por intervenção do Direito Penal e que passam a interferir significativamente na sua modelagem, encontra-se o combate aos atos de corrupção. Um dos símbolos da importância dessa pauta é a celebração da Convenção das Nações Unidas contra a Corrupção, firmada como um instrumento de cooperação entre os países signatários (dentre eles, o Brasil, que assinou a Convenção em 31 de outubro de 2003 e a promulgou por meio do Decreto nº 5.687/2006[1]) para o combate à corrupção. Após se identificar, nesse instrumento, a corrupção com um problema global,[2] o artigo primeiro da Convenção estabelece as suas finalidades:

A finalidade da presente Convenção é:

a) Promover e fortalecer as medidas para prevenir e combater mais eficaz e eficientemente a corrupção;

b) Promover, facilitar e apoiar a cooperação internacional e a assistência técnica na prevenção e na luta contra a corrupção, incluída a recuperação de ativos;

c) Promover a integridade, a obrigação de render contas e a devida gestão dos assuntos e dos bens públicos.[3]

Mais do que dispor sobre esse objetivo (combate à corrupção), a Convenção trata, também, de medidas que podem promover uma maior efetividade na tarefa de investigação desses fatos, pressuposto para, por exemplo, se alcançar as provas necessárias de materialidade e de autoria dos atos de corrupção, sem as quais qualquer responsabilização penal se torna impraticável.

---

[1] BRASIL, Decreto nº 5.687, de 31 de janeiro de 2006. Promulga a Convenção das Nações Unidas contra a Corrupção, adotada pela Assembleia-Geral das Nações Unidas em 31 de outubro de 2003 e assinada pelo Brasil em 9 de dezembro de 2003.

[2] No preâmbulo da Convenção, quando da exposição dos motivos que levaram à sua materialização, afirma-se: "Convencidos de que a corrupção deixou de ser um problema local para converter-se em um fenômeno transnacional que afeta todas as sociedades e economias, faz-se necessária a cooperação internacional para preveni-la e lutar contra ela;" (Nações Unidas. Convenção das Nações Unidas contra a Corrupção. Disponível em: <https://www.unodc.org/documents/lpo-brazil//Topics_corruption/Publicacoes/2007_UNCAC_Port.pdf>. Acesso em: 25 jul 2018).

[3] Nações Unidas. Convenção das Nações Unidas contra a Corrupção. Disponível em: <https://www.unodc.org/documents/lpo-brazil//Topics_corruption/Publicacoes/2007_UNCAC_Port.pdf>. Acesso em: 25 jul 2018.

Uma das proposições da Convenção é aquela prevista em seu artigo 37, consistente no oferecimento de benefícios ao acusado que cooperar com a investigação desses atos. Em seus termos:

> 2. Cada Estado Parte considerará a possibilidade de prever, em casos apropriados, a mitigação de pena de toda pessoa acusada que preste cooperação substancial à investigação ou ao indiciamento dos delitos qualificados de acordo com a presente Convenção.
>
> 3. Cada Estado parte considerará a possibilidade de prever, em conformidade com os princípios fundamentais de sua legislação interna, a concessão de imunidade judicial a toda pessoa que preste cooperação substancial na investigação ou no indiciamento dos delitos qualificados de acordo com a presente Convenção.[4]

Essa mesma técnica de incentivo à cooperação é disciplinada pela Convenção das Nações Unidas contra o Crime Organizado Transnacional (promulgada no Brasil por meio do Decreto nº 5.015/2004[5]), em seu artigo 26:

> Art. 26. Medidas para intensificar a cooperação com as autoridades competentes para a aplicação da lei
>
> 1. Cada Estado Parte tomará as medidas adequadas para encorajar as pessoas que participem ou tenham participado em grupos criminosos organizados:
>
> a) A fornecerem informações úteis às autoridades competentes para efeitos de investigação e produção de provas, nomeadamente
>
> i) A identidade, natureza, composição, estrutura, localização ou atividades dos grupos criminosos organizados;
>
> ii) As conexões, inclusive conexões internacionais, com outros grupos criminosos organizados;
>
> iii) As infrações que os grupos criminosos organizados praticaram ou poderão vir a praticar;
>
> b) A prestarem ajuda efetiva e concreta às autoridades competentes, susceptível de contribuir para privar os grupos criminosos organizados dos seus recursos ou do produto do crime.
>
> 2. Cada Estado Parte poderá considerar a possibilidade, nos casos pertinentes, de reduzir a pena de que é passível um arguido que coopere de forma substancial na investigação ou no julgamento dos autores de uma infração prevista na presente Convenção.
>
> 3. Cada Estado Parte poderá considerar a possibilidade, em conformidade com os princípios fundamentais do seu ordenamento jurídico interno, de conceder imunidade

---

[4] Nações Unidas. Convenção das Nações Unidas contra a Corrupção. Disponível em: <https://www.unodc.org/documents/lpo-brazil//Topics_corruption/Publicacoes/2007_UNCAC_Port.pdf>. Acesso em: 25 jul 2018.

[5] BRASIL, Decreto nº 5.015, de 12 de março de 2004. Promulga a Convenção das Nações Unidas contra o Crime Organizado Transnacional.

a uma pessoa que coopere de forma substancial na investigação ou no julgamento dos autores de uma infração prevista na presente Convenção.[6]

Esse apelo à cooperação do agente criminoso tem a sua razão de ser: no caso de delitos praticados por organizações complexas e estruturadas de pessoas, as atividades de investigação são significativamente dificultosas em decorrência da intenção e da capacidade do grupo de praticar os delitos aos quais se propõe, ocultando os rastros de provas que poderiam levar à descoberta dessas práticas ilícitas. Assim, a cooperação de um integrante da própria organização criminosa, incentivada por meio da concessão de benefícios àquele que coopera, passa a ser a estratégia investigativa mais facilitada disponível aos órgãos de persecução.

Percebe-se, então, a presença de um elemento negocial inserido no processo penal, com o oferecimento de um prêmio (abrandamento da punição) ao investigado em troca de informações e documentos que possam levar à responsabilização do restante dos autores do delito.

Diante dessas normativas internacionais, pode-se notar que, no Brasil, não é recente a presença dessa espécie de negociação no processo penal, sendo pertinente a exemplificação dessa lógica negocial com a Lei dos Crimes contra o Sistema Financeiro Nacional (Lei 7.492/86), que assim estabelece em seu artigo 25:

> Art. 25. São penalmente responsáveis, nos termos desta lei, o controlador e os administradores de instituição financeira, assim considerados os diretores, gerentes (Vetado). (...)
> § 2º Nos crimes previstos nesta Lei, cometidos em quadrilha ou co-autoria, o co-autor ou partícipe que através de confissão espontânea revelar à autoridade policial ou judicial toda a trama delituosa terá a sua pena reduzida de um a dois terços.

Ainda exemplificativamente, cabe a referência aos seguintes dispositivos legais:

> **Lei nº 8.072/90** (Lei dos Crimes Hediondos), art. 8º Será de três a seis anos de reclusão a pena prevista no art. 288 do Código Penal, quando se tratar de crimes hediondos, prática da tortura, tráfico ilícito de entorpecentes e drogas afins ou terrorismo.
> Parágrafo único. O participante e o associado que denunciar à autoridade o bando ou quadrilha, possibilitando seu desmantelamento, terá a pena reduzida de um a dois terços.
>
> **Lei nº 9.099/95**, art. 72. Na audiência preliminar, presente o representante do Ministério Público, o autor do fato e a vítima e, se possível, o responsável civil, acompa-

---

[6] Nações Unidas. Convenção das Nações Unidas contra o Crime Organizado Transnacional. Disponível em: <http://www.unodc.org/documents/treaties/UNTOC/Publications/TOC%20Convention/TOCebook-e.pdf>. Acesso em: 25 jul 2018.

nhados por seus advogados, o Juiz esclarecerá sobre a possibilidade da composição dos danos e da aceitação da proposta de aplicação imediata de pena não privativa de liberdade.

(...)

Art. 76. Havendo representação ou tratando-se de crime de ação penal pública incondicionada, não sendo caso de arquivamento, o Ministério Público poderá propor a aplicação imediata de pena restritiva de direitos ou multas, a ser especificada na proposta.

Lei nº 9.034/95 (antiga Lei de Organizações Criminosas, atualmente revogada), art. 6º Nos crimes praticados em organização criminosa, a pena será reduzida de um a dois terços, quando a colaboração espontânea do agente levar ao esclarecimento de infrações penais e sua autoria.

Lei nº 8.137/90 (Lei dos Crimes Tributários), art. 16. Qualquer pessoa poderá provocar a iniciativa do Ministério Público nos crimes descritos nesta lei, fornecendo-lhe por escrito informações sobre o fato e a autoria, bem como indicando o tempo, o lugar e os elementos de convicção.

Parágrafo único. Nos crimes previstos nesta Lei, cometidos em quadrilha ou co-autoria, o co-autor ou partícipe que através de confissão espontânea revelar à autoridade policial ou judicial toda a trama delituosa terá a sua pena reduzida de um a dois terços. (parágrafo incluído no ano de 1995)

Lei nº 9.613/98 (Lei de Lavagem de Dinheiro), Art. 1º, § 5º. A pena poderá ser reduzida de um a dois terços e ser cumprida em regime aberto ou semiaberto, facultando-se ao juiz deixar de aplicá-la ou substituí-la, a qualquer tempo, por pena restritiva de direitos, se o autor, coautor ou partícipe colaborar espontaneamente com as autoridades, prestando esclarecimentos que conduzam à apuração das infrações penais, à identificação dos autores, coautores e partícipes, ou à localização dos bens, direitos ou valores objeto do crime.

Lei nº 9.807/99 (Lei de Proteção à Vítima, à Testemunha e a Colaboradores), no capítulo intitulado "Da proteção aos réus colaboradores":

Art. 13. Poderá o juiz, de ofício ou a requerimento das partes, conceder o perdão judicial e a conseqüente extinção da punibilidade ao acusado que, sendo primário, tenha colaborado efetiva e voluntariamente com a investigação e o processo criminal, desde que dessa colaboração tenha resultado:

I – a identificação dos demais co-autores ou partícipes da ação criminosa;

II – a localização da vítima com a sua integridade física preservada;

III – a recuperação total ou parcial do produto do crime.

Parágrafo único. A concessão do perdão judicial levará em conta a personalidade do beneficiado e a natureza, circunstâncias, gravidade e repercussão social do fato criminoso.

Art. 14. O indiciado ou acusado que colaborar voluntariamente com a investigação policial e o processo criminal na identificação dos demais co-autores ou partícipes do crime, na localização da vítima com vida e na recuperação total ou parcial do produto do crime, no caso de condenação, terá pena reduzida de um a dois terços.

Art. 15. Serão aplicadas em benefício do colaborador, na prisão ou fora dela, medidas especiais de segurança e proteção a sua integridade física, considerando ameaça ou coação eventual ou efetiva.

§ 1º Estando sob prisão temporária, preventiva ou em decorrência de flagrante delito, o colaborador será custodiado em dependência separada dos demais presos.

§ 2º Durante a instrução criminal, poderá o juiz competente determinar em favor do colaborador qualquer das medidas previstas no art. 8º desta Lei.

§ 3º No caso de cumprimento da pena em regime fechado, poderá o juiz criminal determinar medidas especiais que proporcionem a segurança do colaborador em relação aos demais apenados."

Lei nº 11.343/2006 (Lei de Drogas), art. 41. O indiciado ou acusado que colaborar voluntariamente com a investigação policial e o processo criminal na identificação dos demais co-autores ou partícipes do crime e na recuperação total ou parcial do produto do crime, no caso de condenação, terá pena reduzida de um terço a dois terços.

Seguindo esse mesmo caminho, a recente Lei 12.850, de 2 de agosto de 2013 (Lei de Organizações Criminosas), se utiliza dessa modalidade de processo penal negocial como forma de potencializar o combate às organizações criminosas.

Apesar de não se tratar de uma inovação quanto à lógica processual, essa lei representa um marco em relação à regulamentação do ato de cooperação do agente (na figura da colaboração premiada por ela regulamentada), além de ter promovido, mais do que qualquer outra legislação, a ampla divulgação desse modelo processual ao qual Gustavo Henrique Badaró se refere como sendo um "processo penal consensual", no qual se abre mão do processo ou da instrução criminal para a aplicação direta de uma sanção (o que já ocorria, na referência do autor e pelas referências legislativas anteriores, nos casos de transação penal ou de suspensão condicional do processo).[7]

Com essa classificação de um modelo processual particular (consensual), pode-se traçar um paralelo entre a lógica regente do devido processo legal (permeado pelos seus clássicos princípios, como a presunção de inocência, a ampla defesa, o duplo grau de jurisdição etc.) e o devido processo consensual, modelo compatível com o instituto da colaboração premiada. Nesse caso, passam a rece-

---

[7] BADARÓ, Gustavo Henrique. A colaboração premiada: meio de prova, meio de obtenção de prova ou um novo modelo de justiça penal não epistêmica? In: BOTTINI, Pierpaolo Cruz; MOURA, Maria Thereza de Assis (org.). *Colaboração premiada*. São Paulo: Revista dos Tribunais, 2017, p. 139.

ber destaque os princípios da autonomia da vontade, da eficiência, da lealdade, da boa-fé objetiva, entre outros.[8]

Diante disso, pode-se afirmar que, a partir da Lei de Organizações Criminosas e da figura da colaboração premiada por ela regulamentada, está-se diante de um modelo processual desde antes já presente no Brasil, mas de um instituto que inova quanto ao seu detalhamento legal e quanto aos seus efeitos práticos que, mesmo em pouco tempo de existência, tantas reflexões têm provocado nos diversos setores do mundo jurídico.

Em razão de suas especificidades (teóricas e práticas), portanto, é possível se considerar a colaboração premiada uma inovação no ordenamento jurídico pátrio e, justamente pelo impacto que tem gerado no Processo Penal e no Direito Penal, deve ser objeto de amplos estudos para que, decidindo-se pela sua manutenção no sistema jurídico brasileiro, seja ela colocada em prática de maneira que não implique contrariedade às tantas garantias penais e processuais historicamente construídas.

Nesse estágio inicial de incorporação da colaboração premiada no sistema jurídico nacional, a doutrina pátria, no seu tempo, passa a produzir cada vez mais material teórico objetivando promover a solidez e a coerência da prática desse instituto.

Essa mesma produção de conteúdo ocorre, também, a partir do Judiciário, apesar de ocorrer em um tempo próprio: o Judiciário, por vezes, não dispõe de um tempo ideal para a maturação de certas problemáticas, já que possui por função construir respostas, quando chamado a decidir, dentro de um prazo razoável – esse prazo razoável avaliado dentro da lógica processual, mas nem sempre razoável quando se trata de tempo suficiente para o alcance de uma solidez teórica sobre o assunto a respeito do qual se deve decidir.[9]

Por essa razão, a análise dos "caminhos" tomados pelo Poder Judiciário a respeito do acordo de colaboração premiada é de primordial importância para que se possa fortalecer a construção sólida

---

[8] MENDONÇA, Andrey Borges de. Os benefícios possíveis na colaboração premiada: entre a legalidade e a autonomia da vontade. In: BOTTINI, Pierpaolo Cruz; MOURA, Maria Thereza de Assis (org.). *Colaboração premiada*. São Paulo: Revista dos Tribunais, 2017, p. 69.

[9] Um problema que, por vezes, conduz à utilização equivocada de teorias existentes no direito pátrio ou a importações deformadas de teorias estrangeiras. Um exemplo é a aplicação da "teoria da cegueira deliberada" em decisões judiciais no país, problemática desenvolvida na obra de Guilherme Brenner Lucchesi (LUCCHESI, Guilherme Brenner. *Punindo a culpa como dolo*: o uso da cegueira deliberada no Brasil. São Paulo: Marcial Pons, 2018).

desse instituto, seja pela afirmação da coerência de entendimento jurisprudencial, seja pela crítica e defesa da revisão de entendimentos.

Assim, considerando-se que a Lei de Organizações Criminosas normatizou de maneira pouco completa o instituto da colaboração premiada, bem como a incipiência dessa temática, é de crucial importância o estudo desse instituto, sobretudo levando-se em consideração as decisões judiciais até o momento proferidas e que delimitam a prática da colaboração premiada.

Dada a ampla atuação do Supremo Tribunal Federal nessa temática, bem como a posição desse Tribunal na organização judiciária brasileira, a presente obra destina atenção especial aos posicionamentos manifestados pelos ministros dessa Corte, permitindo-se que se compreenda a prática estabelecida como predominante.

Além disso, complementar-se-ão as lições do STF com o entendimento doutrinário e dos autores desta obra, seja para corroborar, seja para apresentar a crítica às decisões dos ministros, objetivando-se fomentar o debate a respeito do acordo de colaboração premiada e, além disso, contribuir para uma prática adequada dessa modalidade de acordo.

1. Aspectos gerais

1.1. Natureza jurídica da colaboração premiada

Como se viu anteriormente, a lógica negocial não é um elemento recente no processo penal brasileiro. Mais do que isso, o oferecimento de recompensas econômicas a denunciantes de atividades ilícitas é uma poderosa ferramenta de obtenção de informações que remonta ao Direito Romano.[10]

O que se diferencia, em cada legislação na qual se faz presente essa lógica, é a intensidade do elemento negocial, presente de maneira significativamente mais intensa na Lei de Organizações Criminosas brasileira, fazendo-se referência a essa conformação processual penal como um "Direito Penal Premial".[11]

Por exemplo, na Lei de Lavagem de Capitais,[12] oferece-se, por determinação da própria legislação, uma benesse ao agente que colaborar com a atividade persecutória estatal. Entretanto, esse "prêmio" conferido ao "colaborador" possui um regramento absolutamente

---

[10] ORTIZ PRADILLO, Juan Carlos. La delación premiada en España: instrumentos para el fomento de la colaboración con la justicia. Revista Brasileira de Direito Processual Penal, Porto Alegre, v. 3, n. 1, p. 50-51, 2017. Disponível em: <https://bdjur.stj.jus.br/jspui/bitstream/2011/109157/delacion_premiada_espana_ortiz.pdf>. Acesso em: 24 de abril de 2018.

[11] ORTIZ PRADILLO, Juan Carlos. La delación premiada en España: instrumentos para el fomento de la colaboración con la justicia. Revista Brasileira de Direito Processual Penal, Porto Alegre, v. 3, n. 1, p. 56, 2017. Disponível em: <https://bdjur.stj.jus.br/jspui/bitstream/2011/109157/delacion_premiada_espana_ortiz.pdf>. Acesso em: 24 de abril de 2018.

[12] Lei 9.613/98 (Lei de Lavagem de Dinheiro), Art. 1º, § 5º. A pena poderá ser reduzida de um a dois terços e ser cumprida em regime aberto ou semiaberto, facultando-se ao juiz deixar de aplicá-la ou substituí-la, a qualquer tempo, por pena restritiva de direitos, se o autor, coautor ou partícipe colaborar espontaneamente com as autoridades, prestando esclarecimentos que conduzam à apuração das infrações penais, à identificação dos autores, coautores e partícipes, ou à localização dos bens, direitos ou valores objeto do crime.

distinto daquele adotado para o instituto da colaboração premiada. Não aparece, nesse caso, a bilateralidade do negócio jurídico da colaboração premiada, sendo a postura colaborativa dependente exclusivamente da vontade do acusado. Ou seja, parte do acusado a opção por colaborar com o Estado, e o Ministério Público não possui poder de ingerência sobre essa opção.[13]

No caso do acordo de colaboração premiada, é tamanha a presença do elemento negocial que se tornou ponto comum a afirmação de sua natureza de negócio jurídico processual, classificação mais afeita ao Direito Civil do que ao Direito Penal. Isso se deve ao fato de se possibilitar às partes a negociação dos efeitos do acordo, desde que seja esse acordo permeado pela voluntariedade dos seus agentes. Nesse sentido, Pedro Henrique Nogueira afirma, em relação à definição do negócio jurídico processual:

> Define-se o negócio jurídico processual [...] como o fato jurídico voluntário em cujo suporte fático, descrito em norma processual, esteja conferido ao respectivo sujeito o poder de escolher a categoria jurídica ou estabelecer, dentre dos limites fixados no próprio ordenamento jurídico, certas situações jurídicas processuais.[14]

No Supremo Tribunal Federal, é consensual a definição do acordo de colaboração premiada como um negócio jurídico processual. Nesse sentido, veja-se a afirmação do Ministro Roberto Barroso de que "[...] o acordo de colaboração premiada é um **negócio jurídico processual personalíssimo**, o que significa dizer que suas cláusulas produzem efeitos apenas nas esferas jurídicas do colaborador e do Órgão Acusador",[15] mesma referência realizada pelo Ministro Edson Fachin, em julgamento pelo Pleno da Suprema Corte: "[...] tratando-se de **negócio jurídico processual personalíssimo** celebrado entre o Ministério Público e o colaborador, do qual não participa o Poder Judiciário, ao qual compete, exclusivamente, a aferição da regularidade, voluntariedade e legalidade do acordo".[16-17] Ainda, as referências

---

[13] Nesse exato sentido, é didático o posicionamento adotado pelo Ministro Felix Fischer, em voto de sua lavra (STJ, AgRg no REsp 1765139/PR, Rel. Ministro FELIX FISCHER, QUINTA TURMA, julgado em 23/04/2019, DJe 09/05/2019).

[14] NOGUEIRA, Pedro Henrique. *Negócios jurídicos processuais*. 2. ed. Salvador: JusPodivm, 2016. p. 153.

[15] STF, Inq 4405 AgR, Relator(a): Min. ROBERTO BARROSO, Primeira Turma, julgado em 27/02/2018, ACÓRDÃO ELETRÔNICO DJe-064 Divulg 04-04-2018 Public 05-04-2018.

[16] STF, Pet 7074 QO, Relator(a): Min. EDSON FACHIN, Tribunal Pleno, julgado em 29/06/2017, ACÓRDÃO ELETRÔNICO DJe-085 Divulg 02-05-2018 Public 03-05-2018.

[17] Também exemplificativamente, nas palavras do Ministro Edson Fachin: "[...] incumbe ao Juízo responsável pela homologação do **negócio jurídico** o geren-

dos Ministros Alexandre de Moraes a "negócio jurídico personalíssimo, no campo do Direito Público"[18] e Marco Aurélio a "negócio jurídico-penal",[19] assim como o entendimento dos Ministros Luís Roberto Barroso,[20] Dias Toffoli[21] e Celso de Mello.[22]

Reforça esse entendimento o fato de, em julgado da Segunda Turma do STF, sob relatoria do Ministro Edson Fachin, se fazer menção às consequências do acordo ao colaborador como sendo "benefícios negociados", cuja aplicação depende de prévia conferência da "eficácia da avença celebrada com o Ministério Público",[23] assim como a menção do Ministro Gilmar Mendes à expressão "obrigações contratadas", reconhecendo, inclusive, a sujeição do acordo de colaboração aos requisitos jurídicos de existência, validade e eficácia.[24]

Em recente decisão, o Ministro Edson Fachin, ao despachar na PET 7003, reafirmou que o acordo de colaboração é um negócio jurídico processual que funciona como meio de obtenção de prova na seara processual penal.[25]

---

ciamento dos elementos subjacentes ao termo de acordo, que permanece sob sua supervisão." (STF, Pet 7509, Relator(a): Min. EDSON FACHIN, Segunda Turma, julgado em 03/04/2018, ACÓRDÃO ELETRÔNICO DJe-092 Divulg 11-05-2018 Public 14-05-2018).

[18] STF, Pet 7074 QO, Relator(a): Min. EDSON FACHIN, Tribunal Pleno, julgado em 29/06/2017, ACÓRDÃO ELETRÔNICO DJe-085 Divulg 02-05-2018 Public 03-05-2018.

[19] *Ibid.*

[20] Que afirmou, em julgamento pelo Pleno do Tribunal: "E, depois de ter dito que a colaboração premiada se situa num ponto de interseção entre a justiça estatal formal e a justiça negociada, ainda que depois homologada pelo Estado, eu acho que o acordo de colaboração premiada é, em última análise, um acordo de vontades, é um contrato. Um contrato com muitas especificidades, mas ele é um contrato." (*Ibid.*).

[21] Em suas palavras: "O acordo de colaboração é o contrato negocial feito entre o particular e o Estado." (*Ibid.*). Também em suas palavras: "[...] o acordo de colaboração premiada enquadra-se na categoria negócio jurídico processual." (STF, HC 127483, Relator(a): Min. DIAS TOFFOLI, Tribunal Pleno, julgado em 27/08/2015, PROCESSO ELETRÔNICO DJe-021 Divulg 03-02-2016 Public 04-02-2016).

[22] Ao se referir a "pacto negocial". (STF, Pet 7074 QO, Relator(a): Min. EDSON FACHIN, Tribunal Pleno, julgado em 29/06/2017, ACÓRDÃO ELETRÔNICO DJe-085 DIVULG 02-05-2018 PUBLIC 03-05-2018).

[23] STF, Pet 6667 AgR, Relator(a): Min. EDSON FACHIN, Segunda Turma, julgado em 25/08/2017, ACÓRDÃO ELETRÔNICO DJe-200 Divulg 04-09-2017 Public 05-09-2017.

[24] STF, Pet 7074 QO, Relator(a): Min. EDSON FACHIN, Tribunal Pleno, julgado em 29/06/2017, ACÓRDÃO ELETRÔNICO DJe-085 Divulg 02-05-2018 Public 03-05-2018.

[25] STF, Pet 7003, Relator(a): Min. EDSON FACHIN, julgado em 24/04/2019, publicado em DJe-087 DIVULG 26/04/2019 PUBLIC 29/04/2019.

A natureza de negócio jurídico do acordo de colaboração premiada é afirmada, ainda, no artigo 1º da Orientação Conjunta nº 1/2018 do MPF, que trata especificamente desse acordo, nos seguintes termos: "O acordo de colaboração premiada é negócio jurídico processual, meio de obtenção de prova [...]".[26]

Assim, entende-se ser a colaboração premiada um verdadeiro negócio jurídico, já que possui como elemento nuclear de seu suporte fático a exteriorização de vontade das partes envolvidas no acordo – de um lado, o delegado de polícia ou o Ministério Público; de outro, o investigado/acusado. Além disso, essa vontade das partes exerce influência também na eficácia do acordo, já que lhes é outorgado o poder de deliberar sobre os seus efeitos.[27]

Entretanto, é preciso que não se confunda o acordo de colaboração premiada, com natureza de negócio jurídico processual, com qualquer outro acordo que se faça na esfera do Direito Privado. A ampla liberdade de disposição sobre direitos que é própria dos negócios privados aparece de forma significativamente restringida no acordo de colaboração premiada, devido à sua natureza pública (contrato de Direito Público). Essa advertência se encontra em passagem de voto do Ministro Ricardo Lewandowski, ao ressaltar a importância do condicionamento da colaboração premiada aos limites legais.[28] Assim, a vontade que constitui o acordo de colaboração premiada é considerada um requisito determinante de sua existência e de sua eficácia, atuando como um elemento de escolha, dentro dos limites de possibilidade outorgados pelo sistema jurídico, dos efeitos jurídicos do negócio – efeitos como a geração de direitos, de deveres, de estados de sujeição etc.[29]

---

[26] Ministério Público Federal. Orientação conjunta nº 1/2018 – acordos de colaboração premiada. Disponível em: <http://www.mpf.mp.br/atuacao-tematica/ccr5/orientacoes/orientacao-conjunta-no-1-2018.pdf>. Acesso em: 23 jul 2018.

[27] DIDIER JR, Fredie; BOMFIM, Daniela. Colaboração premiada (Lei nº 12.850/2013): natureza jurídica e controle da validade por demanda autônoma: um diálogo com o Direito Processual Civil. *Revista do Ministério Público do Estado do Rio de Janeiro*, Rio de Janeiro, n. 62, p. 31-32, out./dez. 2016. Disponível em: <https://bdjur.stj.jus.br/jspui/bitstream/2011/112667/colaboracao_premiada_lei_didier.pdf>. Acesso em: 24 abril 2018.

[28] STF, Pet 7074 QO, Relator(a): Min. EDSON FACHIN, Tribunal Pleno, julgado em 29/06/2017, ACÓRDÃO ELETRÔNICO DJe-085 Divulg 02-05-2018 Public 03-05-2018.

[29] DIDIER JR, Fredie; BOMFIM, Daniela. Colaboração premiada (Lei nº 12.850/2013): natureza jurídica e controle da validade por demanda autônoma: um diálogo com o Direito Processual Civil. *Revista do Ministério Público do Estado do Rio de Janeiro*, Rio de Janeiro, n. 62, p. 27-28, out./dez. 2016. Disponível em: <https://bdjur.stj.jus.br/jspui/bitstream/2011/112667/colaboracao_premiada_lei_didier.pdf>. Acesso em: 24 abril 2018.

A atuação do juiz, por outro lado, acaba por ser reconfigurada no acordo de colaboração premiada. São as partes acordantes as protagonistas desse procedimento, competindo ao Judiciário a indispensável (porém, menos ativa) atividade de controle. Para Andrey Borges de Mendonça, em um modelo de processo consensual (diverso de um modelo litigioso e tradicional), a função do juiz passa a ser mais direcionada à fiscalização do respeito aos direitos fundamentais, conferindo-se maior liberdade à atuação das partes.[30]

A classificação da colaboração premiada como negócio jurídico se insere em um universo de conceitos jurídicos gerais que não se limitam a um ordenamento jurídico específico (brasileiro, francês, alemão etc.) ou a determinada área do Direito (civil, penal, administrativo etc.). Trata-se de conceitos gerais que servem de base para uma pluralidade de ordenamentos jurídicos e, também, para as diversas áreas do Direito. Como exemplos desses conceitos, podem-se mencionar os conceitos de direito subjetivo e de invalidade. Essa mesma tendência de universalização possui a teoria do fato jurídico, consistente em "(...) um sistema de enunciados e conceitos acerca da estrutura do fenômeno jurídico".[31]

A teoria do fato jurídico, dessa forma, compõe a Teoria Geral do Direito, pois diz respeito aos fatos jurídicos administrativos, aos fatos jurídicos criminais, aos fatos jurídicos processuais etc. Por essa razão, a teoria do negócio jurídico não é restrita ao Direito Civil, mas se aplica da mesma forma ao contrato administrativo, bem como à colaboração premiada (verdadeiro negócio jurídico atinente ao direito penal e processual penal).[32]

Visto isso, pode-se afirmar a aplicabilidade à colaboração premiada de alguns dos princípios afeitos aos negócios jurídicos em geral, especialmente desenvolvidos no âmbito da teoria do Direito Civil. Dessa forma, identificam-se no regramento da colaboração

---

[30] MENDONÇA, Andrey Borges de. Os benefícios possíveis na colaboração premiada: entre a legalidade e a autonomia da vontade. In: BOTTINI, Pierpaolo Cruz; MOURA, Maria Thereza de Assis (org.). *Colaboração premiada* São Paulo: Revista dos Tribunais, 2017, p. 73.

[31] DIDIER JR, Fredie; BOMFIM, Daniela. Colaboração premiada (Lei nº 12.850/2013): natureza jurídica e controle da validade por demanda autônoma: um diálogo com o Direito Processual Civil. *Revista do Ministério Público do Estado do Rio de Janeiro*, Rio de Janeiro, n. 62, p. 25, out./dez. 2016. Disponível em: <https://bdjur.stj.jus.br/jspui/bitstream/2011/112667/colaboracao_premiada_lei_didier.pdf>. Acesso em: 24 abril 2018.

[32] *Ibid*.

premiada, por exemplo, a vigência do princípio da boa-fé[33] e a necessidade de respeito à vedação de comportamentos contraditórios (*venire contra factum proprium*).[34-35]

1.2. Requisitos do acordo de colaboração premiada

Assim como todo negócio jurídico, o acordo de colaboração premiada deve ser celebrado com respeito a algumas exigências de conteúdo e de forma. O apego a essas exigências, no caso da colaboração premiada, se justifica principalmente em razão dos interesses em jogo nesse negócio jurídico processual: o interesse probatório do Estado, que pode viabilizar a responsabilização criminal em casos nos quais não se possuíam meios diversos para tanto; o interesse defensivo por parte do agente colaborador, que terá à sua disposição um abrandamento das sanções a lhe serem aplicadas; e um interesse contrário à colaboração por parte dos agentes delatados, que encontram na adequada formalização do acordo o meio para um efetivo exercício do contraditório – nesse caso, em sentido contrário, pense-se no prejuízo defensivo ao agente delatado em um acordo de colaboração premiada no qual fosse dispensado o registro de todos os depoimentos do colaborador, podendo a autoridade persecutória selecionar aqueles que lhe interessam; ou, então, um modelo de colaboração no qual não se possibilitasse ao delatado inquirir, em juízo, o agente colaborador.

---

[33] Na Orientação Conjunta nº 1/2018 do MPF encontra-se recomendação pela previsão de cláusula de boa-fé no acordo: "25. Os acordos de colaboração deverão sempre prever cláusula de boa-fé e confiança, por meio da qual o colaborador deve declarar se procurou previamente outro órgão ou outra unidade do Ministério Público para tentativa de acordo;" (Ministério Público Federal. Orientação Conjunta nº 1/2018 – acordos de colaboração premiada. Disponível em: <http://www.mpf.mp.br/atuacao-tematica/ccr5/orientacoes/orientacao-conjunta-no-1-2018.pdf>. Acesso em: 23 jul 2018).

[34] MENDONÇA, Andrey Borges de. Os benefícios possíveis na colaboração premiada: entre a legalidade e a autonomia da vontade. In: BOTTINI, Pierpaolo Cruz; MOURA, Maria Thereza de Assis (org.). *Colaboração premiada* São Paulo: Revista dos Tribunais, 2017, p. 69.

[35] Novamente em dispositivo da Orientação Conjunta nº 1/2018 do MPF: "33. O acordo de colaboração deve prever a recorribilidade da sentença condenatória ou absolutória somente na parte que extrapolar os limites do acordo, como desdobramento do princípio do *nemo potest venire contra factum proprium*." (Ministério Público Federal. Orientação Conjunta nº 1/2018 – acordos de colaboração premiada. Disponível em: <http://www.mpf.mp.br/atuacao-tematica/ccr5/orientacoes/orientacao-conjunta-no-1-2018.pdf>. Acesso em: 23 jul 2018).

Desse modo, o respeito ao devido procedimento é um caro valor a ser defendido na celebração dos acordos de colaboração premiada. O próprio Ministério Público Federal, na Orientação Conjunta nº 1/2018, em elogiável exercício de defesa da formalidade da colaboração, cuidou de especificar detalhadamente alguns dos elementos que deverão ser inseridos nesse acordo, nos seguintes termos:

> 24. O acordo de colaboração deve conter cláusulas que tratem, pelo menos, dos seguintes pontos:
>
> 24.1. BASE JURÍDICA [...]
>
> 24.2. QUALIFICAÇÃO DO COLABORADOR;
>
> 24.3. DEMONSTRAÇÃO DO INTERESSE PUBLICO: a) oportunidade do acordo; b) efetividade e utilidade do acordo: relativa à capacidade real de contribuição do colaborador para a investigação, por meio do fornecimento de elementos concretos que possam servir de prova; c) explicitação sobre quantos e quais são os fatos ilícitos e pessoas envolvidas que ainda não sejam de conhecimento do Ministério Público Federal; d) indicação dos meios pelos quais se fará a respectiva prova.
>
> 24.4. OBJETO DO ACORDO: a) descrição genérica dos fatos que serão revelados e por quem, visando preservar o sigilo das investigações; a descrição específica deverá ser feita nos anexos individualizados, na forma do item 13; b) deve ser demonstrada a relevância das informações e provas; não basta que os fatos e provas sejam novos; precisam ser aptos a revelar e a desmantelar a forma de cometimento dos ilícitos; c) deve haver previsão sobre como se procederá em caso de revelação de novos fatos, depois de celebrado o acordo (possível aditamento do acordo, com previsão das consequências do aditamento).
>
> 24.5. OBRIGAÇÕES DO COLABORADOR (mínimas): a) relativas às informações e provas relevantes (formas, prazos, locais etc.); b) compromisso de cessar as condutas ilícitas; c) compromisso, durante toda a vigência do acordo de colaboração, de colaborar de forma plena, sem qualquer reserva, com as investigações, portando-se sempre com honestidade, lealdade e boa-fé; d) falar a verdade, incondicionalmente, em todas as investigações (inclusive nos inquéritos policiais e civis, ações civis, procedimentos administrativos disciplinares e tributários), além de ações penais em que doravante venha a ser chamado a depor na condição de testemunha ou interrogado, nos termos do acordo; e) pagamento de valor relativo à antecipação de reparação de danos, ressalvada a prerrogativa de outros órgãos, instituições, entidades ou pessoas de buscarem o ressarcimento que entenderem lhes ser devido; f) pagamento de multa; g) prestar garantias do cumprimento da multa e da antecipação de reparação de danos; h) declarar que as informações prestadas são verdadeiras e precisas, sob pena de rescisão; i) declarar todos os bens que são de sua propriedade, ainda que em nome de terceiros, sob pena de conduta contrária ao dever de boa-fé e rescisão do acordo; j) obrigação de o COLABORADOR adotar conduta processual compatível com a vontade de colaborar (vedação ao *venire contra factum proprium*).
>
> 24.6. COMPROMISSOS DO MPF: a) estipular benefícios penais ao colaborador; b) estabelecer a forma de cumprimento dos benefícios; c) defender perante terceiros a validade e eficácia de todos os termos e condições do acordo.

24.7. ADESÃO E COMPARTILHAMENTO DE PROVAS (v. item 39);
24.8. COOPERAÇÃO COM AUTORIDADES ESTRANGEIRAS (v. item 39);
24.9. RENÚNCIA AO EXERCÍCIO DA GARANTIA CONTRA A AUTOINCRIMINAÇÃO E DO DIREITO AO SILÊNCIO;
24.10. PREVISÃO DE GARANTIA REAL OU FIDEJUSSÓRIA (v. item 30);
24.11. RESCISÃO: HIPÓTESES E CONSEQUÊNCIAS: inclusive com previsão de cláusula penal, correção monetária e juros;
24.12. PREVISÃO SOBRE O JUÍZO PERANTE O QUAL SERÁ REQUERIDA A HOMOLOGAÇÃO;
24.13. PREVISÃO DA NECESSIDADE DE SIGILO (até decisão judicial em contrário);
24.14. DECLARAÇÃO DE ACEITAÇÃO (pelo advogado e pelo colaborador);
24.15. EFEITOS CIVIS DO ACORDO (v. item 35);[36]

Assim, novamente, assumindo-se a natureza jurídica do acordo de colaboração premiada como sendo um negócio jurídico, promove-se o exame de sua higidez por meio de critérios bastante desenvolvidos na teoria geral dos negócios jurídicos, inclusive com base nos conhecidos planos da existência, validade e eficácia.

Esse pensamento fica perceptível quando, ao se referir aos negócios jurídicos processuais de maneira genérica (não se trata de obra sobre a colaboração premiada), Pedro Henrique Nogueira aponta a manifestação da vontade como um dos elementos de existência do negócio jurídico processual, enquanto comporiam os requisitos de validade a capacidade processual e postulatória das partes e o respeito ao formalismo processual.[37]

Essas exigências exercerão a sua influência já no momento da primeira atuação jurisdicional significativa na colaboração, quando da decisão de homologação do acordo. Nesse momento, deve ser examinada, pelo magistrado, a sua regularidade formal. Ou seja, deve-se verificar se o acordo atende à forma exigida para a sua celebração (forma escrita, com a presença de advogado, que contenha cláusulas expressas etc.) – matéria examinada em tópico específico desta obra.

Especificamente em relação aos elementos de existência da colaboração premiada, assim se consideram aqueles mencionados nos incisos do artigo 6º da Lei de Organizações Criminosas, com exceção

---

[36] Ministério Público Federal. Orientação conjunta nº 1/2018 – acordos de colaboração premiada. Disponível em: <http://www.mpf.mp.br/atuacao-tematica/ccr5/orientacoes/orientacao-conjunta-no-1-2018.pdf>. Acesso em: 23 jul 2018.

[37] NOGUEIRA, Pedro Henrique. *Negócios jurídicos processuais*. 2. ed. Salvador: JusPodivm, 2016. p. 180-181.

do previsto no inciso "V", conforme manifestação do Ministro Dias Toffoli[38] em julgamento do pleno do Supremo Tribunal.

São esses os termos do artigo 6º da Lei:

Art. 6º O termo de acordo da colaboração premiada deverá ser feito por escrito e conter:

I – o relato da colaboração e seus possíveis resultados;

II – as condições da proposta do Ministério Público ou do delegado de polícia;

III – a declaração de aceitação do colaborador e de seu defensor;

IV – as assinaturas do representante do Ministério Público ou do delegado de polícia, do colaborador e de seu defensor;

V – a especificação das medidas de proteção ao colaborador e à sua família, quando necessário.

Não existirá acordo, portanto, sem o relato da colaboração e dos seus possíveis resultados, sem as condições da proposta do Ministério Público ou do delegado de polícia, sem a anuência do agente colaborador e de seu defensor com a proposta e seus termos, bem como sem a assinatura de todos os envolvidos no acordo.

Em um segundo momento, presentes os elementos que determinam a existência do acordo de colaboração premiada, dever-se-ão examinar os requisitos que lhe conferem validade, juízo que será positivo, novamente nas palavras do Ministro Dias Toffoli, quando "i) a declaração de vontade do colaborador for a) resultante de um processo volitivo; b) querida com plena consciência da realidade; c) escolhida com liberdade e d) deliberada sem má-fé; e ii) o seu objeto for lícito, possível e determinado ou determinável".[39]

O juízo de validade do acordo de colaboração premiada é realizado judicialmente quando de sua homologação, nos termos do

---

[38] Em suas palavras: "O art. 6º da Lei nº 12.850/13 estabelece os elementos de existência do acordo de colaboração premiada. Esse acordo deverá ser feito por escrito e conter: i) o relato da colaboração e seus possíveis resultados; ii) as condições da proposta do Ministério Público ou do delegado de polícia. [...] Também é elemento de existência 'iii) a declaração de aceitação do colaborador e de seu defensor; e iv) as assinaturas do representante do Ministério Público ou do delegado de polícia, do colaborador e de seu defensor'. Por sua vez, "a especificação das medidas de proteção ao colaborador e a sua família", prevista no inciso V do referido dispositivo legal, afigura-se um elemento particular eventual, uma vez que o acordo somente disporá sobre tais medidas 'quando necessário'." (STF, Pet 7074 QO, Relator(a): Min. EDSON FACHIN, Tribunal Pleno, julgado em 29/06/2017, ACÓRDÃO ELETRÔNICO DJe-085 Divulg 02-05-2018 Public 03-05-2018).

[39] STF, Pet 7074 QO, Relator(a): Min. EDSON FACHIN, Tribunal Pleno, julgado em 29/06/2017, ACÓRDÃO ELETRÔNICO DJe-085 Divulg 02-05-2018 Public 03-05-2018.

artigo 4º, § 7º, da Lei de Organizações Criminosas,[40] decisão que, no entendimento de Fredie Didier Jr. e Daniela Bomfim, condiciona a eficácia do acordo.[41]

Entretanto, também de acordo com disposição da mesma legislação,[42] a decisão homologatória do acordo não obsta a realização posterior, na sentença, de novo juízo de regularidade, bem como juízo de eficácia para o fim de implementação das sanções premiais – o que será examinado em tópico específico sobre a decisão de homologação do acordo e seus reflexos na decisão final.

Como qualquer negócio jurídico, o acordo de colaboração poderá ser inválido se lhe faltar algum elemento complementar (como a assistência do acusado por seu defensor), quando for imperfeito um de seus elementos nucleares. Ainda se pode pensar no vício de consentimento como motivo para a invalidação do acordo.[43]

1.2.1. A voluntariedade

A voluntariedade é considerada o mais importante pressuposto da colaboração premiada.[44] Quando se fala na necessidade de voluntariedade, de necessidade de vontade livre do colaborador em celebrar o acordo, está-se a dizer que a colaboração é um meio de obtenção de prova "[...] que não pode ser imposto ou coativo, mas, sim, uma

---

[40] "Art. 4º. O § 7º Realizado o acordo na forma do § 6º, o respectivo termo, acompanhado das declarações do colaborador e de cópia da investigação, será remetido ao juiz para homologação, o qual deverá verificar sua regularidade, legalidade e voluntariedade, podendo para este fim, sigilosamente, ouvir o colaborador, na presença de seu defensor."

[41] DIDIER JR., Fredie; BOMFIM, Daniela. Colaboração premiada (Lei nº 12.850/2013): natureza jurídica e controle da validade por demanda autônoma: um diálogo com o Direito Processual Civil. *Revista do Ministério Público do Estado do Rio de Janeiro*, Rio de Janeiro, n. 62, p. 40, out./dez. 2016. Disponível em: <https://bdjur.stj.jus.br/jspui/bitstream/2011/112667/colaboracao_premiada_lei_didier.pdf>. Acesso em: 24 abril 2018.

[42] Art. 4º, § 11. A sentença apreciará os termos do acordo homologado e sua eficácia.

[43] DIDIER JR., Fredie; BOMFIM, Daniela. Colaboração premiada (Lei nº 12.850/2013): natureza jurídica e controle da validade por demanda autônoma: um diálogo com o Direito Processual Civil. *Revista do Ministério Público do Estado do Rio de Janeiro*, Rio de Janeiro, n. 62, p. 47, out./dez. 2016. Disponível em: <https://bdjur.stj.jus.br/jspui/bitstream/2011/112667/colaboracao_premiada_lei_didier.pdf>. Acesso em: 24 abril 2018.

[44] SILVA, Eduardo Araújo da. *Organizações criminosas*: aspectos penais e processuais da Lei 12.850/2013. 2. ed. São Paulo: Atlas, 2015. p. 57.

opção defensiva. [...] O imputado jamais pode ser obrigado a firmar um acordo de colaboração, que sempre deve ser voluntário".[45]

A voluntariedade pode ser lida como vontade legítima do agente colaborador, desprovida de vícios, manifestada em relação à própria colaboração premiada em seu todo – em relação às obrigações assumidas, em relação aos direitos gerados, em relação aos efeitos penais e processuais etc.

Considerada, então, como uma anuência em relação ao acordo de colaboração premiada em seu todo, a voluntariedade necessária à higidez do acordo pressupõe o esclarecimento do agente. Isto quer dizer que a voluntariedade do agente colaborador apenas será reconhecida se o agente possuir ciência de tudo o que envolvido na colaboração premiada. Caso seu conhecimento seja precário, precária será, também, a voluntariedade que lhe move à celebração do acordo, pois não envolverá todas as suas peculiaridades.

A destacada importância da voluntariedade do agente colaborador para o sucesso do acordo de colaboração é o que justifica a preocupação do Ministério Público Federal na orientação de seus membros para que cuidem de assegurar, nos acordos que vierem a celebrar, o esclarecimento a respeito de alguns aspectos do acordo ao colaborador e ao seu advogado. Nesse sentido, de forma elogiável, prescreve a Orientação Conjunta nº 1/2018 do MPF:

> 8. O Membro do MPF oficiante deve empregar todos os esforços a fim de bem esclarecer ao interessado e ao seu defensor, desde o início do procedimento, suas tratativas e antes de qualquer ato de colaboração, em que consiste o instituto da colaboração premiada, o respectivo procedimento previsto em lei e nesta Orientação Normativa, os benefícios possíveis em abstrato, a necessidade de sigilo e outras informações pertinentes, em ordem a viabilizar o *consentimento livre e informado*. [...]
> 21. O acordo de colaboração premiada, em sua versão final, será firmado com a assinatura do colaborador e seu defensor. 21.1. *Deve-se garantir que o colaborador tenha ciência inequívoca sobre os termos do acordo*, observado, ainda, o disposto no art. 4º, §§ 14 e 15, da Lei 12.850/2013, especialmente quanto à renúncia ao direito ao silêncio e ao compromisso de dizer a verdade; 21.2. *O Membro do Ministério Público Federal oficiante deve verificar pessoalmente se o colaborador compreendeu o que significa a colaboração premiada e todos os termos do acordo, zelando pelo*

---

[45] MENDONÇA, Andrey Borges de. Os benefícios possíveis na colaboração premiada: entre a legalidade e a autonomia da vontade. In: BOTTINI, Pierpaolo Cruz; MOURA, Maria Thereza de Assis (org.). *Colaboração premiada*. São Paulo: Revista dos Tribunais, 2017, p. 58 e 60.

seu consentimento informado e pela conformidade dos anexos com as informações por ele prestadas.[46]

Essa preocupação se torna ainda mais justificada se examinados casos passados nos quais nenhuma importância foi atribuída, por membros dessa instituição, à liberdade de decisão do colaborador, utilizando-se, nesses casos, de técnicas como a prisão preventiva como verdadeira forma de coação à colaboração. Exemplo declarado dessa "estratégia processual" se encontra em parecer de procurador da república em ação de *habeas corpus* julgada pelo Tribunal Regional Federal da 4ª Região, no âmbito da Operação Lava-Jato, no ano de 2014, no qual se afirmou, como fundamento para a manutenção da prisão preventiva:

> A conveniência da instrução criminal mostra-se presente não só na cautela de impedir que investigados destruam provas, o que é bastante provável no caso do paciente, mas também *na possibilidade de a segregação influenciá-lo na vontade de colaborar na apuração de responsabilidade*, o que tem se mostrado bastante fértil nos últimos tempos.[47]

Com a devida vênia, não é possível que se admita a prisão como estímulo para fazer o investigado ou processado tomar a decisão de se tornar colaborador. Esse parece um caso claro de vício na formação de vontade em que se retiraria a voluntariedade do colaborador. E aqui nem há que se falar na distinção entre espontaneidade e voluntariedade, porque não se trata sequer de uma sugestão de terceiro (caso da falta de espontaneidade), mas sim de uma verdadeira coação através da prisão.

A constatação do consentimento livre de vícios pode ser considerada uma tarefa com certa facilidade em boa parte dos negócios jurídicos celebrados na esfera do Direito Civil. No Direito Penal, entretanto, há uma inafastável complexidade dessa verificação, já que certa intensidade de coação parece inerente à natureza penal.[48] Diferentemente de um contrato de compra e venda de um imóvel, na colaboração premiada (mas, não só ela; da mesma forma, por exem-

---

[46] Ministério Público Federal. Orientação conjunta nº 1/2018 – acordos de colaboração premiada. Disponível em: <http://www.mpf.mp.br/atuacao-tematica/ccr5/orientacoes/orientacao-conjunta-no-1-2018.pdf>. Acesso em: 23 jul 2018.

[47] TRF4, HC 5029050-46.2014.4.04.0000, OITAVA TURMA, Relator JOÃO PEDRO GEBRAN NETO, parecer do MPF juntado aos autos em 21/11/2014. Disponível em: https://www.conjur.com.br/dl/lava-jato-parecer-mpf-prisao-forcar.pdf. Acesso em: 24 nov 2018.

[48] Nesse sentido: ROSA, Alexandre Morais da; SANT`ANA, Raquel Mazzuco. *Delação premiada como negócio jurídico*: a ausência de coação como requisito de validade. Florianópolis: Editora Emais, 2019. p. 74.

plo, a transação penal), o agente possui ciência de que sua própria liberdade está em jogo, sendo esse um fator que inegavelmente deve impulsioná-lo à celebração da colaboração com intensidade proporcional às chances de condenação.

Justamente por esse motivo, o esclarecimento a respeito de todas as opções processuais possíveis ao agente colaborador se faz essencial para se mitigar as chances de vício de sua vontade.

Mesmo com o esclarecimento, no caso de prisão processual, a situação passa a ser ainda mais delicada, já que o acordo de colaboração premiada celebrado pelo investigado preso cautelarmente geralmente resulta em sua soltura, com ou sem medidas cautelares.

Por isso, no julgamento do conhecido *Habeas Corpus* nº 127.483, após discorrer sobre o princípio *nemo tenetur se detegere*, garantia contra a obrigação de autoincriminação, o Ministro Dias Toffoli criticou a implementação de prisão com o objetivo de se coagir o investigado à celebração da colaboração:

> Assim, é manifestamente ilegítima, por ausência de justificação constitucional, a adoção de medidas cautelares de natureza pessoal, notadamente a prisão temporária ou preventiva, que tenham por finalidade obter a colaboração ou a confissão do imputado, a pretexto de sua necessidade para a investigação ou a instrução criminal.[49]

Outro ponto de debate a respeito desse pressuposto para a colaboração premiada (vontade livre do colaborador) é a possibilidade de que essa vontade seja originada de um incentivo por parte de terceiros, ou a necessidade de que ela seja originada de uma iniciativa individual do agente colaborador.

Em julgamento envolvendo a aplicação do perdão judicial no âmbito da colaboração prevista na Lei de proteção à vítima, à testemunha e ao colaborador (Lei 9.807/99),[50] o Ministro Marco Aurélio entendeu como sinônimos os vocábulos "voluntariedade" e "espontaneidade",

---

[49] STF, HC 127483, Relator(a): Min. DIAS TOFFOLI, Tribunal Pleno, julgado em 27/08/2015, PROCESSO ELETRÔNICO DJe-021 Divulg 03-02-2016 Public 04-02-2016.

[50] Lei 9.807/99, art. 13. Poderá o juiz, de ofício ou a requerimento das partes, conceder o perdão judicial e a conseqüente extinção da punibilidade ao acusado que, sendo primário, tenha colaborado efetiva e voluntariamente com a investigação e o processo criminal, desde que dessa colaboração tenha resultado: I – a identificação dos demais co-autores ou partícipes da ação criminosa; II – a localização da vítima com a sua integridade física preservada; III – a recuperação total ou parcial do produto do crime. Parágrafo único. A concessão do perdão judicial levará em conta a personalidade do beneficiado e a natureza, circunstâncias, gravidade e repercussão social do fato criminoso.

motivo pelo qual, para o reconhecimento dos efeitos da colaboração, deveria ser ela decorrente da livre manifestação da vontade do réu.[51]

A divergência neste julgamento foi aberta pelo Ministro Edson Fachin, que promoveu a distinção entre as expressões "voluntariedade" e "espontaneidade", o que foi aprofundado pelo Ministro Luiz Fux. Nesse caso, a voluntariedade decorreria da atuação desprovida de qualquer forma de coação, enquanto a espontaneidade pressuporia a primeira, mas ainda exigiria a ausência de um fator externo provocador da vontade (ou seja, decorreria da iniciativa do próprio colaborador, sem que houvesse o incentivo por parte de um terceiro).[52]

A exemplo do que ocorre na desistência voluntária e no arrependimento eficaz (art. 17, CP), entendemos que o que pode retirar a capacidade de o agente firmar o acordo é a ausência de voluntariedade, porque, neste caso, ele é forçado por terceiro a firmar o acordo. O mesmo poderia se afirmar quando a prisão processual é decreta com essa finalidade. Já no caso da ausência de espontaneidade, ela não invalida o acordo, porque o ato do colaborador (decisão de colaborar) não precisa ser espontâneo, ou seja, pode ser sugerido por terceiro (familiar, parente, advogado, etc.), porém, deverá sempre ser voluntário. Tomando por analogia os conceitos de voluntariedade da desistência voluntária, a colaboração será voluntária quando não se origine de causas impeditivas coatas, ou seja, deve surgir por motivos autônomos que não precisam ser éticos ou valorados.[53]

Independentemente da distinção entre voluntariedade e espontaneidade, a legislação especial exige, para a regularidade da colaboração, que o agente colaborador aceite o acordo voluntariamente, admitindo-se, portanto, um convencimento externo para que o agente celebre o acordo. Afinal, "Um estímulo externo [...] não se opõe à voluntariedade. No entanto, o autor tem que permanecer 'senhor de suas decisões', ou seja, não pode se encontrar em situação de coação externa ou interna.".[54]

---

[51] STF, HC 129877, Relator(a): Min. MARCO AURÉLIO, Primeira Turma, julgado em 18/04/2017, PROCESSO ELETRÔNICO DJe-168 Divulg 31-07-2017 Public 01-08-2017.
[52] STF, HC 129877, Relator(a): Min. MARCO AURÉLIO, Primeira Turma, julgado em 18/04/2017, PROCESSO ELETRÔNICO DJe-168 Divulg 31-07-2017 Public 01-08-2017.
[53] Nesse sentido: PACELLI, Eugênio; CALLEGARI, André. *Manual de Direito Penal. Parte Geral*. 5. ed. São Paulo: Gen/Atlas, 2019. p. 309.
[54] HILGENDORF, Eric; VALERIUS, Brian. *Direito Penal*. Parte geral. Tradução de Orlandino Gleizer. São Paulo: Marcial Pons, 2019. p. 314.

Considerando-se que, para o bom desenvolvimento da colaboração premiada, deve ser o agente informado a respeito da possibilidade desse acordo e dos seus efeitos (não só pela sua defesa, mas pelos agentes estatais), não acreditamos que o melhor entendimento seja concluir que a espontaneidade (ausência de qualquer fator externo de orientação, com iniciativa individual do agente) seja um requisito da colaboração premiada, o sendo apenas a voluntariedade. Ou seja, pode haver a sugestão ou orientação do agente a respeito da celebração do acordo de colaboração premiada e, ainda assim, considerar-se-á válida a sua vontade.[55]

1.3. A colaboração premiada como meio de obtenção de prova

Conforme Juan Carlos Ortiz Pradillo, a origem da conduta de delatar pode ser relacionada com a ideia de expiação da culpa, sentido predominante que, na versão bíblica, conduz Adão a delatar Eva, e Eva a delatar a serpente. Em outras oportunidades, prepondera na delação o sentido premial de troca de informação por um incentivo, como no caso de Judas Iscariotes – essa relação da delação com o pecado original e com a traição de Jesus Cristo justificaria, em sistemas de influência judaico-cristã, uma visão depreciativa da delação premiada,[56] o que, por sua vez, justifica a alteração de sua nomenclatura para "colaboração" premiada.

Atualmente, é possível se enxergar a colaboração como um dos tantos meios permitidos pelo ordenamento jurídico para que o acusado, orientado por sua defesa técnica, alcance o melhor resultado possível a si no processo, o que resulta da garantia constitucional da ampla defesa.[57] Ou seja, por essa perspectiva, a colaboração premiada se insere no sistema processual penal como uma estratégia de defesa orientada ao alcance do melhor resultado possível ao investigado

---

[55] ESSADO, Tiago Cintra. Delação premiada e idoneidade probatória. In: BADARÓ, Gustavo Henrique (org.). *Direito Penal e Processo Penal*. Processo Penal I. São Paulo: Revista dos Tribunais, 2015. v. 6, p. 1316.

[56] ORTIZ PRADILLO, Juan Carlos. *Los delatores en el proceso penal*. Recompensas, anonimato, protección y otras medidas para incentivar una "colaboración eficaz" con la justicia. Espanha: Wolters Kluwer, 2018. p. 45.

[57] MENDONÇA, Andrey Borges de. Os benefícios possíveis na colaboração premiada: entre a legalidade e a autonomia da vontade. In: BOTTINI, Pierpaolo Cruz; MOURA, Maria Thereza de Assis (org.). *Colaboração premiada*. São Paulo: Revista dos Tribunais, 2017, p. 59.

ou acusado. Podemos ir mais adiante e ainda sustentar que se trata de um mecanismo de defesa do colaborador no qual, premido pela situação na qual se encontra, não vê outra alternativa que não seja a de colaborar. Os adversários do instituto da colaboração costumam invocar razões éticas para seus ataques ao colaborador, como a traição aos corréus ou demais investigados. Mas essas mesmas razões éticas são esquecidas quando se defendem os institutos da legítima defesa e do estado de necessidade, onde há o sacrifício muitas vezes da vida humana para que o agredido ou ameaçado por um perigo se salve. Da mesma forma ocorre, ainda mais aproximado com a colaboração premiada, com o instituto da confissão. Nessa mesma linha de argumentação, a colaboração premiada pode ser vista como uma forma alternativa de defesa.

Por parte do Estado, a lógica é diversa, e a grande razão de ser da colaboração premiada é possibilitar a produção de elementos probatórios relacionados ao fato criminoso, quando envolvendo organização criminosa, casos nos quais a tarefa investigativa é significativamente dificultosa. Essa lógica fica visível quando se afirma que fatores como a complexidade estrutural das organizações empresariais e entidades administrativas, a globalização da delinquência econômica, entre outros motivos, criam obstáculos à atividade de investigação e repressão a condutas ilícitas. Nesse contexto, é compreensível que a colaboração premiada seja fomentada por diversos países como uma medida especial de investigação.[58]

Desse modo, como instrumento de investigação que é, a razão de ser da colaboração premiada, por parte do Estado, é alcançar informações essenciais para desarticular organizações criminosas, informações que não alcançaria por meio de outras diligências.[59]

Nesse ponto, é preciso que se compreenda uma questão que exerce influência determinante nos efeitos a serem irradiados pelo acordo de colaboração premiada no sistema processual penal: o acordo de colaboração premiada é um instrumento a serviço da tarefa de produção de elementos de prova, mas não se constitui ele próprio em um elemento de prova. Em outras palavras, a colaboração premiada não surge como um meio de prova, mas como um meio de obtenção de provas, como, aliás, estabelecem expressamente os artigos 1º e 3º da Lei de Organizações Criminosas:

---

[58] ORTIZ PRADILLO, Juan Carlos. *Los delatores en el proceso penal*. Recompensas, anonimato, protección y otras medidas para incentivar una "colaboración eficaz" con la justicia. Espanha: Wolters Kluwer, 2018. p. 41-42.

[59] Idem, p. 43-44.

Art. 1º Esta Lei define organização criminosa e dispõe sobre a investigação criminal, *os meios de obtenção da prova*, infrações penais correlatas e o procedimento criminal a ser aplicado.
[...]
Art. 3º Em qualquer fase da persecução penal, serão permitidos, sem prejuízo de outros já previstos em lei, os seguintes *meios de obtenção da prova*:
I – colaboração premiada;

A diferenciação entre os meios de prova e os meios de obtenção de prova se encontra de uma maneira bastante perceptível na repercussão de ambas as categorias na tomada de decisão pelo julgador. Nas palavras de Gustavo Henrique Badaró, "[...] enquanto o meio de prova se presta ao convencimento direto do julgador, os meios de obtenção de provas somente indiretamente, e dependendo do resultado de sua realização, poderão servir à reconstrução da história dos fatos".[60]

Outras diferenças importantes ainda devem ser apontadas em relação a ambas as categorias, como o fato de, enquanto os meios de prova serem produzidos no processo, quando do ato de sua realização, os meios de obtenção de prova destinarem-se à colheita de um elemento de prova preexistente. Ainda, os meios de prova não representam restrições a direitos, permitindo-se que se produzam no processo meios de prova atípicos, de acordo com um princípio de liberdade. Por sua vez, os meios de obtenção de prova importam em restrições a direitos fundamentais (pense-se nas quebras de sigilo fiscal e bancário, na busca domiciliar, na interceptação telefônica etc.), motivo pelo qual, para a sua realização, deve haver lei que os discipline, não se admitindo a produção de meios de obtenção de prova atípicos.[61]

No Supremo Tribunal Federal, a caracterização do acordo de colaboração premiada como um "meio de obtenção de prova"[62] é pacífica, a exemplo da seguinte passagem de voto proferido pelo Ministro Dias Toffoli, no *Habeas Corpus* nº 127.483, o precedente mais referenciado pela Corte Suprema e pela doutrina a respeito da colaboração premiada:

---

[60] BADARÓ, Gustavo Henrique. A colaboração premiada: meio de prova, meio de obtenção de prova ou um novo modelo de justiça penal não epistêmica? In: BOTTINI, Pierpaolo Cruz; MOURA, Maria Thereza de Assis (org.). *Colaboração premiada*. São Paulo: Revista dos Tribunais, 2017, p. 130.
[61] Idem, p. 130-131.
[62] STF, Pet 7074 QO, Relator(a): Min. EDSON FACHIN, Tribunal Pleno, julgado em 29/06/2017, ACÓRDÃO ELETRÔNICO DJe-085 Divulg 02-05-2018 Public 03-05-2018.

A colaboração premiada, por expressa determinação legal (art. 3º, I, da Lei nº 12.850/13), é um meio de obtenção de prova, assim como o são a captação ambiental de sinais eletromagnéticos, ópticos ou acústicos, a interceptação de comunicações telefônicas e telemáticas ou o afastamento dos sigilos financeiro, bancário e fiscal (incisos IV a VI do referido dispositivo legal).[63]

Em idêntico sentido, o acordo de colaboração premiada é comparado pelo Ministro Alexandre de Moraes, em voto de sua lavra, à busca e apreensão, à interceptação telefônica, ao afastamento dos sigilos bancário e fiscal, todos eles também considerados meios de obtenção de provas.[64]

O meio de obtenção de prova, diferentemente do meio de prova, não oferece ao julgador resultantes probatórias utilizáveis diretamente para fundamentar suas decisões, já que se constitui em instrumento de colheita dos elementos de prova aptos a essa função – esses sim de possível utilização direta no convencimento e na motivação das decisões.

Existe uma precariedade na capacidade de convencimento do acordo de colaboração premiada que, mais do que decorrência de sua configuração como meio de obtenção de provas (e não como meio de prova), serve de barreira a decisões temerárias no processo penal. Diante da inafastável possibilidade de que o agente colaborador falte com a verdade em suas declarações, é necessário que não se atribua ao acordo em si a aptidão para o convencimento judicial, exigindo-se que seja corroborado por elementos de prova diversos.

Por esse motivo, afirmou o Ministro Dias Toffoli, no julgamento do Inquérito nº 3.994:

> [...] a colaboração premiada, como meio de obtenção de prova, tem aptidão para autorizar a deflagração da investigação preliminar, visando "adquirir coisas materiais, traços ou declarações dotadas de força probatória". [...] os depoimentos do colaborador premiado, sem outras provas idôneas de corroboração, não se revestem de densidade suficiente para lastrear um juízo positivo de admissibilidade da acusação, o qual exige a presença do *fumus commissi delicti*.[65]

O ponto problemático a respeito dessa matéria é, especificamente, qual o efeito se poderá atribuir às declarações isoladas do

---

[63] STF, HC 127483, Relator(a): Min. DIAS TOFFOLI, Tribunal Pleno, julgado em 27/08/2015, PROCESSO ELETRÔNICO DJe-021 Divulg 03-02-2016 public 04-02-2016.
[64] STF, Pet 7074 QO, Relator(a): Min. EDSON FACHIN, Tribunal Pleno, julgado em 29/06/2017, ACÓRDÃO ELETRÔNICO DJe-085 Divulg 02-05-2018 Public 03-05-2018.
[65] STF, Inq 3994, Relator(a): Min. EDSON FACHIN, Relator(a) p/ Acórdão: Min. DIAS TOFFOLI, Segunda Turma, julgado em 18/12/2017, ACÓRDÃO ELETRÔNICO DJe-065 Divulg 05-04-2018 Public 06-04-2018.

agente colaborador, seja em uma fase pré-processual, seja na fase processual.

Em um primeiro momento, considerando-se que a celebração do acordo de colaboração premiada parece mais provável na fase investigatória, resta saber se são possíveis o oferecimento e o recebimento de denúncia contra os agentes delatados pelo colaborador, ou se, isoladas, as declarações do colaborador são insuficientes para a comprovação do *fumus commissi delicti* necessário para a instauração do processo penal.

No julgamento do Inquérito nº 3.998, pela Segunda Turma do STF, no entendimento dos Ministros Dias Toffoli e Gilmar Mendes, entendeu-se pela impossibilidade de se admitir denúncia fundamentada exclusivamente nas declarações realizadas pelo colaborador, sem que outros elementos de prova tenham sido produzidos.[66]

Nesse julgado, definiu-se que a colaboração premiada pode servir de fundamento único para se dar início à investigação criminal, mas não a processo, divergindo desse entendimento o Ministro Edson Fachin, que entendeu possível a instauração de processo exclusivamente fundado em colaboração premiada (nesse julgamento, estavam ausentes os Ministros Celso de Mello e Ricardo Lewandowski, motivo pelo qual o entendimento majoritário foi composto apenas pelos Ministros Dias Toffoli e Gilmar Mendes).[67] A mesma solução foi acolhida no julgamento do Inquérito nº 4.005, também pela Segunda Turma, quando se reafirmou o entendimento de que não é possível o recebimento da denúncia com base tão somente nas palavras dos colaboradores.[68]

Nas palavras do Ministro Dias Toffoli, agora proferidas no julgamento do *Habeas Corpus* nº 127.483, novamente a respeito da natureza de meio de obtenção de prova da colaboração e da necessidade de que sejam as declarações do agente colaborador corroboradas por outras fontes de prova:

> [...] o acordo de colaboração não se confunde com os depoimentos prestados pelo agente colaborador. Enquanto o acordo de colaboração é meio de obtenção de pro-

---

[66] STF, Inq 3998, Relator(a): Min. EDSON FACHIN, Relator(a) p/ Acórdão: Min. DIAS TOFFOLI, Segunda Turma, julgado em 18/12/2017, ACÓRDÃO ELETRÔNICO DJe-045 Divulg 08-03-2018 Public 09-03-2018.

[67] STF, Inq 3998, Relator(a): Min. EDSON FACHIN, Relator(a) p/ Acórdão: Min. DIAS TOFFOLI, Segunda Turma, julgado em 18/12/2017, ACÓRDÃO ELETRÔNICO DJe-045 Divulg 08-03-2018 Public 09-03-2018.

[68] STF, Inq 4005, Relator(a): Min. EDSON FACHIN, Segunda Turma, julgado em 11/12/2018, acórdão não publicado no DJe até a finalização deste livro.

va, os depoimentos propriamente ditos do colaborador constituem meio de prova, que somente se mostrarão hábeis à formação do convencimento judicial se vierem a ser corroborados por outros meios idôneos de prova.[69-70]

Seguindo essa lógica, o Ministro Dias Toffoli entendeu que, se os depoimentos do colaborador (no caso julgado, de dois colaboradores) não podem servir para, isoladamente, sustentarem uma decisão condenatória, igualmente não se pode admitir uma denúncia fundamentada exclusivamente nesses depoimentos.[71]

Nesse mesmo caso (assim como em outros[72]), o Ministro ainda entendeu que as declarações do colaborador devem ser, para se tornar viável o oferecimento de denúncia, corroboradas por elementos de fontes diversas. Ou seja, não se consideram, para tanto, os elementos produzidos unilateralmente pelo colaborador, como no caso de anotações pessoais de contabilidade paralela de sua autoria. Nos termos de seu voto: "Se o depoimento do colaborador necessita ser corroborado por fontes diversas de prova, evidente que uma anotação particular dele próprio emanada não pode servir, por si só, de instrumento de validação".[73]

Em julgamento mais recente, no momento de avaliação de recebimento de denúncia, no Inquérito nº 4.118, o Ministro Dias Toffoli manteve o mesmo entendimento,[74] seguido pelo Ministro Gilmar

---

[69] STF, HC 127483, Relator(a): Min. DIAS TOFFOLI, Tribunal Pleno, julgado em 27/08/2015, PROCESSO ELETRÔNICO DJe-021 Divulg 03-02-2016 Public 04-02-2016.

[70] Em idêntico sentido: "O acordo de colaboração premiada, como meio de obtenção de provas, é suficiente para deflagrar investigação preliminar, sendo essa sua verdadeira vocação. Entretanto, para instaurar a ação penal, não bastam depoimentos do colaborador. É necessário que existam outras provas, ou elementos de corroboração idôneos, ratificando-os." (STF, Inq 3994 ED-segundos, Relator(a): Min. DIAS TOFFOLI, Segunda Turma, julgado em 07/08/2018, ACÓRDÃO ELETRÔNICO DJe-185 Divulg 04-09-2018 Public 05-09-2018).

[71] STF, Inq 3994, Relator(a): Min. EDSON FACHIN, Relator(a) p/ Acórdão: Min. DIAS TOFFOLI, Segunda Turma, julgado em 18/12/2017, ACÓRDÃO ELETRÔNICO DJe-065 Divulg 05-04-2018 Public 06-04-2018.

[72] Do que é exemplo: STF, Inq 4118, Relator(a): Min. EDSON FACHIN, Segunda Turma, julgado em 08/05/2018, ACÓRDÃO ELETRÔNICO DJe-185 Divulg 04-09-2018 Public 05-09-2018.

[73] STF, Inq 3994, Relator(a): Min. EDSON FACHIN, Relator(a) p/ Acórdão: Min. DIAS TOFFOLI, Segunda Turma, julgado em 18/12/2017, ACÓRDÃO ELETRÔNICO DJe-065 Divulg 05-04-2018 Public 06-04-2018.

[74] Em suas palavras: "[...] conforme os dispositivos do Código de Processo Penal, para o recebimento da denúncia, tem que haver a probabilidade de futura condenação. Se se lastreia, única e exclusivamente, em elementos trazidos por colaboradores, em referências ouvidas de colaboradores, em testemunhas que dizem ter ouvido de outro colaborador a respeito do tema e em documentos unilaterais apre-

Mendes.[75] Entretanto, em razão da composição do colegiado, prevaleceu entendimento diverso. Nesse caso, decidiu-se pelo recebimento da denúncia, com voto condutor do Ministro Edson Fachin,[76] seguido pelos Ministros Ricardo Lewandowski[77] e Celso de Mello.[78]

Antes disso, em julgamento pretérito (Inquérito n° 3.982, em decisão proferida no dia 07 de março de 2017), ao receber denúncia em processo originado da operação "Lava-Jato", o Ministro Edson Fachin se utilizou dos depoimentos de dois colaboradores (Paulo Roberto Costa e Alberto Youssef), além do exame de outros elementos investigatórios (como a quebra de sigilo telefônico) para demonstrar a existência de justa causa para o processo. Contudo, mesmo não se

---

endidos com o próprio colaborador, eu não vejo probabilidade de essa denúncia futuramente vir a obter qualquer tipo de sucesso. [...] Se 'nenhuma sentença condenatória será proferida com fundamento apenas nas declarações de agente colaborador' (art. 4°, § 16, da Lei n° 12.850/13), é lícito concluir que essas declarações, por si sós, não autorizam a formulação de um juízo de probabilidade de condenação e, por via de consequência, não permitem um juízo positivo de admissibilidade da acusação." (STF, Inq 4118, Relator(a): Min. EDSON FACHIN, Segunda Turma, julgado em 08/05/2018, ACÓRDÃO ELETRÔNICO DJe-185 Divulg 04-09-2018 Public 05-09-2018).

[75] Em suas palavras, pela necessidade de elementos que corroborem aqueles fornecidos por colaboradores: "Nesse contexto, os elementos de reforço aos depoimentos dos colaboradores são insuficientes." (STF, Inq 4118, Relator(a): Min. EDSON FACHIN, Segunda Turma, julgado em 08/05/2018, ACÓRDÃO ELETRÔNICO DJe-185 Divulg 04-09-2018 Public 05-09-2018).

[76] Em suas palavras: "Registro, ademais, que 'à luz de precedentes do Supremo Tribunal Federal, o conteúdo dos depoimentos colhidos em colaboração premiada não constitui prova por si só eficaz para juízo de condenação. (...) Serve, todavia, como indício suficiente de autoria para fins de recebimento da denúncia';" (STF, Inq 4118, Relator(a): Min. EDSON FACHIN, Segunda Turma, julgado em 08/05/2018, ACÓRDÃO ELETRÔNICO DJe-185 Divulg 04-09-2018 Public 05-09-2018).

[77] Conquanto o Ministro Ricardo Lewandowski tenha feito ressalva em relação a essa matéria da força probatória dos elementos colhidos da colaboração premiada, igualmente entendeu pelo recebimento da denúncia. Em suas palavras: "Por fim, ressalvo o meu ponto de vista sobre recebimento de denúncia fundada exclusivamente na palavra do colaborador, tese muito bem esgrimida no voto do Ministro Dias Toffoli e sobre a qual irei refletir profundamente, sobretudo a partir das premissas técnicas apontadas por Sua Excelência." (STF, Inq 4118, Relator(a): Min. EDSON FACHIN, Segunda Turma, julgado em 08/05/2018, ACÓRDÃO ELETRÔNICO DJe-185 Divulg 04-09-2018 Public 05-09-2018).

[78] Em suas palavras: "O depoimento de agente colaborador – embora não legitime, quando for o único elemento incriminador, a prolação de condenação penal – pode autorizar, no entanto, a formulação e, até mesmo, o próprio recebimento de denúncia, especialmente se os elementos veiculadores da imputação penal acharem-se minimamente corroborados por fontes autônomas de prova." (STF, Inq 4118, Relator(a): Min. EDSON FACHIN, Segunda Turma, julgado em 08/05/2018, ACÓRDÃO ELETRÔNICO DJe-185 Divulg 04-09-2018 Public 05-09-2018).

utilizando isoladamente das declarações dos colaboradores, o Ministro fez constar em seu voto a possibilidade de que se receba denúncia com fundamento unicamente na colaboração premiada.[79]

Esse entendimento do ministro-relator foi expressamente seguido pelo Ministro Celso de Mello, que consignou em seu voto: "O depoimento do agente colaborador – embora não legitime, quando for o único elemento incriminador, a prolação de condenação penal – pode autorizar, no entanto, a formulação e, até mesmo, o recebimento de denúncia [...]".[80]

Esse entendimento prevalecente, a justificar a possibilidade de que se receba a denúncia fundamentada exclusivamente nas palavras do agente colaborador, não é de todo inovador na Suprema Corte, já tendo entendido nesse sentido o saudoso Ministro Teori Zavascki. Conquanto no caso concreto a denúncia estivesse alicerçada em outros elementos indiciários, entendeu o Ministro que as declarações prestadas em acordo de colaboração premiada são elementos suficientes para o oferecimento e o recebimento de denúncia.[81]

Também é pertinente a referência, a respeito desse tema, à recente decisão da Sexta Turma do Superior Tribunal de Justiça, de relatoria do Ministro Rogerio Schietti Cruz, no qual se determinou o trancamento de ação penal em relação a determinado corréu, por haver sido fundamentada a denúncia, contra ele, exclusivamente em depoimento de colaborador (tendo sido ressaltado pelo ministro-relator a natureza da colaboração premiada de meio de obtenção de prova, retirando a capacidade das declarações do colaborador, ao menos isoladamente, de fazer prova do fato delatado).[82]

Como restou demonstrado da análise dos arestos citados, há divergência na Corte Constitucional sobre a possibilidade do recebimento da denúncia lastreada única e exclusivamente na palavra do colaborador, ou, ainda, quando só há prova unilateralmente produzida por este (anotações em agendas, documentos próprios, lista de nomes, etc.). A Lei 12.850/2013 é taxativa no sentido de que nenhuma sentença condenatória será proferida com fundamento uni-

---

[79] STF, Inq 3982, Relator(a): Min. EDSON FACHIN, Segunda Turma, julgado em 07/03/2017, ACÓRDÃO ELETRÔNICO DJe-117 Divulg 02-06-2017 Public 05-06-2017.
[80] *Ibid.*
[81] STF, Inq 3984, Relator(a): Min. TEORI ZAVASCKI, Segunda Turma, julgado em 06/12/2016, ACÓRDÃO ELETRÔNICO DJe-267 Divulg 15-12-2016 Public 16-12-2016.
[82] STJ, RHC 93.800/PR, Rel. Ministro ROGERIO SCHIETTI CRUZ, SEXTA TURMA, julgado em 18/09/2018, DJe 01/10/2018.

camente na palavra do colaborador. Em relação ao recebimento da denúncia, a Lei silenciou.

Em princípio, o critério utilizado deveria ser o mesmo quando se utiliza nos demais casos criminais; ou seja, os elementos mínimos devem estar presentes no oferecimento da denúncia (indícios da autoria e provas da materialidade). Se o colaborador não tem dados de corroboração suficientes dos fatos delatados nos anexos, a denúncia não pode ser recebida, porque, à toda evidência, inverteria o ônus da prova e submeteria o delatado ao dever de produzir prova negativa. Num processo penal de matriz constitucional, não se pode submeter nenhum cidadão a ver-se processado por prova indiciária entregue pelo colaborador. Por isso, uma vez mais insistimos que a confecção dos anexos da colaboração deve ser padronizada e exigir, já na entrega, os dados de corroboração.

De outro lado, a práxis tem demonstrado que várias autoridades públicas foram submetidas aos dissabores de processos criminas sem elementos suficientes de corroboração dos fatos narrados pelos colaboradores, o que, ao final, fulminou a pretensão punitiva por ausência de provas, fato este que poderia ter sido evitado desde o princípio da elaboração da denúncia se ela não fosse calcada tão somente em fatos carentes de prova (corroboração dos anexos). Por isso, concluímos que o melhor entendimento é o de se receber a denúncia tão somente quando os fatos narrados, além da palavra dos colaboradores, vierem alicerçados em outros dados de corroboração. Nos casos em que a denúncia for oferecida somente com a palavra do colaborador (declaração isolada), ou dos colaboradores entre si (corroboração cruzada), ela deverá ser rejeitada.

1.3.1. Decisão condenatória e força probatória das declarações do colaborador

Como referido acima, pode-se perceber a existência de divergência de entendimentos em relação aos efeitos produzidos pelas declarações do colaborador no momento processual de recebimento de denúncia. Entretanto, no momento processual de prolação de sentença (ou acórdão, em caso de órgão colegiado), essa divergência não se faz presente.

Nesse caso, a Lei de Organizações Criminosas cuidou de definir a matéria, preservando a cautela indispensável ao processo penal, em respeito à lógica extraída do princípio *in dubio pro reo*, o que se faz ainda mais necessário em se tratando da colaboração premiada, instituto no qual se pode cogitar de falsas afirmações pelo colaborador com o objetivo de desfrutar das benesses que o acordo pode lhe proporcionar.

De acordo com essas bases, o artigo 4º da Lei, em seu § 16, estabeleceu a vedação de se proferir decisão condenatória fundamentada exclusivamente nas palavras do agente colaborador, nos seguintes temos:

Lei 12.850/2013, art. 4º (...)
§ 16. Nenhuma sentença condenatória será proferida com fundamento apenas nas declarações de agente colaborador.

Se a precariedade de efeitos das declarações do colaborador já foi reconhecida pelo Ministro Dias Toffoli em relação ao oferecimento e recebimento da denúncia, esse reconhecimento é muito mais significativo quando da prolação de decisão condenatória. Ou seja, mais do que nunca, neste momento processual, deve-se exigir a corroboração da versão do colaborador por outros meios de prova.[83]

Nesse sentido, a Ministra Rosa Weber afirma ser claro entendimento do Supremo Tribunal Federal o de que a colaboração premiada é um mero meio de obtenção de provas, e as declarações do colaborador, por sua vez, meio de prova a ser valorado pelo julgador na forma estabelecida pelo § 16 do artigo 4º da Lei das Organizações Criminosas – exigindo-se, portanto, a sua conjugação com meios de prova diversos.[84]

Diante dessa referência, denota-se que a própria legislação especial proíbe que seja a condenação fundamentada somente em declarações de colaborador. Aliás, tamanha é a necessidade de cautela em relação às declarações do agente colaborador que o entendimento presente na Suprema Corte independe da previsão legal específica. Tanto é assim que, em decisão proferida em ação penal julgada pela Primeira Turma (desmembramento da conhecida "Operação Sanguessuga"), sob relatoria da Ministra Rosa Weber, afirmou-se

---

[83] Nas suas palavras: "[...] enquanto o acordo de colaboração é meio de obtenção de prova, os depoimentos propriamente ditos do colaborador constituem meio de prova, que somente se mostrarão hábeis à formação do convencimento judicial se vierem a ser corroborados por outros meios idôneos de prova." (STF, Pet 6138 AgR-segundo, Relator(a): Min. EDSON FACHIN, Relator(a) p/ Acórdão: Min. DIAS TOFFOLI, Segunda Turma, julgado em 21/02/2017, ACÓRDÃO ELETRÔNICO DJe-200 Divulg 04-09-2017 Public 05-09-2017).

[84] STF, AP 676, Relator(a): Min. ROSA WEBER, Primeira Turma, julgado em 17/10/2017, ACÓRDÃO ELETRÔNICO DJe-021 Divulg 05-02-2018 Public 06-02-2018.

que, mesmo que antes dessa lei, não se aceitaria condenação baseada exclusivamente nas declarações do agente colaborador. Nesse caso, o pedido de condenação foi justificado nas declarações de dois colaboradores, inexistindo qualquer outro elemento de prova a confirmar o que foi afirmado pelos agentes colaboradores.[85]

Em razão desse contexto, justifica-se a afirmação de Juan Carlos Ortiz Pradillo de que a declaração incriminatória do colaborador é uma prova suspeita e perigosa.[86] Consequentemente, o STF tem considerado os termos de declarações prestados pelo agente colaborador como desprovidos de valor probatório quando isolados (ou seja, enquanto não validados por meio do confronto com elementos de corroboração).[87] Por isso deve-se ter cuidado com as declarações isoladas ou sem os devidos dados de corroboração, fatos que podem levar a uma denúncia injusta contra o delatado.

Por sua vez, Robert Pest leciona que, no campo da apreciação da prova, o juiz deve, por Direito, ocupar-se obviamente com a análise da credibilidade das declarações, fazendo com que os futuros colaboradores, ao realizarem os seus depoimentos, queiram preservar os requisitos e as vantagens previstas no $ 46b do Código Penal (alemão) e, com isso, inibir a tentação de incriminar terceiros, declarando inverdades. Por isso, exige-se, em tais casos, uma apreciação criteriosa referente ao "surgimento da declaração" (*Aussageentstehung*), ao "motivo da declaração" (*Aussagemotiv*), à "imutabilidade [constância/coerência] da declaração" (*Aussagekonstaz*), bem como à "análise do conteúdo da declaração" (*Inhaltsanalyse*). A sentença, por fim, deve certificar que o juiz tenha considerado todas as circunstâncias que poderiam influenciar a sua decisão. Até mesmo uma completa e segura exposição sobre as informações de um único colaborador torna-se necessária como requisito para motivar a sentença.[88]

A respeito da necessidade de que as declarações incriminadoras realizadas pelo colaborador sejam confrontadas com outros elementos de prova, para que seja confirmado o seu valor probatório, deve-se

---

[85] STF, AP 676, Relator(a): Min. ROSA WEBER, Primeira Turma, julgado em 17/10/2017, ACÓRDÃO ELETRÔNICO DJe-021 Divulg 05-02-2018 Public 06-02-2018.

[86] ORTIZ PRADILLO, Juan Carlos. *Los delatores en el proceso penal*. Recompensas, anonimato, protección y otras medidas para incentivar una "colaboración eficaz" con la justicia. Espanha: Wolters Kluwer, 2018. p. 275.

[87] STF, Pet 6667 AgR, Relator(a): Min. EDSON FACHIN, Segunda Turma, julgado em 25/08/2017, ACÓRDÃO ELETRÔNICO DJe-200 Divulg 04-09-2017 Public 05-09-2017.

[88] PEST, Robert. A Colaboração Premiada no Processo Penal Alemão. Tradução de Luís Henrique Machado. Revista de Direito Público, v. 13, n. 74, 2017, p. 43-44.

esclarecer que não se aceita que esse elemento de prova corroborador seja constituído de declarações prestadas por outro colaborador, já que padece da mesma fragilidade de confiança (caso isoladas) das declarações a corroborar. Nesse caso, apenas possuindo-se como elemento corroborador as declarações prestadas por outro colaborador, uma consequência negativa será inevitável: a retirada de valor probatório das declarações, que passam a ser objeto de uma presunção de falta de fidedignidade – conforme o entendimento manifestado pelo Ministro Dias Toffoli.[89]

Por isso, deve-se advertir, como realizado pelo Ministro Celso de Mello, que não se aceita que o magistrado se valha, para fundamentar uma sentença condenatória, exclusivamente da pluralidade de declarações prestadas por colaboradores, umas a corroborarem as outras – o que se convencionou chamar de "corroboração cruzada", "corroboração recíproca"[90] ou "colaboração cruzada"[91] (entendimento manifestado também na Ação Penal nº 694),[92] conclusão compartilhada por Juan Carlos Ortiz Pradillo:

> [...] como criterio objetivo, se exige la necesaria concurrencia de elementos corroboradores de la declaración incriminatória del coimputado, que deberán ser elementos de corroboración obtenidos de otras pruebas autónomas practicadas en el proceso con todas las garantías [...].[93]

Esse entendimento não desqualifica a credibilidade da colaboração premiada como instituto. Isso significa que devem-se conferir dois tratamentos distintos para duas situações distintas: primeiro, havendo apenas pluralidade de declarações de agentes colaboradores, ou a existência de documentos produzidos unilateralmente pelo colaborador (como anotações em agendas), deve-se considerar que inexiste corroboração suficiente a atribuir credibilidade para o conteúdo das declarações prestadas; diferentemente, se as declarações do agente colaborador forem corroboradas por elementos de prova

---

[89] STF, Inq 3994, Relator(a): Min. EDSON FACHIN, Relator(a) p/ Acórdão: Min. DIAS TOFFOLI, Segunda Turma, julgado em 18/12/2017, ACÓRDÃO ELETRÔNICO DJe-065 Divulg 05-04-2018 Public 06-04-2018.
[90] STF, Inq 3982, Relator(a): Min. EDSON FACHIN, Segunda Turma, julgado em 07/03/2017, ACÓRDÃO ELETRÔNICO DJe-117 Divulg 02-06-2017 Public 05-06-2017.
[91] STF, Inq 3979, Relator(a): Min. TEORI ZAVASCKI, Segunda Turma, julgado em 27/09/2016, ACÓRDÃO ELETRÔNICO DJe-267 Divulg 15-12-2016 Public 16-12-2016.
[92] STF, AP 694, Relator(a): Min. ROSA WEBER, Primeira Turma, julgado em 02/05/2017, ACÓRDÃO ELETRÔNICO DJe-195 Divulg 30-08-2017 Public 31-08-2017.
[93] ORTIZ PRADILLO, Juan Carlos. *Los delatores en el proceso penal*. Recompensas, anonimato, protección y otras medidas para incentivar una "colaboración eficaz" con la justicia. Espanha: Wolters Kluwer, 2018. p. 275.

diversos, que possuam credibilidade por si próprios e que estejam de acordo com a versão apresentada pelo colaborador, também às suas declarações se dará credibilidade.

Conclusivamente, pode-se dizer que as declarações do colaborador serão elementos acessórios no convencimento judicial, já que desconsideradas se não existirem elementos principais que lhe atribuam o poder de persuasão.

1.4. Sujeitos do acordo de colaboração premiada

A Lei de Organizações Criminosas delimita a possibilidade de celebração do acordo de colaboração premiada em relação aos seus sujeitos. Esse regramento se encontra nos §§ 2º e 6º do artigo 4º da Lei que, ao mesmo tempo, delimita a atuação do Judiciário e faz referência às partes capazes de celebração do acordo:

Lei 12.850/2013, art. 4º (...)

§ 2º Considerando a relevância da colaboração prestada, o Ministério Público, a qualquer tempo, e o delegado de polícia, nos autos do inquérito policial, com a manifestação do Ministério Público, poderão requerer ou representar ao juiz pela concessão de perdão judicial ao colaborador, ainda que esse benefício não tenha sido previsto na proposta inicial, aplicando-se, no que couber, o art. 28 do Decreto-Lei nº 3.689, de 3 de outubro de 1941 (Código de Processo Penal).

§ 6º O juiz não participará das negociações realizadas entre as partes para a formalização do acordo de colaboração, que ocorrerá entre o delegado de polícia, o investigado e o defensor, com a manifestação do Ministério Público, ou, conforme o caso, entre o Ministério Público e o investigado ou acusado e seu defensor.

Primeiramente, o dispositivo legal do § 6º determina que o magistrado não participará das negociações do acordo, devendo, portanto, ficar alheio a essa atividade. Isso significa que não compete ao juiz tomar parte no acordo ou adotar qualquer conduta ativa no sentido de sugerir determinada obrigação ou determinado direito a qualquer das partes.

A importância dessa imposição é fundamental para a preservação da imparcialidade judicial, princípio indispensável para a atuação da função jurisdicional,[94] nas palavras de Piero Calamandrei: "Históricamente la cualidad preponderante que aparece inseparable de la idea misma del juez, desde su primera aparición en los albores

---

[94] SCHÜNEMANN, Bernd. *Estudos de direito penal, direito processual penal e filosofia do direito*. Coordenação de Luís Greco. São Paulo: Marcial Pons, 2013. p. 206.

de la civilización, es la *imparcialidad*".⁹⁵ Nesse norte, a imparcialidade pode ser considerada a verdadeira essência do conceito de juiz em um Estado de Direito.⁹⁶

Essa exigência de preservação da imparcialidade judicial na fase de negociações do acordo de colaboração premiada igualmente se sustenta no fato de, em regra, ser o mesmo magistrado responsável pela homologação do acordo aquele competente para o julgamento do processo eventualmente originado do acordo. Ou seja, utiliza-se um critério de prevenção para a determinação da competência para o processamento e julgamento da ação penal – o que será excepcionado quando outros critérios de competência assim o determinarem, o que ocorre, exemplificativamente, no caso de conhecimento superveniente de fato envolvendo agente detentor de foro por prerrogativa de função, ocasião na qual se deverá respeitar o foro especial em decorrência da função (hipótese abordada em tópico específico a respeito da competência para o processamento do acordo de colaboração e do material probatório dele originado).

O magistrado tomar partido na negociação do acordo de colaboração é semelhante a se admitir uma atuação ativa de sua parte na fase do inquérito policial. Pense-se, analogicamente, no caso de outros meios de produção de provas: não se pode admitir que o juiz assuma uma postura ativa na fase investigativa (mas, não só nela), determinando, de ofício, a quebra dos sigilos fiscal, bancário, telefônico, etc. A postura que do magistrado se espera em relação a tais diligências é a de zelador da legalidade de cada procedimento, examinando-os a partir do requerimento de alguma das partes.

Desse modo, reservar-se-á ao magistrado uma atividade de controle de legalidade do acordo, com a valoração de seu conteúdo no momento adequado – função aprofundada em tópico específico desta obra, quando tratarmos da decisão de homologação do acordo. Evidentemente que no controle da legalidade poderá o magistrado verificar se as cláusulas respeitam os direitos e garantias fundamentais do colaborador, se os prêmios ou as penas propostas estão de acordo com o ordenamento jurídico vigente, se de fato não houve qualquer vício da formação da vontade, porque tudo isso poderá ter repercussão novamente no momento da implementação das sanções

---

⁹⁵ CALAMANDREI, Piero. *Proceso y democracia*: Conferencias pronunciadas en la Facultad de Derecho de la Universitad Nacional Autonoma de Mexico. Buenos Aires: Ediciones Juridicas Europa-America, 1960. p. 60.
⁹⁶ BOVINO, Alberto. *Problemas del derecho procesal penal contemporáneo*. Buenos Aires: 1998. p. 17.

premiais. Então, em nossa opinião, essa verificação mais acurada deve ser feita pelo juiz que homologa o acordo, evitando-se problemas ao final do processo.

Após a delimitação da atuação do magistrado, o dispositivo de lei do § 6º citado faz referência às partes do acordo, nos seguintes termos: "[...] que ocorrerá entre o delegado de polícia, o investigado e o defensor, com a manifestação do Ministério Público, ou, conforme o caso, entre o Ministério Público e o investigado ou acusado e seu defensor.".

Não gera polêmica a competência do Ministério Público para a celebração do acordo de colaboração premiada, considerando-se que é esse o órgão titular da ação penal. Sendo a colaboração premiada um meio de produção de provas para se possibilitar a reconstrução de fatos criminosos passados e, ao final, a responsabilização dos seus autores, nada mais lógico do que se atribuir a tarefa de celebração desse acordo ao ator principal nessa função, competente não só pela produção probatória em processo, como, inclusive, para promover investigações por meio de procedimentos investigatórios criminais próprios.

Nesse ponto, é importante se esclarecer que a consideração do Ministério Público como titular da ação penal (ou seja, instituição competente para a propositura e o impulsionamento da ação penal de iniciativa pública) não significa dizer que o Ministério Público seja o "dono" da ação penal. O processo é um importante instrumento de tutela contra o exercício ilegítimo da coação estatal, barreira contra uma aplicação do Direito Penal desprovida de critérios. Ou seja, todos os participantes do processo se submetem às balizas legais. Desse modo, também o titular da ação penal deve respeito à legalidade, inclusive quando se estiver a tratar de colaboração premiada.

A inexistência de dúvida a respeito da competência do Ministério Público para a celebração do acordo de colaboração não se repete quando se discute sobre a atribuição dessa competência para a celebração do acordo para o delegado de polícia, mesmo que tenha sido essa competência disciplinada expressamente no mesmo dispositivo legal acima transcrito. Essa atribuição de competência foi contestada na Ação Direta de Inconstitucionalidade nº 5.508, proposta no ano de 2016 pelo Procurador-Geral da República, na qual se defendia a legitimidade privativa do Ministério Público para oferecer e negociar acordo de colaboração premiada.

No ano de 2018, foi decidida a ação pelo Pleno do Supremo Tribunal Federal, entendendo-se pela possibilidade de o acordo de colaboração premiada ser celebrado pela autoridade policial, quando em fase investigativa. No entendimento do Ministro Marco Aurélio, relator da ação, a celebração de acordo de colaboração premiada, "[...] durante as investigações compete à autoridade policial, em atividade concorrente e com supervisão do membro do Ministério Público; instaurada a ação penal, tem-se a exclusividade do Órgão acusador".[97]

Além disso, ficou estabelecido no voto do ministro-relator desse julgamento que a celebração de acordo de colaboração premiada entre o investigado e o delegado de polícia não seria um óbice ao oferecimento de denúncia pelo membro do Ministério Público. Tal entendimento se fundamentou no fato de não competir ao delegado de polícia, nem ao Ministério Público, decidir pela aplicação da sanção premial, competência exclusiva do Judiciário. Ou seja, competirá à autoridade judicial examinar a aplicabilidade da sanção premial pactuada, seja entre colaborador e delegado de polícia, seja entre colaborador e Ministério Público.[98]

Nesses termos, foi consignado no voto do Min. Marco Aurélio:

> A norma legal prevê, em bom português, que, na prolação da sentença, serão estipulados os benefícios. Não se confunde essa definição, que só cabe a órgão julgador, com a propositura ou não da ação penal. No campo, é soberano o Ministério Público. Mas, quanto ao julgamento e à observância do que se contém na legislação em termos de vantagens, surge o Primado do Judiciário. [...] tendo em conta o arcabouço constitucional e infraconstitucional, nada impede que seja formalizado, na fase de investigação pelo delegado de polícia, com manifestação do Ministério Público, como dispõe a legislação, uma vez que as vantagens previstas na Lei de regência somente poderão ser implementadas pelo juiz.[99]

Assim, é perfeitamente possível que um dos polos do acordo de colaboração premiada seja ocupado pelo Ministério Público, assim como também é possível que seja ocupado pela autoridade policial.

O outro polo do acordo será ocupado pelo agente colaborador, integrante da organização criminosa investigada e que detenha informações e documentos que interessem ao Estado suficientemente

---

[97] STF, ADI 5508, Relator(a): Min. MARCO AURÉLIO, Tribunal Pleno, julgado em 20/06/2018, PROCESSO ELETRÔNICO DJe-125 Divulg 22-06-2018 Public 25-06-2018.

[98] Nas palavras do Ministro Marco Aurélio: "De todo modo, a representação pelo perdão judicial, feita pelo delegado de polícia, ante colaboração premiada, ouvido o Ministério Público, não é causa impeditiva do oferecimento da denúncia pelo Órgão acusador. Uma vez comprovada a eficácia do acordo, será extinta pelo juiz, a punibilidade do delator." (STF, ADI 5508, Relator(a): Min. MARCO AURÉLIO, Tribunal Pleno, julgado em 20/06/2018, PROCESSO ELETRÔNICO DJe-125 Divulg 22-06-2018 Public 25-06-2018).

[99] STF, ADI 5508, Relator(a): Min. MARCO AURÉLIO, Tribunal Pleno, julgado em 20/06/2018, PROCESSO ELETRÔNICO DJe-125 Divulg 22-06-2018 Public 25-06-2018.

a ponto de motivar, por este último, a concessão de benefícios ao colaborador.

Em relação ao polo negocial ocupado pelo agente colaborador, tem ocorrido confusão na interpretação da Lei de Organizações Criminosas no que se refere à possibilidade de esse acordo ser firmado pelo líder da organização criminosa e, além disso, em relação à possibilidade de rescisão da colaboração premiada caso se venha a descobrir apenas em oportunidade futura que o colaborar ocupa o posto de líder da organização.

Além de quotidianas afirmações nesse sentido nos meios de comunicação, no julgamento de questão de ordem na Petição nº 7.074, pelo Supremo Tribunal Federal, diversas passagens dos votos dos ministros dessa Suprema Corte transparecem o entendimento de que não seria possível a celebração do acordo de colaboração premiada com o líder da organização criminosa.

Nesse sentido, por exemplo, o seguinte trecho do voto do Ministro Luiz Fux:

> Mas a questão é a seguinte: A Lei, quando determina que, no primeiro momento da homologação, o Tribunal, o juiz ou relator verifiquem a legalidade – por exemplo, o juiz encarregado –, *o relator não vai poder homologar uma colaboração firmada pelo líder daquela organização criminosa, porque é ilegal*, é *contra legem*, a lei proíbe.[100]

O que se compreende dessa passagem é que, em seu entendimento, a Lei de Organizações Criminosas proibiria a homologação do acordo de colaboração premiada do líder de organização criminosa – ainda no seu entendimento, em outra passagem do voto, não de qualquer organização criminosa, mas daquela objeto de investigação e em razão da qual o acordo é celebrado.[101]

Entretanto, por mais que o voto de alguns Ministros possa dar a entender que seja vedada a celebração de colaboração premiada com o líder da organização criminosa, acreditamos que essas passa-

---

[100] STF, Pet 7074 QO, Relator(a): Min. EDSON FACHIN, Tribunal Pleno, julgado em 29/06/2017, ACÓRDÃO ELETRÔNICO DJe-085 Divulg 02-05-2018 Public 03-05-2018.

[101] "[...] *não se pode promover a homologação da colaboração premiada se ela for engendrada pelo líder* – e não é o líder de organização criminosa, de contrabando de cigarro –, pelo líder da organização criminosa objeto da apuração penal, porque ele não pode obter essas benesses entregando os seus outros coautores, se foi exatamente aquele que detinha o domínio do fato, enquanto que os coautores tinham o domínio funcional do fato. Então, por exemplo, se homologar uma colaboração de um líder da organização criminosa, há o problema de legalidade e a homologação não pode ser levada a efeito." (STF, Pet 7074 QO, Relator(a): Min. EDSON FACHIN, Tribunal Pleno, julgado em 29/06/2017, ACÓRDÃO ELETRÔNICO DJe-085 Divulg 02-05-2018 Public 03-05-2018).

gens dos votos devam ser lidas apenas em relação ao caso concreto julgado, no qual se tratava de colaboração premiada na qual se havia ofertado ao colaborador o benefício do não oferecimento da denúncia.[102]

O que existe na Lei de Organizações Criminosas, em seu artigo 4º, § 4º,[103] é a vedação de que esse benefício (não oferecimento da denúncia) seja ofertado ao líder da organização, motivo pelo qual os votos dos ministros da Suprema Corte se justificam ao caso concreto, mas não a todo acordo de colaboração premiada.

O fato de o agente colaborador ser líder da organização criminosa não deve-se relacionar com o acordo de colaboração premiada em si, mas unicamente com o benefício a lhe ser ofertado e, ao final, cumpridos os termos do acordo, implementado. Houvesse proibição de que todo e qualquer acordo de colaboração premiada fosse celebrado com o líder da organização criminosa, não haveria necessidade de a Lei especial vedar-lhe expressamente a concessão do benefício específico da não denúncia – afinal, todos os benefícios lhe seriam inaplicáveis, por inviabilidade da própria celebração do acordo de colaboração.

Nesses termos, no mesmo julgamento da questão de ordem na Petição 7.074, percebe-se a vinculação da motivação da decisão não com o instituto da colaboração premiada em si, mas com o benefício naquela oportunidade ofertado ao colaborador, nas palavras do Ministro Celso de Mello:

> A Lei nº 12.850/2013, ao disciplinar a concessão de benefícios premiais, inclui, entre eles, o não oferecimento de denúncia por parte do Ministério Público, desde que o agente colaborador (a) não seja líder da organização criminosa e (b) tenha sido o primeiro a prestar efetiva colaboração ao Estado (art. 4º, § 4º, incisos I e II).[104]

Esse mesmo sentido se retira do voto do Ministro Gilmar Mendes: "O perdão pode ser instrumentalizado por dispensa de ação pe-

---

[102] Nas palavras do Ministro Gilmar Mendes: "Por fim, neste caso, os acordos foram oferecidos com a vantagem máxima: perdão, sem o oferecimento de denúncia. Como menciona a lei, esse benefício é reservado à colaboração inédita prestada por aquele que não é líder da organização criminosa." (STF, Pet 7074 QO, Relator(a): Min. EDSON FACHIN, Tribunal Pleno, julgado em 29/06/2017, ACÓRDÃO ELETRÔNICO DJe-085 Divulg 02-05-2018 Public 03-05-2018).
[103] Lei 12.850/13, art. 4º, § 4º. Nas mesmas hipóteses do *caput*, o Ministério Público poderá deixar de oferecer denúncia se o colaborador: I – não for o líder da organização criminosa; II – for o primeiro a prestar efetiva colaboração nos termos deste artigo.
[104] STF, Pet 7074 QO, Relator(a): Min. EDSON FACHIN, Tribunal Pleno, julgado em 29/06/2017, ACÓRDÃO ELETRÔNICO DJe-085 Divulg 02-05-2018 Public 03-05-2018.

nal, se o colaborador não for o líder da organização criminosa e for o primeiro a prestar efetiva colaboração – § 4º".[105]

Assim, entendemos absolutamente viável a celebração do acordo de colaboração premiada com o líder da organização criminosa, hipótese na qual apenas se deverá respeitar a vedação de negociação a respeito do benefício do não oferecimento de denúncia pelo Ministério Público, por expressa vedação legal. Ademais, ainda que contrária à disposição legal, deveria ser repensado esse benefício em relação ao líder, porque se a ideia da colaboração é a obtenção dos meios de prova para fulminar a organização criminosa, atendendo-se o interesse público, dever-se-ia, dependendo do caso, estender o benefício também ao líder. Veja-se que o que está em jogo é o interesse do Estado em desbaratar uma organização criminosa e o benefício ao chefe da organização pode ser o caminho necessário para se obter esse resultado. Como a própria Orientação Conjunta nº 1/2018 do Ministério Público Federal trata do interesse público que envolve o instituto da colaboração premiada, talvez a ideia de proibição desse benefício ao líder tenha de ser revista quando for plenamente justificada a concessão desse benefício no caso concreto.

Além disso, em alguns casos, pode vir a ser celebrado o acordo de colaboração premiada com agente colaborador até então não considerado líder da organização criminosa, com a pactuação do benefício do não oferecimento da denúncia, mas, no decorrer das investigações, vierem o Ministério Público ou o Judiciário a mudar de opinião quanto ao posto do colaborador na organização. Em outras palavras, pode-se descobrir em momento posterior à celebração do acordo ser o colaborador o líder da organização criminosa.

Nesse caso, é comum o intento do Ministério Público de rescindir o acordo de colaboração, com a preservação dos elementos de prova fornecidos pelo colaborador, sob o argumento de que ele teria mentido a respeito de sua posição de liderança na organização, ou em razão de cláusula específica no pacto prevendo a sua rescisão em caso de descoberta dessa liderança.

Em relação a isso, entendemos equivocada a postura de rescisão automática do acordo, seja por se entender caracterizada a mentira, seja pela simples previsão de cláusula nesse sentido.

A prática tem demonstrado que os acordos de colaboração premiada geralmente são celebrados com colaboradores sem formação jurídica, do que decorre a presunção relativa de que não possuem co-

---

[105] *Ibid.*

nhecimentos especiais a respeito da dogmática-penal para saberem quais os critérios poderiam qualificar a sua atuação criminosa como de liderança da organização.

Além disso, essa valoração a respeito da posição do colaborador na estrutura criminosa passa longe de uma ciência exata. Trata-se justamente de um juízo valorativo, exposto a entendimentos divergentes de todas as partes (colaborador, procurador de justiça, delegado de polícia, juiz, ministro etc.). Enquanto o agente colaborador pode se considerar subordinado a quem entende ser o líder da organização criminosa e preservar esse entendimento fundado na mais legítima boa-fé, o membro do Ministério Público pode passar, depois de celebrado o acordo, a considerá-lo líder da organização, crença também fundada na mais legítima boa-fé.

Em razão disso, se o Ministério Público Federal passa a entender, depois de celebrado o acordo, que o agente colaborador é o líder da organização, isso jamais pode levar à conclusão automática de que tenha havido mentira, já que o colaborador pode acreditar verdadeiramente que a sua posição, na organização criminosa, era de subordinado à vontade de terceiros e, por isso, nutrir uma crença sincera de que não era o líder (ou um dos líderes).

Desse modo, é absolutamente injustificado pretender a rescisão automática do acordo de colaboração premiada nesse caso, justificando-se essa pretensão na conclusão de que o colaborador tenha mentido unicamente em razão de o Ministério Público ter alterado sua opinião em relação à sua posição de liderança na organização.

No mesmo sentido, acreditamos ser nula a cláusula que prevê a rescisão automática do acordo caso se descubra que se trata do líder da organização, porque essa cláusula faz do colaborador um servo do entendimento do outro polo do acordo (Ministério Público), que pode, a qualquer momento, afirmar que passou a considerá-lo líder, mesmo que o colaborador possua a mais legítima boa-fé na crença de que não ocupa essa posição. Uma cláusula com tamanha subjetividade, que permita a rescisão justificada do acordo pela simples afirmação de mudança de entendimento de uma das partes, torna a relação negocial viciada pela falta de igualdade entre as partes.

Se, celebrado o acordo de colaboração premiada com o benefício do não oferecimento da denúncia, vier o Ministério Público a entender que o colaborador era o líder da organização criminosa, deve-se instaurar procedimento judicial específico para se apurar a ocorrência de mentira por parte do colaborador, assegurada a ampla defesa e o contraditório ao colaborador. Verificada essa ocorrência, competirá ao Poder Judiciário decretar rescindido o acordo. Contudo, se não se conseguir comprovar a má-fé do colaborador, mas se comprovar a sua liderança, a rescisão se mostrará solução desproporcional, apenas devendo-se adequar as sanções premiais ao caso concreto. Essa revisão dos benefícios a serem concedidos ao agente colaborador no lugar da simples rescisão evita que seja desfeito o acordo de colaboração de forma absolutamente desproporcional, já que em momento algum o colaborador atuou de má-fé.

Aliás, esse entendimento está de acordo com o que dispõe a Orientação Conjunta nº 1/2018, do Ministério Público Federal, ao estabelecer que, em caso de omissão por parte do colaborador, a rescisão do acordo pode não se verificar:

> 38. É recomendável a inserção de cláusula com previsão de sanções ao colaborador que omitir informações pontuais, quanto a um elemento probatório ou a agentes diversos, circunstância que pode não ensejar, por si só, a rescisão do acordo, caso fornecida a devida complementação e esclarecimentos, independentemente da aplicação de penalidades pela omissão.[106]

A rescisão do acordo de colaboração premiada contra a vontade do colaborador deve ser vista como uma espécie de reprovação pela sua conduta desleal durante as negociações. Jamais se pode reprovar o colaborador por ter compreendido os fatos de maneira conflitante com o entendimento do Ministério Público (se ele era líder ou não, se tal fato era ilícito ou não etc.), se esse entendimento do colaborador se fundamenta em boa-fé e se a sua colaboração com a Justiça permanecer íntegra.

A respeito do procedimento adequado para a rescisão do acordo de colaboração, trataremos em tópico voltado especificamente a esse tema.

---

[106] Ministério Público Federal. Orientação conjunta nº 1/2018 – acordos de colaboração premiada. Disponível em: <http://www.mpf.mp.br/atuacao-tematica/ccr5/orientacoes/orientacao-conjunta-no-1-2018.pdf>. Acesso em: 23 jul 2018.

2. O procedimento da colaboração premiada

Tratando-se a colaboração premiada de um meio de obtenção de provas, pode-se criar a equivocada conclusão de que a celebração do acordo apenas se faz possível no momento investigatório (fase de inquérito policial ou procedimento investigatório criminal), ou mesmo durante o processo criminal, quando ainda possível a produção probatória, até a prolação de decisão de mérito ou do trânsito em julgado.

Entretanto, admite-se a celebração do acordo em qualquer fase da persecução penal e, inclusive, em momento posterior à prolação de sentença. A esse respeito, dispõe o artigo 3º da Lei de Organizações Criminosas que a colaboração premiada será admitida "em qualquer fase da persecução penal":

> Lei 12.850/2013, art. 3º. *Em qualquer fase da persecução penal*, serão permitidos, sem prejuízo de outros já previstos em lei, os seguintes meios de obtenção da prova:
> I – colaboração premiada;

O artigo 4º da Lei, por sua vez, após limitar a participação ativa do delegado de polícia na celebração do acordo à fase do inquérito policial, assegura a atuação do Ministério Público "a qualquer tempo":

> Lei 12.850/2013, art. 4º, § 2º. Considerando a relevância da colaboração prestada, *o Ministério Público, a qualquer tempo*, e o delegado de polícia, nos autos do inquérito policial, com a manifestação do Ministério Público, poderão requerer ou representar ao juiz pela concessão de perdão judicial ao colaborador, ainda que esse benefício não tenha sido previsto na proposta inicial, aplicando-se, no que couber, o art. 28 do Decreto-Lei nº 3.689, de 3 de outubro de 1941 (Código de Processo Penal).

Por fim, o § 5º do artigo 4º da mesma lei assegura a possibilidade de celebração do acordo mesmo após a prolação de sentença, nos seguintes termos:

Lei 12.850/2013, art. 4º, § 5º. Se a colaboração for *posterior à sentença*, a pena poderá ser reduzida até a metade ou será admitida a progressão de regime ainda que ausentes os requisitos objetivos.

Diante disso, adotou-se um regramento de liberdade em relação ao momento passível de celebração do acordo de colaboração premiada, permitindo-se a sua formalização tanto na fase embrionária de uma investigação (como ferramenta a dar início aos demais atos investigativos), quanto em fase posterior à condenação. Aliás, mesmo após o trânsito em julgado da decisão condenatória, admite-se a pactuação da colaboração, sendo objeto de negociação o restante de pena a ser cumprida. A respeito dessa última possibilidade, no paradigma julgamento do *Habeas Corpus* nº 127.483, assim se manifestou o Ministro Dias Toffoli:

> Ora, não há correlação lógica entre supressão da liberdade física do agente (critério de discrímen) e a vedação ao acordo de colaboração (discriminação decidida em função daquele critério), uma vez que o fator determinante para a colaboração premiada é a liberdade psíquica do imputado, vale dizer, a ausência de coação, esteja ele ou não solto.
>
> Tanto isso é verdade que, mesmo que esteja preso por força de sentença condenatória, *o imputado poderá formalizar, após seu trânsito em julgado, um acordo de colaboração premiada* (art. 4º, § 5º, da Lei nº 12.850/13).[107]

O que ocorre nessa celebração tardia da colaboração premiada é uma verdadeira flexibilização da coisa julgada,[108] já que há a revisão do que decidido em exame definitivo pelo juiz da causa, esgotadas todas as vias recursais cabíveis.

Seja qual for o momento da celebração do acordo, como ocorre com boa parte dos atos estatais, ele deve seguir um procedimento destinado a conferir segurança jurídica ao instituto. Esse procedimento é fruto, principalmente, da construção prática dos acordos que, ao longo do tempo, foram sendo celebrados, especialmente porque a Lei de Organizações Criminosas não estabeleceu as delimitações procedimentais do acordo.

Diante dessa lacuna e da necessidade de segurança jurídica (ou seja, o procedimento do acordo de colaboração premiada não pode diferir em cada delegacia ou promotoria), o Ministério Público Fe-

---

[107] STF, HC 127483, Relator(a): Min. DIAS TOFFOLI, Tribunal Pleno, julgado em 27/08/2015, PROCESSO ELETRÔNICO DJe-021 Divulg 03-02-2016 Public 04-02-2016.
[108] DIPP, Gilson. *A "delação" ou colaboração premiada*: Uma análise do instituto pela interpretação da lei. Brasília: IDP/EDB, 2015. Disponível em: <http://www.idp.edu.br/docman/ebooks/1043-delacao-ou-colaboracao-premiada/file>. Acesso em: 24 abril 2018. p. 19.

deral expediu a Orientação Conjunta nº 1/2018, com o objetivo de dirimir as dúvidas a respeito do procedimento da colaboração premiada e uniformizar esse procedimento. Em alguns pontos, a Orientação apenas reforça o que já estabelecido na Lei de Organizações Criminosas; em outros, traz recomendações sobre matérias que não foram objeto de regulamentação legal, mas que tendem a caminhar em um sentido comum com aquilo que já foi construído na prática judiciária.

Apesar de albergar recomendações salutares para a prática da colaboração premiada, não se deve esquecer que a Orientação Conjunta nº 1/2018 do Ministério Público Federal traz apenas recomendações. Ou seja, a Orientação não possui o caráter vinculante próprio de lei.

A preocupação que teve o Ministério Público Federal na regulamentação da colaboração premiada não teve o legislador. Percebe-se isso pelo fato de ter sido tratada a colaboração em uma legislação que não possui o acordo de colaboração como foco, mas que se destina à tipificação do crime de organização criminosa, ao tratamento de sua investigação e à tipificação de crimes correlatos.

Diante disso, considerando-se a timidez com que o instituto da colaboração premiada foi tratado na legislação, disciplinado em lei voltada a temática mais abrangente, consideramos necessário se revisitar essa temática no Legislativo, para que os pontos práticos já construídos pela doutrina, pelo Judiciário e por normativas diversas sejam incorporados à legislação.

2.1. Pré-acordo, proposta e o termo de acordo

O nascimento do acordo de colaboração premiada pode ocorrer com um "pré-acordo", o que novamente nos demonstra a apresentação da colaboração premiada de forma semelhante a um contrato (nesse caso, falar-se-ia da utilização de um pré-contrato).[109] Nesse pré-acordo, já podem ser estabelecidos os possíveis prêmios que serão concedidos ao colaborador, definidos a partir da lista de assuntos

---

[109] Sobre isso, dispôs a Orientação Conjunta do MPF: "12.1. Enquanto existirem fatos dependentes de apuração para a confirmação das propostas, pode-se, por cautela, promover-se o pré-acordo de colaboração, indicado para o registro dos termos negociados." (Ministério Público Federal. Orientação conjunta nº 1/2018 – acordos de colaboração premiada. Disponível em: <http://www.mpf.mp.br/atuacao-tematica/ccr5/orientacoes/orientacao-conjunta-no-1-2018.pdf>. Acesso em: 23 jul 2018).

trazidas por ele a conhecimento da autoridade estatal. Isso é importante em termos de segurança jurídica porque o colaborador, diante do material apresentado, já possuirá segurança para seguir com as tratativas do acordo de colaboração.

Aliás, no sentido de segurança jurídica na redação dos anexos, interessante é a posição de Robert Pest quando refere que a posição da doutrina afirma que as informações colhidas devem-se tratar de fatos, ou seja, de ações ou estados concretos, seja no passado, seja no presente, de modo a permitir a sua valoração como prova. Estes fatos devem, de acordo com a experiência criminal, deixar transparecer o mais evidente possível que um fato criminoso tenha ocorrido, muito embora até mesmo os indícios remotos sejam suficientes. Todavia, meras suposições não bastam como fundamento de uma "suspeita inicial" (*Anfangsverdacht*). Do mesmo modo, rumores, declarações unilaterais, bem como informações escassas e ainda não checadas devem, necessariamente, demonstrar indícios suficientes para configurar a "suspeita inicial", mas desde que se revelem plausíveis por meio de comprovação de outros fatos complementares.[110]

Com a Orientação Conjunta nº 1/2018, o Ministério Público Federal atribuiu à defesa do agente a responsabilidade por instruir a proposta de acordo de colaboração premiada, conferindo à defesa uma determinante atuação no início da negociação: convencer a autoridade policial ou ministerial da relevância das informações e elementos de prova de maneira suficiente para justificar a celebração do acordo. Esse aspecto é relevante porque, como qualquer contrato, necessita-se que ambas as partes possuam interesse na sua celebração – com a colaboração premiada não é diferente.

A esse respeito, prevê a Orientação:

13. Incumbe à defesa instruir a proposta de colaboração e os anexos com os fatos adequadamente descritos, com todas as suas circunstâncias, indicando as provas e os elementos de corroboração.

13.1. Cada fato típico descrito ou conjunto de fatos típicos intrinsecamente ligados deverá ser apresentado em termo próprio e apartado (anexo) a fim de manter o necessário sigilo sobre cada um deles e possibilitar sua investigação individualizada;

13.2. Os anexos devem conter, no mínimo, os seguintes elementos:

a) descrição dos fatos delitivos;

b) duração dos fatos e locais de ocorrência;

c) identificação de todas as pessoas envolvidas;

---

[110] PEST, Robert. A Colaboração Premiada no Processo Penal Alemão. Tradução de Luís Henrique Machado. Revista de Direito Público, volume 13, n. 74, 2017, p. 35.

d) meios de execução do crime;
e) eventual produto ou proveito do crime;
f) potenciais testemunhas dos fatos e outras provas de corroboração existentes em relação
a cada fato e a cada pessoa;
g) estimativa dos danos causados;[111]

A Orientação Conjunta do Ministério Público Federal também prevê que a proposta de colaboração seja assinada por procurador com poderes específicos ou pelo próprio agente colaborador e seu advogado.[112] Tais medidas são salutares em razão da importância desse momento para a validade de todo o acordo. A proposta de colaboração premiada deve refletir, com segurança, a vontade do agente colaborador, irradiando efeitos a todo o procedimento posterior – afinal, a voluntariedade é um requisito essencial do acordo.

Mesmo que o próprio agente colaborador, juntamente com seu advogado, assine a proposta de acordo, adota-se a prática, na Suprema Corte brasileira, de realização de uma audiência destinada à homologação da avença para a aferição da regularidade da voluntariedade do colaborador. Presente nessa audiência, juntamente com o seu advogado, o agente colaborador deverá manifestar novamente a sua intenção de celebração do acordo, dessa vez perante uma autoridade judicial, que na Suprema Corte, em caso de grandes operações, tende a ser um juiz instrutor responsável por auxiliar o ministro-relator na condução dos procedimentos – se retornará a esse ponto abaixo.

Apresentada a oferta de colaboração premiada, considera-se iniciada a fase de tratativas.[113] Com a avaliação da pertinência do

---

[111] Ministério Público Federal. Orientação Conjunta nº 1/2018 – acordos de colaboração premiada. Disponível em: <http://www.mpf.mp.br/atuacao-tematica/ccr5/orientacoes/orientacao-conjunta-no-1-2018.pdf>. Acesso em: 23 jul 2018.

[112] "5. A proposta de colaboração premiada deve estar instruída com procuração do interessado com poderes específicos para iniciar o procedimento de colaboração e suas tratativas, ou firmada pessoalmente pela parte que pretende a colaboração e seu advogado ou defensor público." (Ministério Público Federal. Orientação conjunta nº 1/2018 – acordos de colaboração premiada. Disponível em: <http://www.mpf.mp.br/atuacao-tematica/ccr5/orientacoes/orientacao-conjunta-no-1-2018.pdf>. Acesso em: 23 jul 2018).

[113] "4. O recebimento da *proposta para formalização de acordo de colaboração demarca o início das negociações* e constitui também marco de confidencialidade, configurando violação de sigilo e quebra da confiança e da boa-fé a divulgação de tais tratativas iniciais ou de documento que as formalize, até o levantamento de sigilo por decisão judicial ou nos termos do art. 7º, § 3º, da Lei 12.850/2013." (Ministério Público Federal. Orientação conjunta nº 1/2018 – acordos de colaboração premiada. Disponível em: <http://www.mpf.mp.br/atuacao-tematica/ccr5/orientacoes/orientacao-conjunta-no-1-2018.pdf>. Acesso em: 23 jul 2018).

acordo, a proposta poderá ser rejeitada pela autoridade policial ou ministerial[114] ou, então, aceita. Em caso de aceitação, recomenda o Ministério Público Federal a assinatura, pelas partes, de termo de confidencialidade[115] com o objetivo de se resguardar o sigilo do acordo, o que também justifica a recomendação de adoção de forma específica de registro no sistema operacional do órgão ministerial.[116] A importância atribuída à confidencialidade é justificada pela importância do sigilo para o sucesso da tarefa de colheita de elementos probatórios, lógica presente também em outros meios de produção de prova (interceptação telefônica, ação controlada, busca e apreensão etc.).

A segurança procedimental do acordo de colaboração premiada também é prestigiada na recomendação da Orientação Conjunta de que todos os atos praticados sejam registrados documentalmente, com detalhamento de informações mínimas,[117] bem como a recomendação de que o acordo seja celebrado e acompanhado por mais de um membro do MPF.[118]

---

[114] "4.1. A proposta de acordo de colaboração premiada poderá ser sumariamente indeferida, com a devida justificativa, cientificando-se o interessado;" (Ministério Público Federal. Orientação conjunta nº 1/2018 – acordos de colaboração premiada. Disponível em: <http://www.mpf.mp.br/atuacao-tematica/ccr5/orientacoes/orientacao-conjunta-no-1-2018.pdf>. Acesso em: 23 jul 2018).

[115] "4.2. Caso não haja indeferimento sumário, as partes deverão firmar Termo de Confidencialidade para prosseguimento das tratativas;" (Ministério Público Federal. Orientação conjunta nº 1/2018 – acordos de colaboração premiada. Disponível em: <http://www.mpf.mp.br/atuacao-tematica/ccr5/orientacoes/orientacao-conjunta-no-1-2018.pdf>. Acesso em: 23 jul 2018).

[116] "3. O procedimento para formalização do acordo de colaboração premiada deverá ser autuado como 'Procedimento Administrativo', em caráter confidencial no Sistema Único, ainda que relacionado a outro procedimento judicial ou extrajudicial, observando-se, especialmente e no que couber, o disposto no art. 4º, §§ 7º, e 13, da Lei 12.850/2013." (Ministério Público Federal. Orientação conjunta nº 1/2018 – acordos de colaboração premiada. Disponível em: <http://www.mpf.mp.br/atuacao-tematica/ccr5/orientacoes/orientacao-conjunta-no-1-2018.pdf>. Acesso em: 23 jul 2018).

[117] "7. Os principais atos do procedimento e suas tratativas, incluindo a entrega de documentos e elementos de prova pelo colaborador deverão ser registrados nos autos do 'Procedimento Administrativo', mediante atas minimamente descritivas, com as informações sobre data, lugar, participantes e breve sumário dos assuntos tratados, ou, se possível, ser objeto de gravação audiovisual." (Ministério Público Federal. Orientação conjunta nº 1/2018 – acordos de colaboração premiada. Disponível em: <http://www.mpf.mp.br/atuacao-tematica/ccr5/orientacoes/orientacao-conjunta-no-1-2018.pdf>. Acesso em: 23 jul 2018).

[118] "9. As negociações devem ser preferencialmente realizadas por mais de um Membro do Ministério Público Federal. Em caso de absoluta impossibilidade, o Membro oficiante adotará outras medidas para preservação da integridade do pro-

Após apresentada a proposta de acordo, julgando-se completa a descrição dos fatos a serem esclarecidos pelo agente colaborador e as provas que fornecerá (ou seja, toda a colaboração que oferece à autoridade estatal),[119] as partes do acordo passam a discutir as sanções premiais a serem concedidas ao colaborador,[120] o que será realizado considerando, de maneira destacada, os fatos a serem esclarecidos e as provas a serem apresentadas – em outras palavras, quanto mais robusta for a colaboração do integrante da organização criminosa, com a apresentação de detalhes dos crimes praticados, de documentos fidedignos etc., mais benéficas devem ser as sanções premiais a lhe serem ofertadas.

Entretanto, caso o acordo não seja realizado, toda a narrativa dos fatos e os elementos de prova eventualmente apresentados pelo agente colaborador ao agente estatal não poderá ser utilizada, sendo essa, inclusive, uma recomendação da Orientação Conjunta do Ministério Público Federal, nos seguintes termos:

> 40. Na hipótese de não ser celebrado o acordo, ressalvadas linhas de investigação absolutamente independentes, o Ministério Público não poderá se valer das informações ou provas apresentadas pelo colaborador para qualquer outra finalidade.[121]

Estando ambas as partes acordantes em relação à celebração da colaboração premiada, a avença poderá ter o seu seguimento regu-

---

cedimento de colaboração premiada, especialmente contra riscos ao sigilo, aos elementos probatórios amealhados, à imagem e à pessoa do colaborador, devendo, nesta hipótese, designar servidor da unidade, sob compromisso, para acompanhar diligências e reuniões." (Ministério Público Federal. Orientação Conjunta nº 1/2018 – acordos de colaboração premiada. Disponível em: <http://www.mpf.mp.br/atuacao-tematica/ccr5/orientacoes/orientacao-conjunta-no-1-2018.pdf>. Acesso em: 23 jul 2018).

[119] Em caso de incompletude da proposta de acordo, assim dispõe a Orientação do MPF: "15. Se o Membro oficiante entender que os fatos não estão suficientemente descritos ou com indicação incompleta das provas de corroboração, deverá adotar atos de certificação, incluindo a realização de entrevista do proponente, podendo restituir os anexos à parte interessada para que os complemente." (Ministério Público Federal. Orientação Conjunta nº 1/2018 – acordos de colaboração premiada. Disponível em: <http://www.mpf.mp.br/atuacao-tematica/ccr5/orientacoes/orientacao-conjunta-no-1-2018.pdf>. Acesso em: 23 jul 2018).

[120] "16. A fase de discussão dos eventuais benefícios somente deverá ser iniciada após a definição sobre os fatos delitivos a serem narrados pelo colaborador e a suficiência dos anexos e dos elementos de corroboração." (Ministério Público Federal. Orientação Conjunta nº 1/2018 – acordos de colaboração premiada. Disponível em: <http://www.mpf.mp.br/atuacao-tematica/ccr5/orientacoes/orientacao-conjunta-no-1-2018.pdf>. Acesso em: 23 jul 2018).

[121] Ministério Público Federal. Orientação Conjunta nº 1/2018 – acordos de colaboração premiada. Disponível em: <http://www.mpf.mp.br/atuacao-tematica/ccr5/orientacoes/orientacao-conjunta-no-1-2018.pdf>. Acesso em: 23 jul 2018.

lar com a formalização do termo de acordo, no qual se farão constar todas as informações essenciais para a identificação do pacto e de seus elementos, bem como para a avaliação de seu cumprimento ou descumprimento durante a sua execução e ao final do procedimento, quando deverá ser avaliada pelo Judiciário a efetividade da colaboração, que é a condição para a implementação das sanções premiais.

A Lei de Organizações Criminosas, em seu artigo 6º, estabelece as informações que devem compor o termo de colaboração:

> Lei 12.850/2013, art. 6º. O termo de acordo da colaboração premiada deverá ser feito por escrito e conter:
>
> I – o relato da colaboração e seus possíveis resultados;
>
> II – as condições da proposta do Ministério Público ou do delegado de polícia;
>
> III – a declaração de aceitação do colaborador e de seu defensor;
>
> IV – as assinaturas do representante do Ministério Público ou do delegado de polícia, do colaborador e de seu defensor;
>
> V – a especificação das medidas de proteção ao colaborador e à sua família, quando necessário.

O termo de acordo da colaboração premiada é a primeira baliza a conduzir o desenvolvimento do acordo, especialmente por definir quais as obrigações e os direitos das partes negociantes. Por esse motivo, deve-se primar pela clareza e pelo detalhamento de todas as informações pertinentes ao acordo.

O termo de acordo de colaboração premiada pode ser considerado um compromisso de ambas as partes celebrantes de que cumprirão com o que nele estiver especificado, seja por parte do agente colaborador, compromissado em contribuir para a atividade de persecução penal da autoridade estatal, seja por parte da própria autoridade, compromissada a respeitar os direitos conferidos ao colaborador a partir da pactuação.

Formalizado o termo de acordo com todas as informações necessárias, será realizado pelo Poder Judiciário o primeiro controle desse negócio jurídico por meio do juízo de homologação. Ou seja, a autoridade judicial que até o momento se manteve distante do negócio jurídico, já que não deve participar das negociações, em prol da preservação da sua imparcialidade, exerce o controle de legalidade do acordo no momento da homologação, nos termos dos §§ 6º e 7º do artigo 4º da Lei de Organizações Criminosas:

> Lei 12.850/2013, art. 4º (...)
>
> § 6º O juiz não participará das negociações realizadas entre as partes para a formalização do acordo de colaboração, que ocorrerá entre o delegado de polícia, o inves-

tigado e o defensor, com a manifestação do Ministério Público, ou, conforme o caso, entre o Ministério Público e o investigado ou acusado e seu defensor.

§ 7º Realizado o acordo na forma do § 6º, o respectivo termo, acompanhado das declarações do colaborador e de cópia da investigação, será remetido ao juiz para homologação, o qual deverá verificar sua regularidade, legalidade e voluntariedade, podendo para este fim, sigilosamente, ouvir o colaborador, na presença de seu defensor.

Na visão do Ministro Celso de Mello, o objetivo de se impedir que o magistrado participe das negociações do acordo é o de evitar a sua contaminação,[122] preservando-lhe a sua isenção, já que não participa da discussão realizada durante a pactuação.[123]

Como já se referiu acima, no STF, é comum a realização da audiência prévia para a aferição da voluntariedade do colaborador. O próprio Ministro Gilmar Mendes afirma ser praxe, no Tribunal, a realização dessa audiência.[124] Decidindo por ouvir o colaborador nessa hipótese prevista no final do § 7º do artigo 4º da Lei de Organizações Ciminosas, deverá o juiz realizar a oitiva do colaborador no prazo de 48 horas disponíveis para sua manifestação após o recebimento do acordo, podendo, para garantir o cumprimento do prazo, se dirigir ao local no qual o colaborador se encontrar (garantindo-se a presença, também, do seu defensor).[125]

Na Suprema Corte, especialmente nos casos envolvendo procedimentos oriundos da conhecida "Operação Lava Jato", dada a complexidade e pluralidade dos procedimentos, tem sido comum a delegação a juízes instrutores, que compõem equipes de auxílio aos ministros, a realização de atos específicos, do que é exemplo essa audiência destinada à aferição da voluntariedade do agente colaborador,[126]

---

[122] STF, Pet 7074 QO, Relator(a): Min. EDSON FACHIN, Tribunal Pleno, julgado em 29/06/2017, ACÓRDÃO ELETRÔNICO DJe-085 Divulg 02-05-2018 Public 03-05-2018.

[123] STF, Pet 6631 AgR, Relator(a): Min. EDSON FACHIN, Segunda Turma, julgado em 13/06/2017, ACÓRDÃO ELETRÔNICO DJe-139 Divulg 23-06-2017 Public 26-06-2017.

[124] STF, Pet 7074 QO, Relator(a): Min. EDSON FACHIN, Tribunal Pleno, julgado em 29/06/2017, ACÓRDÃO ELETRÔNICO DJe-085 Divulg 02-05-2018 Public 03-05-2018.

[125] DIPP, Gilson. *A "delação" ou colaboração premiada*: uma análise do instituto pela interpretação da lei. Brasília: IDP/EDB, 2015. Disponível em: <http://www.idp.edu.br/docman/ebooks/1043-delacao-ou-colaboracao-premiada/file>. Acesso em: 24 abril 2018. p. 37.

[126] O que ocorreu, por exemplo, na homologação de acordo de colaboração premiada celebrado por Paulo Roberto Costa (STF, Petição 5209, Relator(a): Min. TEORI ZAVASCKI, decisão proferida em 29/09/2014), bem como nos acordos celebrados por Alberto Youssef (STF, Petição 5244, Relator(a): Min. TEORI ZAVASCKI, decisão proferida em 19/12/2014) e por Renato Barbosa Rodrigues Pereira (STF, Pet 7265, Relator(a): Min. RICARDO LEWANDOWSKI, decisão proferida em 14/11/2017).

possibilidade prevista na Lei 8.038/90[127] e no Regimento Interno do Supremo Tribunal Federal.[128]

É necessário se destacar que o juízo de homologação judicial se destina ao acordo de colaboração premiada, e não ao termo de depoimento do colaborador. Nesse sentido, referiu o então Ministro Teori Zavascki: "Não se pode confundir o acordo de colaboração premiada (que está sujeito a homologação), com os termos de depoimentos prestados pelo colaborador (que, a toda evidência, independem de homologação judicial)".[129] Ou seja, o termo de acordo é o instrumento que delimita o objeto do pacto, criando direitos e deveres a ambas as partes, o que servirá de baliza para os atos subsequentes e que será objeto do juízo de homologação. Os atos posteriores se destinarão à colheita de elementos de convicção para a responsabilização dos demais agentes componentes da organização criminosa.

Por mais que o procedimento de homologação do acordo de colaboração possa parecer singelo ou de pouca importância, na verdade, essa manifestação judicial possui uma função indispensável para o sucesso da colaboração premiada.

Em um primeiro momento, a importância da homologação decorre da necessidade de que ocorra um exame judicial de legalidade dos termos pactuados, das obrigações estipuladas, das sanções premiais prometidas ao agente colaborador, evitando-se a formalização de um acordo que disponha sobre matéria vedada pela legislação. Além disso, esse mesmo exame confere segurança jurídica ao acordo, possibilitando que as partes passem às fases seguintes do

---

[127] Lei 8.038/90, art. 3º Compete ao relator: [...] III – convocar desembargadores de Turmas Criminais dos Tribunais de Justiça ou dos Tribunais Regionais Federais, bem como juízes de varas criminais da Justiça dos Estados e da Justiça Federal, pelo prazo de 6 (seis) meses, prorrogável por igual período, até o máximo de 2 (dois) anos, para a realização do interrogatório e de outros atos da instrução, na sede do tribunal ou no local onde se deva produzir o ato. III – convocar desembargadores de Turmas Criminais dos Tribunais de Justiça ou dos Tribunais Regionais Federais, bem como juízes de varas criminais da Justiça dos Estados e da Justiça Federal, pelo prazo de 6 (seis) meses, prorrogável por igual período, até o máximo de 2 (dois) anos, para a realização do interrogatório e de outros atos da instrução, na sede do tribunal ou no local onde se deva produzir o ato.

[128] RISTF, art. 21-a. Compete ao relator convocar juízes ou desembargadores para a realização do interrogatório e de outros atos da instrução dos inquéritos criminais e ações penais originárias, na sede do tribunal ou no local onde se deva produzir o ato, bem como definir os limites de sua atuação.

[129] STF, Inq 3983, Relator(a): Min. TEORI ZAVASCKI, Tribunal Pleno, julgado em 03/03/2016, ACÓRDÃO ELETRÔNICO DJe-095 Divulg 11-05-2016 Public 12-05-2016.

procedimento de colaboração com a confiança de que cada cláusula irradiará eficácia ao final, quando cumpridas todas as obrigações.

A respeito desse último ponto, são profundas as discussões a respeito da obrigatoriedade de se conceder, ao final do procedimento de colaboração, os prêmios pactuados ao colaborador. Ou seja, se o juízo de homologação do acordo vincularia o magistrado na decisão de mérito, que, em caso positivo, não poderia revisar as sanções premiais pactuadas entre as partes por estar sujeito a uma espécie de "coisa julgada" irradiada do juízo homologatório. Em razão da profundidade das discussões a esse respeito no Supremo Tribunal Federal e das posições divergentes encontradas nesta Corte, retomaremos o debate sobre a decisão de homologação do acordo e seus efeitos irradiados na decisão final de mérito em tópico específico adiante.

2.2. A produção probatória e sua forma

A homologação judicial do acordo de colaboração é a formalidade que atesta a regularidade do pacto e a possibilidade de que se dê andamento em seu procedimento com as fases seguintes. Nesse caso, a fase seguinte é a razão de existência da colaboração premiada: a produção/colheita das provas com o auxílio do colaborador.

A Lei de Organizações Criminosas se refere a essa fase seguinte em seu artigo 4º, § 9º, ao fazer menção à oitiva do colaborador, nos seguintes termos:

> Lei 12.850/2013, art. 4º (...)
>
> § 9º Depois de homologado o acordo, o colaborador poderá, sempre acompanhado pelo seu defensor, ser ouvido pelo membro do Ministério Público ou pelo delegado de polícia responsável pelas investigações.

Em suas oitivas, o agente colaborador deverá declarar todas as informações que possuir sobre fatos ilícitos, especialmente suas autorias, não podendo fazer uso do direito ao silêncio se desejar permanecer na condição de colaborador (matéria examinada em tópico próprio, sobre os deveres do colaborador).

Em razão das peculiaridades que envolvem o instituto da colaboração premiada (possibilidade de o colaborador mentir ou de se contradizer em oportunidades diversas, de negar que tenha dito algo efetivamente afirmado em momento anterior, de futuras impugnações pelos agentes delatados etc.), deve-se priorizar a realização da colheita de provas por meios que garantam maior segurança.

Nesse sentido, a Lei de Organizações Criminosas recomenda que, na medida do possível, sejam adotadas as tecnologias que confiram ao ato de colheita de provas maior fidedignidade:

Lei 12.850/2013, art. 4º (...)
§ 13. Sempre que possível, o registro dos atos de colaboração será feito pelos meios ou recursos de gravação magnética, estenotipia, digital ou técnica similar, inclusive audiovisual, destinados a obter maior fidelidade das informações.

É importante destacar-se a expressão "sempre que possível" que compõe o dispositivo legal acima transcrito, significando que nem sempre os meios referidos serão adotados. Aliás, a esse respeito, em decisão do Pleno do STF, sob relatoria do então Ministro Teori Zavascki, decidiu-se que apenas há uma recomendação legal (e não uma indispensabilidade) de que se registrem as declarações prestadas em acordo de colaboração premiada por meio magnético ou similar, o que, no entendimento dos Ministros, se destina a garantir maior fidelidade das informações colhidas. Com esse entendimento, no caso concreto, não se reconheceu nulidade ou prejuízo alegados pela defesa decorrente da juntada aos autos apenas de termos escritos.[130]

Assim, nos termos de decisão proferida pelo Ministro Dias Toffoli em recurso de reclamação, não haveria um dever do Ministério Público em documentar os atos de colaboração por meios audiovisuais, mas uma faculdade, destinada a evitar futuros questionamentos a respeito da voluntariedade do agente colaborador e a possibilitar uma melhor avaliação da própria colaboração no que se refere à sua efetividade.[131]

Andou nesse caminho a Orientação Conjunta nº 1/2018 do Ministério Público Federal, ao estabelecer: "13.5 A colheita dos depoimentos deve ser feita, sempre que possível, com gravação audiovisual e redução a termo dos depoimentos prestados pelo colaborador;".[132]

Desse modo, pode-se muito bem pensar em caso no qual haja verdadeira impossibilidade técnica de se realizar o registro audiovisual da tomada de declarações do agente colaborador. Em tais

---

[130] STF, Inq 4146, Relator(a): Min. TEORI ZAVASCKI, Tribunal Pleno, julgado em 22/06/2016, ACÓRDÃO ELETRÔNICO DJe-212 Divulg 04-10-2016 Public 05-10-2016. No mesmo sentido: Inq 3983, Relator(a): Min. TEORI ZAVASCKI, Tribunal Pleno, julgado em 03/03/2016, ACÓRDÃO ELETRÔNICO DJe-095 Divulg 11-05-2016 Public 12-05-2016.
[131] STF, Rcl 21258, Relator(a): Min. DIAS TOFFOLI, julgado em 03/12/2015.
[132] Ministério Público Federal. Orientação conjunta nº 1/2018 – acordos de colaboração premiada. Disponível em: <http://www.mpf.mp.br/atuacao-tematica/ccr5/orientacoes/orientacao-conjunta-no-1-2018.pdf>. Acesso em: 23 jul 2018.

situações, como expresso pelo Ministro Luís Roberto Barroso em voto de sua lavra, não se pode presumir que tenha o Órgão Ministerial forjado tal impossibilidade técnica para se utilizar de meio de documentação distinto.[133]

Dispondo dessa possibilidade, entretanto, deve o agente ministerial (ou a autoridade policial) fazer uso da tecnologia disponível, conferindo-se a máxima credibilidade possível ao ato.

2.3. A decisão de homologação do acordo e o posicionamento dos Ministros do STF

Após a formalização do acordo realizado entre as partes, o respectivo termo deve ser encaminhado ao magistrado competente para a homologação, nos termos do § 7º do artigo 4º da Lei de Organizações Criminosas.[134] Esse mesmo procedimento foi reafirmado pela Orientação Conjunta nº 1/2018 do MPF.[135]

Sabendo-se que, na colaboração premiada, o agente colaborador deva indicar as pessoas envolvidas na prática delitiva, havendo participante que possua prerrogativa de foro, deverá ser realizado o juízo de homologação do acordo pelo tribunal (na figura do relator) respectivamente competente para o julgamento da autoridade que possua o "foro privilegiado". Entretanto, esse fato (homologação pelo tribunal competente para julgar o detentor de prerrogativa de foro) não significa que o tribunal deva, necessariamente, julgar também os participantes que não possuam a prerrogativa de foro.[136] Ou seja, o magistrado que homologa o acordo de colaboração premiada

---

[133] STF, Inq 3983, Relator(a): Min. TEORI ZAVASCKI, Tribunal Pleno, julgado em 03/03/2016, ACÓRDÃO ELETRÔNICO DJe-095 Divulg 11-05-2016 Public 12-05-2016.

[134] Lei 12.850/2013, art. 4º, § 7º. Realizado o acordo na forma do § 6º, o respectivo termo, acompanhado das declarações do colaborador e de cópia da investigação, será remetido ao juiz para homologação, o qual deverá verificar sua regularidade, legalidade e voluntariedade, podendo para este fim, sigilosamente, ouvir o colaborador, na presença de seu defensor.

[135] "42. O acordo de colaboração firmado deve ser submetido à homologação judicial após colhidos os depoimentos do colaborador, sem prejuízo do disposto nos itens 12 e 15 (diligências certificatórias)." (Ministério Público Federal. Orientação conjunta nº 1/2018 – acordos de colaboração premiada. Disponível em: <http://www.mpf.mp.br/atuacao-tematica/ccr5/orientacoes/orientacao-conjunta-no-1-2018.pdf>. Acesso em: 23 jul 2018).

[136] CAPEZ, Rodrigo. A sindicabilidade do acordo de colaboração premiada. In: BOTTINI, Pierpaolo Cruz; MOURA, Maria Thereza de Assis (org.). *Colaboração premiada*. São Paulo: Revista dos Tribunais, 2017, p. 212.

não necessariamente será o competente para julgamento de todos os fatos e todos os agentes nele referidos.[137]

Esse juízo de competência pode ser ilustrado por trecho de despacho de homologação de acordo de colaboração premiada firmado no âmbito da conhecida "Operação Lava Jato", proferido pelo então Ministro Teori Zavascki, dando conta de que são os indícios de eventual participação de detentor de foro por prerrogativa de função que determinam a necessidade de processamento pelo juízo respectivo ao foro (no caso, a Suprema Corte):

> Dos documentos juntados com o pedido é possível constatar que, efetivamente, há elementos indicativos, a partir dos termos do depoimento, de possível envolvimento de várias autoridades detentoras de prerrogativa de foro perante tribunais superiores, inclusive de parlamentares federais, o que atrai a competência do Supremo Tribunal Federal, a teor do art. 102, I, *b*, da Constituição.[138]

No caso de colaboração premiada que atraia a competência do Supremo Tribunal Federal, por envolver pessoa detentora de foro por prerrogativa de função, prevalece o entendimento de ser atribuição do ministro-relator o exame homologatório, fazendo-se referência ao artigo 21, incisos I e II, do Regimento Interno da Suprema Corte, que assim dispõem:[139]

> RISTF, art. 21. São atribuições do Relator:
>
> I – ordenar e dirigir o processo;
>
> II – executar e fazer cumprir os seus despachos, suas decisões monocráticas, suas ordens e seus acórdãos transitados em julgado, bem como determinar às autoridades judiciárias e administrativas providências relativas ao andamento e à instrução dos processos de sua competência, facultada a delegação de atribuições para a prática de atos processuais não decisórios a outros Tribunais e a juízos de primeiro grau de jurisdição;

Em órgãos colegiados, caberá ao relator a decisão de homologação do acordo de colaboração premiada, como lhe compete o exer-

---

[137] STF, Pet 7074 QO, Relator(a): Min. EDSON FACHIN, Tribunal Pleno, julgado em 29/06/2017, ACÓRDÃO ELETRÔNICO DJe-085 Divulg 02-05-2018 Public 03-05-2018

[138] STF, Pet 5209, Relator(a): Min. TEORI ZAVASCKI, decisão proferida em 29/09/2014.

[139] Nesse sentido, em decisão do Ministro Dias Toffoli: "nos termos do art. 21, I e II, do Regimento Interno do Supremo Tribunal, o relator tem poderes instrutórios para ordenar a realização de quaisquer meios de obtenção de prova (v.g., busca e apreensão, interceptação telefônica, afastamento de sigilo bancário e fiscal). Considerando-se que o acordo de colaboração premiada também é um meio de obtenção de prova (art. 3º da Lei nº 12.850/13), é indubitável que o Relator tem poderes para, monocraticamente, homologá-lo, nos termos do art. 4º, § 7º, da Lei nº 12.850/13." (STF, HC 127483, Relator(a): Min. DIAS TOFFOLI, Tribunal Pleno, julgado em 27/08/2015, PROCESSO ELETRÔNICO DJe-021 Divulg 03-02-2016 Public 04-02-2016)

cício dos atos de impulso processual como *longa manus* do Plenário (expressão utilizada pelo Ministro Ricardo Lewandowski).[140]

Nesse aspecto, justamente por se conferir ao acordo de colaboração premiada a condição de um meio de obtenção de prova, a atribuição para a sua homologação, no STF, recai sobre o relator, autoridade competente para promover o andamento da instrução processual, nas palavras da Ministra Cármen Lúcia: "[...] para dar andamento à instrução processual, compete ao Relator, monocraticamente, analisar o pedido de homologação de acordo de colaboração premiada".[141]

Nesse mesmo sentido e detalhando outras atividades de produção de prova equivalentes à colaboração premiada que competem, igualmente, ao relator de órgão colegiado, as palavras do Ministro Luís Roberto Barroso:

> É o relator que defere ou determina busca e apreensão, é o relator que defere ou determina a quebra de sigilo fiscal ou bancário, é o relator que autoriza a interceptação telefônica. Portanto, não haveria nenhuma razão para, em relação a este meio específico de obtenção de prova que é a colaboração premiada, fazer-se de maneira diferente.[142]

---

[140] STF, Pet 7074 QO, Relator(a): Min. EDSON FACHIN, Tribunal Pleno, julgado em 29/06/2017, ACÓRDÃO ELETRÔNICO DJe-085 Divulg 02-05-2018 Public 03-05-2018.

[141] *Ibid.*

[142] Com o mesmo entendimento e proferido no mesmo julgamento, as palavras do Ministro Marco Aurélio: "[...] a homologação, estrita aos aspectos formais da delação, cumpre ao Relator, como cumpriria a ele deferir qualquer diligência investigativa, não ao Colegiado." (STF, Pet 7074 QO, Relator(a): Min. EDSON FACHIN, Tribunal Pleno, julgado em 29/06/2017, ACÓRDÃO ELETRÔNICO DJe-085 Divulg 02-05-2018 Public 03-05-2018). Ressalva-se, entretanto, a existência de divergência na própria Suprema Corte a respeito dessa atribuição, como no caso do posicionamento exposto pelo Ministro Gilmar Mendes: "Tenho que a melhor interpretação deve ser no sentido de que a homologação compete ao Colegiado. O acordo de colaboração não é simples meio de obtenção de prova. Seu efeito não se limita às provas que serão oferecidas pelo colaborador. O acordo de colaboração é também um negócio jurídico processual, que traz efeitos benéficos ao colaborador. Como já decidiu o Pleno, a ele se agrega 'o efeito substancial (de direito material) concernente à sanção premial a ser atribuída a essa colaboração.' Com base nele, o Ministério Público pode deixar de deduzir denúncias, rompendo o princípio da obrigatoriedade da ação penal, ou as penas cominadas são reduzidas, ou as penas aplicadas são revistas. [...] Assim, nos processos de competência de Tribunal, o acordo homologado vinculará o Colegiado, o qual, na fase de julgamento, avaliará a eficácia do acordo tão somente. Um ato de tal importância deveria ser realizado desde logo pelo Colegiado. Sob outro aspecto, quando o acordo de colaboração chega ao ponto do perdão com a dispensa de denúncia, a decisão unipessoal é ainda menos compatível com o sistema. Nesses casos, a lei redunda em duas decisões penais graves: o reconhecimento da culpa do acusado e a dispensa da aplicação da pena correspondente. São dois juízos de mérito da maior relevância. Não há consistência em projetar para tal hipótese a competência do relator para aplicar medidas cautelares". No enten-

Essa análise de homologação do acordo é, em regra e como já afirmado anteriormente, o momento da primeira intervenção do magistrado no procedimento do acordo de colaboração, considerando-se que ele não participa da fase de negociação por expressa vedação legal.[143] Como bem ressaltado pelo Ministro Celso de Mello, o impedimento de que o magistrado participe das negociações possui como objetivo o de evitar a sua contaminação,[144] preservando-lhe a isenção por meio de uma atuação exclusivamente após as negociações.[145-146]

Percebe-se que, pelo procedimento adotado para a celebração do acordo de colaboração premiada, são dois os momentos de exame jurisdicional do acordo: primeiro, em decisão homologatória, que, em órgão colegiado, compete ao relator; segundo, no momento da sentença ou do acórdão se perante órgão colegiado. Por mais que se encontre um consenso na Suprema Corte sobre a separação desses dois momentos, a respeito do segundo momento de exame do acordo, quando do julgamento da Questão de Ordem na Petição nº 7.074 (julgada em junho de 2017), desenvolveu-se um debate profundo entre os ministros no que se refere à extensão do reexame do acordo no segundo momento. Ou seja, questionou-se qual o limite de exame do colegiado em relação ao acordo de colaboração premiada homologado (por exemplo, se caberia ao colegiado revisar as cláusulas do acordo já homologado ou se ficaria impedido dessa revisão) e, antes disso, quais os limites do papel desempenhado pelo magistrado

---

dimento do Ministro, a homologação do acordo de colaboração premiada deve ser feita pelo respectivo colegiado (não pelo relator isoladamente), especialmente em casos envolvendo a dispensa de denúncia. (STF, Pet 7074 QO, Relator(a): Min. EDSON FACHIN, Tribunal Pleno, julgado em 29/06/2017, ACÓRDÃO ELETRÔNICO DJe-085 Divulg 02-05-2018 Public 03-05-2018).

[143] Lei 12.850/2013, art. 4º, § 6º. O juiz não participará das negociações realizadas entre as partes para a formalização do acordo de colaboração, que ocorrerá entre o delegado de polícia, o investigado e o defensor, com a manifestação do Ministério Público, ou, conforme o caso, entre o Ministério Público e o investigado ou acusado e seu defensor.

[144] STF, Pet 7074 QO, Relator(a): Min. EDSON FACHIN, Tribunal Pleno, julgado em 29/06/2017, ACÓRDÃO ELETRÔNICO DJe-085 Divulg 02-05-2018 Public 03-05-2018.

[145] STF, Pet 6631 AgR, Relator(a): Min. EDSON FACHIN, Segunda Turma, julgado em 13/06/2017, ACÓRDÃO ELETRÔNICO DJe-139 Divulg 23-06-2017 Public 26-06-2017.

[146] A doutrina questiona, entretanto, a eventual perda de imparcialidade do magistrado que vier a homologar o acordo de colaboração premiada e que será responsável também pela instrução processual e final decisão de mérito. Exemplificativamente, a esse respeito: VILELA, Augusto Tarradt. Lei nº 12.850/2013 e a colaboração premiada: análise diante da relativização das garantias constitucionais. In: WEDY, Miguel Tedesco (org.). *Meios de obtenção de prova no processo penal*. Porto Alegre: Livraria do Advogado, 2018. p. 90-92.

quando da homologação do acordo (se apenas examina sua legalidade, se realiza análise de mérito, se pode reformular cláusulas que contrariem direitos fundamentais etc.).

Na doutrina, é comum se defender que, no modelo de processo consensual (diverso de um modelo litigioso e tradicional), a função do juiz passa a ser mais direcionada à fiscalização do respeito aos direitos fundamentais, conferindo-se maior liberdade à atuação das partes.[147] Desse modo, costuma-se afirmar que, quando do juízo de homologação, o magistrado deve avaliar o respeito aos requisitos de existência e de validade do acordo de colaboração premiada, servindo a homologação como fator de atribuição de eficácia ao acordo.[148] Já quando do julgamento de mérito, deverá ser verificada a efetividade da colaboração, para que o magistrado possa implementar as sanções premiais de acordo com a efetividade da cooperação.[149] É na sentença que o acordo homologado será apreciado no seu conteúdo.[150]

Apesar de, na sentença, o magistrado adentrar no exame de mérito do acordo de colaboração premiada, Rodrigo Capez defende não lhe competir interferir na eleição das sanções premiais promovida pelas partes, bem como na atividade de colaboração que competirá ao agente colaborador, matéria que deveria ficar a cargo da autonomia da vontade das partes – reservando-se o exame jurisdicional à eventual existência de algum vício negocial.[151]

Fora isso, no que se refere aos efeitos do juízo de homologação em relação ao exame do acordo realizado quando da sentença,

---

[147] MENDONÇA, Andrey Borges de. Os benefícios possíveis na colaboração premiada: entre a legalidade e a autonomia da vontade. In: BOTTINI, Pierpaolo Cruz; MOURA, Maria Thereza de Assis (org.). *Colaboração premiada*. São Paulo: Revista dos Tribunais, 2017, p. 73.

[148] Nesse sentido, a afirmação da doutrina de que a homologação é condicionante da eficácia do acordo, e não de sua existência. (DIDIER JR, Fredie; BOMFIM, Daniela. Colaboração premiada (Lei nº 12.850/2013): natureza jurídica e controle da validade por demanda autônoma: um diálogo com o Direito Processual Civil. *Revista do Ministério Público do Estado do Rio de Janeiro*, Rio de Janeiro, n. 62, p. 40, out./dez. 2016. Disponível em: <https://bdjur.stj.jus.br/jspui/bitstream/2011/112667/colaboracao_premiada_lei_didier.pdf>. Acesso em: 24 abril 2018).

[149] CAPEZ, Rodrigo. A sindicabilidade do acordo de colaboração premiada. In: BOTTINI, Pierpaolo Cruz; MOURA, Maria Thereza de Assis (org.). *Colaboração premiada*. São Paulo: Revista dos Tribunais, 2017, p. 207.

[150] Conforme a Lei de Organizações Criminosas, em seu artigo 4º, § 11: "§ 11. A sentença apreciará os termos do acordo homologado e sua eficácia".

[151] CAPEZ, Rodrigo. A sindicabilidade do acordo de colaboração premiada. In: BOTTINI, Pierpaolo Cruz; MOURA, Maria Thereza de Assis (org.). *Colaboração premiada*. São Paulo: Revista dos Tribunais, 2017, p. 217-2183.

é lugar comum o entendimento de que essa discussão se relaciona diretamente com os temas da segurança jurídica e da confiança tão importantes à subsistência do instituto da colaboração premiada.

Na sistemática do acordo de colaboração, a sua homologação é fator de produção de segurança às partes a respeito das consequências do que foi acordado, especialmente ao agente colaborador no que se refere à garantia de que os benefícios a ele prometidos serão respeitados pelo órgão jurisdicional.[152] Nesse sentido são as palavras de Carla Veríssimo ao afirmar que a decisão de homologação do acordo produz efeitos vinculantes em relação à sentença: "A homologação do acordo serve para garantir ao colaborador que ele receberá, ao final, caso cumpra a sua parte, os benefícios (a quantidade e o tipo de penas) que lhes foram prometidos com a avença, porque o juízo que profere a decisão de homologação fica vinculado aos seus termos".[153]

Percebe-se, portanto, a importância dessa temática para a própria viabilidade prática da colaboração premiada. Saber-se qual o objeto de exame da homologação e, mais do que isso, quais os seus efeitos e quais os limites de revisão do acordo quando da decisão final, importa diretamente em duas circunstâncias relacionadas entre si e essenciais para o sucesso desse instituto no sistema processual penal: primeiro, a segurança jurídica a garantir que aquilo que foi pactuado e que recebeu a chancela judicial será cumprido ao final de todo o procedimento; segundo, a consequente confiança depositada pelos possíveis colaboradores de que, após firmado o acordo, se por eles cumpridas as obrigações assumidas, haverá a vinculação do Estado no cumprimento de sua parte (concessão das sanções premiais).

Essa matéria foi objeto de profundos debates entre os Ministros da Suprema Corte quando do julgamento da Questão de Ordem na Petição nº 7074, nas seções dos dias 21, 22, 28 e 29 de junho de 2017. Dada a relevância da temática, a seguir são expostas as posições adotadas por cada um dos Ministros, possibilitando-se a compreensão da

---

[152] BOTTINO, Thiago. Colaboração premiada e incentivos à cooperação no processo penal: uma análise crítica dos acordos firmados na "Operação Lava Jato". *Revista Brasileira de Ciências Criminais*, São Paulo, v. 122, ago., 2016.

[153] VERÍSSIMO, Carla. Principais questões sobre a competência para a homologação do acordo de colaboração premiada. In: BOTTINI, Pierpaolo Cruz; MOURA, Maria Thereza de Assis (org.). *Colaboração premiada*. São Paulo: Revista dos Tribunais, 2017, p. 113.

temática não só como aplicada majoritariamente pela Suprema Corte, mas também no entendimento minoritário de alguns ministros.[154]

2.3.1. Ministro Luiz Edson Fachin

O Ministro-Relator Luiz Edson Fachin, em seu voto, expõe que os objetos de exame quando da decisão homologatória referentes ao acordo de colaboração premiada são a regularidade, a voluntariedade e a legalidade do acordo. Depois de homologado o acordo (em outras palavras, após ser considerado regular, voluntário e legal), essa decisão geraria uma vinculação condicionada ao Plenário do Tribunal. Condicionada porque dependente do cumprimento, pelo agente colaborador, dos deveres por ele assumidos. Cumpridos esses deveres pelo agente colaborador, estabelecer-se-ia a vinculação do plenário, a qual poderia ser afastada no caso de ilegalidade superveniente (fato superveniente ou de conhecimento superveniente) capaz de justificar a anulação do acordo.

A respeito de seu posicionamento, são esclarecedoras as respostas do ministro-relator aos questionamentos da Ministra Cármen Lúcia:

A SENHORA MINISTRA CÁRMEN LÚCIA (PRESIDENTE) – Ministro, gostaria de apenas, para esclarecimento de todos, incluindo-me nisso, quando Vossa Excelência afirma vinculação condicionada – é preciso que fique claro para nós, para todos os juízes, para todo mundo –, Vossa Excelência está afirmando que o juiz, ou o Colegiado, no caso do voto de Vossa Excelência, poderá apreciar os efeitos que foram produzidos daqueles termos acordados, incluídos aí outros fatos, fatos supervenientes ou de conhecimento posterior. É isso?

O SENHOR MINISTRO EDSON FACHIN (RELATOR) – Fatos supervenientes ou de conhecimento superveniente que possam gerar a nulidade ou a anulação do negócio. (...)

A SENHORA MINISTRA CÁRMEN LÚCIA (PRESIDENTE) – Poderá apreciar e não fica vinculado só àquilo, como se tivesse fechado?

O SENHOR MINISTRO EDSON FACHIN (RELATOR) – Esse condicionado, Senhora Presidente, condicionado significa que o direito subjetivo do colaborador nasce e se perfectibiliza na exata medida em que ele cumpre seus deveres.[155] São como que

---

[154] Considerando-se que a quase totalidade das referências aos votos dos ministros, neste tópico, foi retirada do mesmo julgado do Tribunal Pleno do STF (Pet 7074 QO), apenas será feita a referência à fonte de citações quando forem extraídas de julgados diversos deste.

[155] Em outra oportunidade, afirmou o Ministro Edson Fachin, no mesmo sentido: "Com a institucionalização do acordo, estabeleceu-se modalidade de colaboração por meio da qual direitos e deveres do colaborador são previamente avençados com o Estado, descritos e estipulados, conferindo-se lhe, desde que cumpra com suas

condictio sine qua non para que o colaborador possa fruir desses direitos. Portanto, isso não se projeta para o Colegiado. (...)

A SENHORA MINISTRA CÁRMEN LÚCIA – Muito bem. Então, Vossa Excelência está afirmando a possibilidade de, em princípio, como afirma o Ministro Dias Toffoli, assumido que está tudo cumprido e os efeitos foram praticados, porém, ao apreciar, o Colegiado ou o juiz sentenciante verifica outros fatos e pode verificar. Estamos acertados sobre isso?

O SENHOR MINISTRO EDSON FACHIN (RELATOR) – Havendo, portanto, fato superveniente ou conhecimento superveniente que gere ilegalidade flagrante, estou de acordo.

Desse modo, ao juízo de homologação, reservar-se-ia o exame de regularidade, voluntariedade e legalidade do acordo. Vencida essa etapa, a vinculação do colegiado ao acordo seria condicionada ao cumprimento, pelo agente colaborador, das obrigações por ele assumidas, igualmente possibilitando-se a desvinculação ao acordo em caso de fato superveniente ou de conhecimento superveniente que importe em ilegalidade do acordo.

2.3.2. Ministro Alexandre de Moraes

Em seu voto, o Ministro Alexandre de Moraes, em breves palavras, fornece uma síntese do procedimento de exame judicial da colaboração premiada:

> A colaboração premiada é estipulada pelas partes em consenso, há um controle jurisdicional formal pelo Relator, que pode somente analisar conveniência dentro do juízo de legalidade. Uma vez eficiente essa colaboração, na decisão judicial, no caso, aqui, no acórdão, o órgão colegiado analisará se foi eficaz, eficiente, e [...] quais pontos não foram obtidos e se foi culpa do agente colaborador ou não. E aqui não é delação ou colaboração premiada, mas o juízo de convicção do magistrado de reanalisar o conjunto probatório.

Para o Ministro, é na decisão final de mérito do processo que o magistrado deverá examinar a colaboração premiada e as provas que dela derivam, juntamente com todos os meios de prova produzidos no transcorrer do processo (buscas e apreensões, interceptações telefônicas etc.), bem como aferir a (i)licitude dos meios pelos quais foram obtidas as provas.

Nas suas palavras, competirá ao juízo competente avaliar, quando da decisão de mérito, a legalidade ou ilegalidade das pro-

---

próprias obrigações, direito subjetivo aos benefícios assentados no termo." (STF, Pet 7003, Relator(a): Min. EDSON FACHIN, julgado em 27/06/2018, publicado em DJe-153 Divulg 31/07/2018 Public 01/08/2018)

vas originadas do acordo de colaboração, no que se refere a vício na "[...] regularidade, voluntariedade ou legalidade do acordo". Nesse momento processual (sentença ou acórdão), não se realizaria pelo magistrado uma revisão da homologação do acordo, mas da sua (i)licitude e do mérito das provas produzidas a partir do acordo e que poderá ser contaminada em razão de vício do acordo.[156]

Em um ponto de destaque de seu voto sobre essa problemática, o Ministro defende a impossibilidade de se criar uma espécie de "supercoisa julgada" a partir da vinculação do plenário ao acordo homologado:

> [...] me parece não ser possível criar hipótese excepcionalíssima de decisão judicial monocrática insuscetível de qualquer possibilidade de reanálise, mesmo com o surgimento de fatos superveniente ou de conhecimento posterior, em outras palavras, se pretende conceder a uma decisão homologatória, realizada monocraticamente, a partir de um juízo de cognição superficial – como reconheceu o próprio Ministro Relator – uma "*super coisa julgada*" ou "*super preclusão*", inexistente no ordenamento jurídico e claramente atentatória à independência e autonomia do juízo natural para a decisão de mérito. [...] como regra, devemos ter o estrito cumprimento dos termos acordados e homologados, mas excepcionar a possibilidade de análise do acordo homologado por fatos supervenientes ou de conhecimentos posteriores, não é um atentado a boa fé e a segurança jurídica, pois caso contrário, deveríamos declarar a inconstitucionalidade do artigo 966 do Código de Processo Civil, que permite a relativização da proteção à *coisa julgada*, consagrada constitucionalmente no inciso XXXVI, do artigo 5º.

Pelo seu posicionamento, portanto, não se defende uma vinculação absoluta do colegiado ao acordo homologado pelo relator, mas um dever de que seja observado o acordo homologado quando da sentença, desde que cumpridas as obrigações assumidas pelo agente colaborador e ressalvada a possibilidade de se anular o acordo em razão de fato de conhecimento superveniente, como, no exemplo fornecido pelo próprio Ministro Alexandre de Moraes, em caso de ocorrência de tortura, fazendo referência, ainda, ao artigo 966, § 4º, do Código de Processo Civil.[157]

---

[156] Nas palavras do Ministro: "[...] poderá o órgão colegiado entender que as provas obtidas a partir da colaboração premiada são ilícitas, se houver algum vício na 'regularidade, voluntariedade ou legalidade do acordo'. Não se trata de revisão da competência monocrática do Ministro relator para homologação do acordo de colaboração premiada, mas sim da análise da licitude e do mérito de todas as provas produzidas, bem como os meios de sua produção, durante o devido processo legal, com ampla possibilidade de ampla defesa e contraditório, para que, cada um dos magistrados forme sua convicção."

[157] CPC, art. 966, § 4º. Os atos de disposição de direitos, praticados pelas partes ou por outros participantes do processo e homologados pelo juízo, bem como os atos homologatórios praticados no curso da execução, estão sujeitos à anulação, nos termos da lei.

2.3.3. Ministro Luís Roberto Barroso

Também fazendo referência ao juízo de homologação, o Ministro Luís Roberto Barroso defende serem três os objetos examinados em um primeiro momento pelo juiz ou pelo relator (nesse último caso, quando perante órgão colegiado): (a) um exame de *regularidade*, no qual se verificam os aspectos formais do acordo; (b) um exame de *legalidade*, momento no qual se avalia o respeito aos dispositivos constitucionais e legais, somado ao objetivo de preservar os direitos fundamentais do agente colaborador; (c) e um exame referente à existência de *voluntariedade* na celebração do acordo – que seria violada, por exemplo, no caso de utilização da prisão preventiva com o objetivo de se compelir o investigado/acusado à celebração do acordo de colaboração.

Ao examinar o § 11 do artigo 4º da Lei 12.850,[158] o Ministro expressa que, em seu entendimento, após a homologação do acordo de colaboração (com o exame de regularidade, legalidade e voluntariedade), o Judiciário apenas deve avaliar se aquilo a que se obrigou o agente colaborador foi cumprido de maneira satisfatória. Consequentemente, não restaria, nesse momento, espaço para um juízo de legalidade ou de mérito do acordo, já realizado no momento da homologação. Nas suas palavras:

> Portanto, há de ser feito um controle mínimo de legalidade no momento em que se faz a homologação, porém, uma vez homologado, as questões de legalidade estão superadas e, consequentemente, o que se vai verificar é se o acordo foi ou não cumprido, salvo, eventualmente, os fundamentos legítimos de invalidação de qualquer negócio jurídico, seja por vícios sociais ou por vício da vontade – sob coação, se houve suborno. São situações excepcionais, mas, como regra geral, só se vai verificar, a meu ver, o cumprimento do acordo.

Apesar de, em parte de seu voto, o Ministro Barroso entender haver, após a homologação, a ocorrência de trânsito em julgado dessa decisão homologatória e a preclusão da matéria relativa à regularidade, à legalidade e à voluntariedade do acordo,[159] com o que concordou imediatamente o Ministro Celso de Mello,[160] o Ministro Barroso, em aditamento de seu voto, já no momento final do julga-

---

[158] Lei 12.850/2013, art. 4º, § 11. A sentença apreciará os termos do acordo homologado e sua eficácia.

[159] Em suas palavras: "O meu ponto de vista, Ministro Lewandowski, é o de que há uma preclusão; se passou pela homologação [...] A decisão sobre regularidade, legalidade e voluntariedade preclui, porque é isso que diz a Lei".

[160] Nas palavras do Ministro Celso de Mello: "Trata-se de típica hipótese de preclusão *'pro judicato'*".

mento, adere ao posicionamento firmado pelo Ministro Alexandre de Moraes, no sentido de que haverá um "[...] dever de observar, como regra geral, o acordado, condicionado ao cumprimento das obrigações e passível de invalidação, com base no § 4º do 966".

Ou seja, pode-se concluir, pelo posicionamento manifestado pelo Ministro, que há uma obrigação de respeito ao acordo homologado por parte do Estado, quando cumpridas as obrigações assumidas pelo agente colaborador, decorrência de um dever de lealdade à Constituição, nos termos do seu artigo 37,[161] reservando-se a possibilidade de invalidação nos termos do § 4º do artigo 966 do Código de Processo Penal.

2.3.4. Ministra Rosa Weber

A Ministra Rosa Weber, após se referir à homologação como juízo de exame da regularidade, da legalidade e da voluntariedade do acordo, igualmente entende haver uma necessidade de se observar, na sentença, o acordo homologado, com a ressalva da possibilidade de sua anulação como acontece com os atos jurídicos em geral.

Para ilustrar seu posicionamento, faz uso do exemplo hipotético referido pelo Ministro Alexandre de Moraes, a respeito de caso de colaboração premiada obtida por meio de tortura contra o agente colaborador:

> Veja bem, Presidente, faz-se uma homologação, o juízo examina no caso específico a regularidade, a legalidade e a voluntariedade do ato de colaboração premiada, e depois se descobre que a colaboração foi prestada em função de tortura – foi o exemplo extremo trazido pelo Ministro Alexandre. Quem de nós, de sã consciência – Direito é bom senso –, entenderia que esse ato não pudesse ser passível de decretação de nulidade pelo Judiciário?

Ou seja, a Ministra trata, inclusive, com certa perplexidade a possibilidade de que houvesse uma vinculação absoluta do plenário ao acordo homologado que padecesse de alguma nulidade.[162] Pare-

---

[161] CF, art. 37. A administração pública direta e indireta de qualquer dos Poderes da União, dos Estados, do Distrito Federal e dos Municípios obedecerá aos princípios de legalidade, impessoalidade, moralidade, publicidade e eficiência e, também, ao seguinte: (...)

[162] Novamente em suas palavras: "[...] parece-me inimaginável que se possa entender que um ato praticado no processo tenha que necessariamente ser considerado hígido quando flagrante a sua nulidade, por qualquer dos vícios que se contêm no Código Civil, pertinentes à existência e à validade dos atos jurídicos e, consequentemente, dos atos processuais, por extensão".

ce-nos, portanto, que a Ministra Rosa Weber tenha adotado o entendimento predominante na Suprema Corte, de que se reserva a possibilidade de invalidação do acordo em casos excepcionais, mesmo que já homologado.

2.3.5. Ministro Luiz Fux

Inicialmente, o Ministro Luiz Fux adverte que, quando do juízo de homologação do acordo, deve ser examinada, pelo magistrado, a sua regularidade formal. Ou seja, deve-se verificar se o acordo atende à forma exigida para a sua celebração (forma escrita, com a presença de advogado, que contenha cláusulas expressas etc.).

Competindo esse controle de legalidade ao ministro-relator, no caso de colegiado, quando do primeiro exame de regularidade formal do acordo, pode o magistrado deixar de homologar parcialmente a avença, não retirando a legalidade do restante do acordo. Nesse ponto, o Ministro Luiz Fux faz referência a caso no qual o então Ministro Teori Zavascki se recusou a homologar parcialmente acordo de colaboração, em razão da ilicitude de cláusulas específicas (como, por exemplo, a vedação de impetração de *habeas corpus* pelo agente colaborador, a destinação específica dos valores monetários recuperados ao Ministério Público, entre outras cláusulas).

Realizado o juízo de homologação (seja total, seja parcial), afirmou o Ministro Fux, em um primeiro momento, ser passível de exame, na sentença (ou acórdão), apenas a eficácia do acordo homologado.[163]

Entretanto, em aditamento de seu voto, após ressaltar a seriedade que envolve o juízo de homologação da colaboração (que jamais deve ser considerado um simples ato *pro forma*),[164] o Ministro adota a proposta de redação para o acórdão do Ministro Alexandre de Moraes, para, ainda destacando os efeitos que a decisão de homologação produz em relação ao momento da sentença, reservar a possibilidade

---

[163] Em suas palavras: "[...] uma vez homologada a delação, no momento do julgamento, somente a eficácia da colaboração poderá ser analisada".

[164] Nesse ponto, referiu: "[...] a homologação de uma delação é um ato jurisdicional de funda seriedade. Eu, por exemplo [...], adoto providências complementares, antes da homologação, para a verificação da voluntariedade, da regularidade e da legalidade do procedimento. De sorte que eu não entendo que o Supremo Tribunal Federal homologue delações, deixando a caneta cair no papel".

de anulação do acordo homologado em casos específicos. Nas suas palavras:

> [...] há uma homologação que deve ser observada, há um direito subjetivo do colaborador, de que, se cumprir todas as obrigações, obterá os benefícios da colaboração; isso será um direito subjetivo. Entendo extremamente criativa a possibilidade do colaborador ser torturado para ser beneficiado. Confesso que eu não consigo imaginar na prática, mas, enfim, se surgir um fato que conduza à anulação ou à nulidade, o Judiciário não pode fechar os olhos.

2.3.6. Ministro Dias Toffoli

Talvez seja o Ministro Dias Toffoli o magistrado mais referenciado quando se está a tratar do instituto da colaboração premiada, já que dele originou o voto considerado paradigma nessa temática, proferido na conhecida ação de *Habeas Corpus* nº 127.483, julgada em agosto do ano de 2015.

Em seu voto, o Ministro Toffoli se refere à decisão de homologação da colaboração premiada como um "fator de atribuição de eficácia ao acordo",[165] que não se presta ao exame de mérito do acordo, mas ao exame de regularidade, legalidade e voluntariedade.[166]

Esse seu posicionamento, é corroborado pela distinção existente entre o acordo em si e o conjunto de elementos de prova dele originado, esse último sim se entendendo ser objeto de um juízo de legalidade quando da sentença/acórdão. Essa distinção aparece em seu voto, de forma objetiva, quando afirma que "[...] o acordo, que é o contrato, não se confunde com os depoimentos. [...] o contrato, o termo de colaboração, é um meio de obtenção de prova. Os depoimentos já são provas propriamente ditas, embora isoladamente não possam levar à condenação". Já no julgamento do *Habeas Corpus* nº 127.483, afirmou, a respeito da decisão homologatória: "Nessa atividade de

---

[165] Ressalvando, em seu entendimento, que, se a decisão de homologação intervier no conteúdo dos termos do acordo (vetando cláusulas em uma análise de legalidade, por exemplo), a homologação passará a ser considerada elemento de existência do acordo. (STF, HC 127483, Relator(a): Min. DIAS TOFFOLI, Tribunal Pleno, julgado em 27/08/2015, PROCESSO ELETRÔNICO DJe-021 Divulg 03-02-2016 Public 04-02-2016).

[166] E suas palavras: "Esse provimento interlocutório, que não julga o mérito da pretensão acusatória, mas sim resolve uma questão incidente, tem natureza meramente homologatória, limitando-se a se pronunciar sobre a 'regularidade, legalidade e voluntariedade' do acordo (art. 4º, § 7º, da Lei nº 12.850/13)." (STF, HC 127483, Relator(a): Min. DIAS TOFFOLI, Tribunal Pleno, julgado em 27/08/2015, PROCESSO ELETRÔNICO DJe-021 Divulg 03-02-2016 Public 04-02-2016)

delibação, o juiz, ao homologar o acordo de colaboração, não emite nenhum juízo de valor a respeito das declarações eventualmente já prestadas pelo colaborador à autoridade policial ou ao Ministério Público, tampouco confere o signo da idoneidade a seus depoimentos posteriores".[167]

Assim, reportando-se a caso concreto pretérito como exemplo de juízo de legalidade do acordo quando da homologação, o Ministro Dias Toffoli menciona ter ele próprio, quando percebeu que cláusulas daquele acordo eram omissas, bem como quando verificou a ilegalidade de determinadas sanções premiais pactuadas, apontado em sua decisão as inconformidades observadas e, em seguida, restituído o acordo ao Ministério Público para que promovesse a sua adequação aos critérios legais.

Em momento posterior de seu voto, especificou que, na sentença, apenas se avaliarão os efeitos do acordo, sem juízos de legalidade das cláusulas do acordo, mas permitindo-se ao Judiciário, nesse momento, a revisão de algo teratológico.[168] Um exemplo, na visão do Ministro, é encontrado no artigo 4º, § 4º, inciso I, da Lei de Organizações Criminosas,[169] dada a possibilidade de que apenas se venha a saber quem é o líder da organização criminosa após a homologação do acordo, com aprofundamento das investigações. Ainda fornece o exemplo no qual se estipule sanção premial ilegal, entendendo ser possível a sua revisão pelo colegiado ou pelo juiz singular quando do acórdão/sentença.

2.3.7. Ministro Ricardo Lewandowski

O Ministro Ricardo Lewandowski, em seu voto, expõe detalhadamente a matéria a ser examinada na decisão de homologação do acordo, pelo relator ou magistrado de órgão não colegiado, no que se refere ao juízo de legalidade:

---

[167] STF, HC 127483, Relator(a): Min. DIAS TOFFOLI, Tribunal Pleno, julgado em 27/08/2015, PROCESSO ELETRÔNICO DJe-021 Divulg 03-02-2016 Public 04-02-2016

[168] No seu dizer: "Trata-se apenas de medir, na sentença, os resultados da colaboração para que se possa aferir a extensão da sanção premial a ser concedida, sem novos juízos de valor a respeito da legalidade das cláusulas acordadas. Mas, evidentemente, sempre, sempre, o juiz e o colegiado, deparando-se com algo teratológico, não podem compactuar com eventual absurdo".

[169] Lei 12.850/13, art. 4º, § 4º Nas mesmas hipóteses do *caput*, o Ministério Público poderá deixar de oferecer denúncia se o colaborador: I – não for o líder da organização criminosa;

[...] ele homologa o acordo, verificando se estão presentes os requisitos da regularidade, legalidade e voluntariedade. Legalidade, no sentido amplo da palavra, porque o Relator tem o dever de vetar cláusulas que excluam, da apreciação do Judiciário, lesão ou ameaça de lesão a direitos; em segundo lugar, que estabeleçam o cumprimento imediato da pena ainda não fixada; em terceiro lugar, fixa em regime de cumprimento de pena não autorizados pela legislação em vigor; em quarto lugar, avancem sobre cláusulas de reserva de jurisdição; em quinto lugar, determinem o compartilhamento de provas e informações sigilosas sem a intervenção da justiça; e, finalmente, em sexto lugar, autorizem a divulgação de informações que atinjam a imagem ou a esfera jurídica de terceiros.

Na visão do Ministro Lewandowski, essa decisão de exame da legalidade *lato sensu* (legalidade constitucional e infraconstitucional) pelo relator não exerce vinculação ao plenário de tribunal, especialmente pelo momento no qual geralmente é realizada (momento inicial do processo), bem como pelo juízo superficial que geralmente é realizado nesse momento processual e, portanto, juízo efêmero por natureza. Ou seja, no momento da homologação, o magistrado não dispõe de elementos mínimos para garantir a viabilidade do acordo, devendo ser revisitada essa matéria quando da prolação da sentença.[170]

Com base nessas premissas, o Ministro Ricardo Lewandowski defendeu a necessidade de que o exame de legalidade do acordo seja promovido também no segundo momento de valoração jurisdicional, pelo plenário do tribunal, quando o julgamento ocorrer em órgão colegiado. Esse entendimento foi fundamentado, em determinado momento dos longos debates no Pleno da Suprema Corte, na distinção que realizada entre os negócios jurídicos de Direito Privado e a natureza de contrato de Direito Público do acordo de colaboração. Nesse último caso, da homologação não decorre o efeito da definitividade que é própria aos acordos privados (que, com a homologação, tornam-se título executivo), fazendo-se cabível o reexame, na sentença, da legalidade do acordo.[171]

---

[170] Em suas palavras: "[...] penso que o juízo provisório de que resulta a mera homologação de acordos de colaboração premiada não tem o condão de revestir as cláusulas e condições contratadas do caráter de imutabilidade, tornando-as incontrastáveis, sobretudo aquelas que, por exemplo: (i) excluam da apreciação do Poder Judiciário lesão ou ameaça a direito; (ii) estabeleçam o cumprimento imediato de pena ainda não fixada; (iii) fixem regimes de cumprimento de pena não autorizados pela legislação em vigor; (iv) avancem sobre as cláusulas de reserva de jurisdição; (v) determinem o compartilhamento de provas e informações sigilosas sem a intervenção do Judiciário; e (v) autorizem a divulgação de informações que atinjam a imagem ou a esfera jurídica de terceiros;".

[171] Em suas palavras, ao se referir à análise de acordo já homologado, quando da decisão final: "[...] se o Plenário se defrontar com uma evidente ilegalidade, ou mesmo

Nesse caminho e pelo seu entendimento, não se pode admitir que uma simples homologação torne legal o que é ilegal, impedindo a necessária revisão pelo juiz competente das disposições do acordo que sejam incompatíveis com o ordenamento jurídico.

Adverte, entretanto, que a ingerência nos critérios de conveniência e oportunidade da celebração do acordo de colaboração premiada não é outorgada ao magistrado, tratando-se de competência própria do representante do Estado-Acusador.

2.3.8. Ministro Gilmar Mendes

O impedimento de que a legalidade do acordo homologado seja analisada quando da decisão pelo colegiado é considerado, pelo Ministro Gilmar Mendes, como uma incoerência. Para ilustrar essa incoerência, o Ministro toma como comparativo a competência do tribunal para, inclusive, declarar a inconstitucionalidade de tratados internacionais – ou seja, uma competência muito mais abrangente do que a revisão da legalidade de acordos de colaboração premiada específicos.

Com coerente fundamentação, o Ministro entende que não competiria ao Ministério Público prometer a aplicação das sanções premiais acordadas na colaboração.[172] Diferentemente de "promessa" pelo agente do Ministério Público, o que há é o pleito, pelo *Parquet*, de aplicação das sanções premiais pactuadas. Na sentença, o magistrado (ou o órgão colegiado) julgaria o agente colaborador e, em caso de condenação, no momento da aplicação da pena, aplicaria as sanções premiais de acordo com o pedido do agente ministe-

---

com uma inconstitucionalidade que não foi percebida pelo Relator, ele fica de olhos vendados? Ele não tem nenhuma ação, o juiz natural da causa? Ele não pode intervir, vai deixar passar *in albis* essa inconstitucionalidade, essa ilegalidade? Então, a mim me parece, com todo respeito, que depois, num segundo juízo mais vertical, essas questões podem e devem ser reexaminadas pelo Plenário, que é o juiz natural, sob pena de nós vulnerarmos o princípio magno da Constituição que é o princípio da inafastabilidade da Jurisdição".

[172] Nas suas palavras: "A lei parece muito clara nesse ponto. A aplicação da pena compete ao Juiz. Não se deixou espaço para convenção, *a priori*, de penas. O Juiz não é parte do acordo de colaboração – art. 4º, § 6º. Logo, não fica por ele vinculado. O Ministério Público não tem poder para prometer que, do acordo, resultará tal benefício. Em nome próprio, o Ministério Público pode comprometer-se a pleitear a sanção premial e, se assim as partes acordarem, a recorrer da decisão que a negar, ou a aplicar de forma insuficiente. Se fizer mais do que isso, estará prometendo fato de terceiro".

rial, se preenchidos os requisitos para tanto. Em síntese, o instituto da colaboração não teria conferido ao Ministério Público o poder de convencionar sobre as penas, cuja aplicação permaneceria a cargo do magistrado – salientando-se que, cumprido o acordo, deverá o magistrado acatar o pleito de aplicação das sanções premiais.

Desse modo, no momento da homologação, seria realizado um juízo de legalidade do acordo[173] e, na sentença, conclui-se haver um dever de aplicação do benefício caso devidamente cumprido o acordo, desde que se trate de benefício válido, não havendo submissão à decisão de homologação apta a afastar o exame de eventuais defeitos do acordo.[174]

2.3.9. Ministro Marco Aurélio

O Ministro Marco Aurélio, em seu voto, faz referência a dois momentos de exame do acordo de colaboração premiada pelo Judiciário (sobre o mesmo raciocínio, o Ministro Ricardo Lewandowski se referiu a "dois níveis de cognição"): primeiramente, a homologação, com um exame de legalidade extrínseca, referente à forma do acordo; posteriormente, o julgamento propriamente dito, com um exame de mérito e legalidade da colaboração. O Ministro ainda afirmou não ser atribuição do juízo competente pela homologação do acordo adentrar na análise de seu conteúdo, por ser esse exame de competência do juízo responsável pelo processo-crime futuro (no caso concreto, o acordo de colaboração havia sido firmado em fase pré-processual).

Sobre o efeito da decisão de homologação em relação à decisão final, o Ministro Marco Aurélio defendeu a ocorrência de preclusão

---

[173] Juízo que o Ministro faz questão de salientar ser profundo: "O momento da homologação é o momento do controle de legalidade do contrato. Muito embora os precedentes afirmem que o juízo de homologação é superficial, esse momento é sim propício para a avaliação profunda da legalidade do ato".

[174] É digna de destaque, ainda, a crítica realizada pelo Ministro Gilmar Mendes à forma de condução dos acordos de colaboração premiada na Operação Lava Jato, apontando certa deslegitimação do argumento da "segurança jurídica" em relação às sanções premiais acordadas: "Ao prometer o que está na lei, o Ministério Público tem relativa certeza de que poderá cumprir sua parte do acordo. Entretanto, resta claro que o Ministério Público não se conforma com os limites legais, ao menos nos acordos firmados no âmbito da Lava Jato. Ou seja, primeiro o Ministério Público se assenhorou da lei, agora empurra a culpa da insegurança jurídica para o Poder Judiciário. Muito interessante! E passamos nós a dizer que não podemos ser desleais com o Ministério Público. Embora ele venha sistematicamente não cumprindo a lei. Muito interessante esse argumento de segurança jurídica!".

relativa da matéria examinada na decisão homologatória, cabendo ao relator (ou ao juiz), em caso de surgimento de fato novo, encaminhar a situação à revisão do colegiado, não havendo, portanto, vinculação do órgão julgador ao que foi acordado. Em suas palavras:

> A preclusão desse ato de Sua Excelência é uma preclusão que aponto como relativa, porque, caso surja um fato novo, o próprio Relator, que será também o do processo-crime a ser formalizado, apresentará esse fato novo, com a honestidade de propósito que lhe é própria, ao Colegiado julgador. E este terá campo amplo para manifestar-se a respeito. Benefícios que tenham sido ajustados obrigam o Órgão julgador? A resposta é desenganadamente negativa, mas reconheço, na cláusula que retrata esses benefícios, inspiração para o Órgão julgador atuar, mantendo a higidez desse instituto que, na quadra atual, tem-se mostrado importantíssimo, o da delação premiada.

2.3.10. Ministro Celso de Mello

Quando da homologação do acordo de colaboração, no entendimento do Ministro Celso de Mello, o magistrado exerce típico controle jurisdicional de legalidade das cláusulas, devendo recusar as cláusulas que se mostrarem contrárias ao sistema normativo.

Vencida essa etapa e homologado o acordo pela autoridade judicial competente, defende o Ministro Celso de Mello a necessidade de se considerar o acordo, a partir de então, um ato jurídico perfeito, aplicando-se-lhe o que dispõe o inciso XXXVI do artigo 5º da Constituição Federal.[175] Nas suas conclusões:

> [...] (a) o acordo de colaboração premiada, devidamente homologado, vincula o Poder Judiciário no julgamento final da causa penal, desde que as obrigações assumidas pelo agente colaborador tenham sido por este efetivamente cumpridas, sob pena de ofensa ao princípio da segurança jurídica e aos postulados da confiança e da boa-fé objetiva; (b) compete ao Relator da causa homologar, monocraticamente, o acordo de colaboração premiada, sem necessidade de submeter o seu ato decisório ao exame ulterior de órgão colegiado competente desta Corte; (c) a decisão homologatória do acordo de colaboração premiada, impregnada de conteúdo jurisdicional, deverá proceder à fiscalização da legalidade, em ordem a impedir que se ajustem, no pacto negocial, cláusulas abusivas, ilegais ou desconformes ao ordenamento jurídico; e (d) o acordo de colaboração premiada, desde que regularmente homologado pelo Relator da causa, configura ato jurídico perfeito, do qual resulta, quando fielmente executado pelo agente colaborador, direito subjetivo apto a garantir-lhe acesso aos benefícios de ordem legal.

---

[175] CF, art. 5º, XXXVI – a lei não prejudicará o direito adquirido, o ato jurídico perfeito e a coisa julgada.

Desse modo, homologados os termos do acordo de colaboração premiada, esses termos passam a vincular o magistrado (ou o colegiado) quando da sentença (ou acórdão), sendo impositiva a aplicação das sanções negociadas se satisfeitas as condições para tanto (cumprimento das obrigações assumidas pelo agente colaborador e efetividade da colaboração). Essa vinculação decorreria de um dever de lealdade, fundado no princípio da confiança, bem como no postulado da segurança jurídica e dos princípios da probidade e da boa-fé (*pacta sunt servanda*).[176]

Percebe-se que, em seu posicionamento, a eficácia da cooperação do colaborador surge como uma condicionante da aplicação das sanções premiais. Para o Ministro Celso de Mello, não basta que tenha o agente colaborador cumprido com suas obrigações e cooperado com a investigação, sem que essa colaboração tenha sido efetiva. A efetividade da cooperação, com o alcance de pelo menos um dos objetivos indicados nos incisos do artigo 4º da Lei 12.850, é uma condicionante necessária para a implementação das sanções convencionadas.

Assim, após a homologação do acordo pelo magistrado-relator (quando perante órgão colegiado), competirá ao colegiado apenas o posterior referendo e, nesse ponto, entendendo-se cumpridas as condições do acordo pelo agente colaborador, não caberá ao Judiciário recusar-lhe os benefícios estipulados, em respeito aos princípios da segurança jurídica e da confiança. Somente em caso de descumprimento ou inefetividade poderá deixar de ser aplicada a sanção premial do acordo previamente homologado.

2.3.11. Ministra Cármen Lúcia

Para a Ministra Cármen Lúcia, competiria ao ministro-relator o exame de homologação do acordo de colaboração premiada, analisando, nesse momento, a regularidade, a legalidade e a voluntariedade do acordo, sem que houvesse incursão no mérito da colaboração,

---

[176] Nas palavras do Ministro: "Em suma: o acordo de colaboração premiada legitimamente celebrado, objeto de regular homologação judicial, apresenta-se revestido de força vinculante quanto a suas cláusulas, independentemente da instância (ou da esfera de Poder) em que pactuado, impondo-se, quanto à sua execução, por efeito do ajuste de vontades, à observância dos Poderes do Estado, notadamente do Judiciário, e do agente colaborador, que deverão cumpri-lo, obrigados que se acham a respeitá-lo em razão dos princípios da probidade e da boa-fé ('pacta sunt servanda')".

com a apreciação dos depoimentos do agente colaborador – o que será realizado quando da sentença ou do acórdão.

Após realizado isso, em seu voto, a Ministra compreende decorrer uma necessária aplicação dos termos do acordo homologado, sem a possibilidade de alteração de suas cláusulas, desde que cumprida a parte que cabe ao colaborador. Ou seja, homologado o acordo, estar-se-ia diante de um ato jurídico perfeito que sequer poderia ser alterado por atividade legislativa, conforme o artigo 5°, inciso XXXVI, da Constituição Federal,[177] bem como em preservação aos princípios da segurança jurídica e da confiança.[178]

Há, desse modo, uma hipótese de que não seja mantido o acordo homologado, o que se verificará quando não for cumprido o acordo, em seus termos, pelo agente colaborador, exame a ser feito pelo magistrado quando da sentença ou do acórdão. Ou seja, na decisão final, deverá ser examinado se o acordo foi ou não cumprido, conforme as palavras da Ministra: "Em caso positivo, as cláusulas do acordo deverão ser implementadas conforme homologado e, em caso negativo, o acordo deverá ser declarado rescindido.".

Todavia, em antecipação de seu voto, a Ministra faz referência, ainda, à possibilidade de exame de nulidade do acordo quando da sentença ou do acórdão, nos termos defendidos pelos Ministros Edson Fachin e Alexandre de Moraes. Em suas palavras:

> [...] o acordo homologado como regular, voluntário e legal há de ser observado mediante o cumprimento dos deveres, e, [...] nos temos do § 11 do artigo 4º, a sentença, quando houver o caso [...] ter-se-á, então, a análise da eficácia dos termos, para, então, aplicar-se a legislação. O exame da eficácia, nos termos aos quais o Ministro Fachin adere – agora do Ministro Alexandre de Moraes –, vale dizer, *é verificar se se cumpriu, se produziu efeito, se não houve fato superveniente, se não há nulidade*. E nesses termos, é que acompanho o Ministro Relator. Nesse sentido, o meu voto.

---

[177] CF, art. 5°, XXXVI – a lei não prejudicará o direito adquirido, o ato jurídico perfeito e a coisa julgada.

[178] Nas suas palavras: "Portanto, o acordo homologado judicialmente está englobado na definição de ato jurídico perfeito (*lato sensu*), que, dessa forma, não pode ser alterado sequer por modificação legislativa, sob pena de ofensa ao art. 5°, inc. XXXVI, da CR/88 e aos princípios da segurança jurídica e da confiança que o particular deposita no Estado [...]. O colaborador deixaria de acreditar na boa-fé estatal, passando a temer que depois da entrega das provas e elucidação dos fatos criminosos poderia ter seu benefício, mesmo depois de homologado e cumpridos os termos do acordo, revisto unilateralmente pelo Estado. Tal situação de desconfiança geraria o deletério efeito de inviabilizar que novos acordos fossem celebrados em futuros fatos criminosos, em prejuízo da apuração criminal a cargo do Estado".

Desse modo, ao que parece, acaba a Ministra por adotar o posicionamento já manifestado por outros Ministros integrantes da Corte, de que se deve examinar, quando da sentença ou do acórdão, a efetividade do acordo, se cumpridas as obrigações assumidas pelo agente colaborador, bem como se há fato superveniente que interfira na manutenção do acordo ou se há nulidade a ser declarada.

2.3.12. Conclusivamente: sobre a homologação do acordo

Tem-se atribuído destacada importância ao momento inicial de atuação da magistratura nos acordos de colaboração firmados, quando do juízo de homologação da avença e respectiva análise da regularidade, da voluntariedade e da legalidade do acordo. É tamanha a importância e complexidade de atos como esse e, em contrapartida, tamanho é o volume de colaborações premiadas celebradas de competência da Suprema Corte (especialmente oriundos da conhecida "Operação Lava Jato"), que, para que se mantenha a devida atenção a cada caso concreto, tem sido praxe a delegação da realização de atos específicos (do que é exemplo a audiência destinada à aferição da voluntariedade do agente colaborador[179]) a juízes instrutores, que compõem equipes de auxílio aos Ministros.

Vencida a etapa da homologação do acordo (que tanto pode ser total, quanto parcial), foram objeto de debate profundo na Corte os específicos efeitos irradiados por essa decisão em relação ao momento da sentença ou do acórdão; isto é, se haveria uma vinculação do colegiado, em caso de acórdão, às cláusulas do acordo homologado, mesmo que algumas delas possuíssem irregularidades.

Pelo exame dos votos de cada Ministro, pode-se perceber a prevalência do entendimento de que a observância do acordo homologado quando da sentença ou do acórdão é uma medida salutar para a própria viabilidade do instituto da colaboração premiada, já que tutela a segurança jurídica e a confiança do colaborador e dos possíveis futuros colaboradores de que receberão a sanção premial pactuada ao final do procedimento.

Entretanto, esse dever de observância do acordo homologado na sentença ou no acórdão não é absoluto. Depende da efetividade do próprio acordo, com o adimplemento, pelo agente colaborador, das condições às quais se obrigou e o alcance dos objetivos pretendi-

---

[179] STF, Pet 5209, Relator(a): Min. TEORI ZAVASCKI, decisão proferida em 29/09/2014.

dos com o acordo de colaboração. Além disso, também possibilitam a revisão do acordo a verificação de fato superveniente ou de ilegalidade que impeçam a sua manutenção, não se podendo falar na existência de preclusão dessas matérias após a homologação.

Além disso, caso algum vício de regularidade seja verificado já no primeiro momento de atuação jurisdicional na colaboração (juízo homologatório), deverá haver a recusa da homologação e a devolução do acordo às partes para que promovam a adequação da avença à legislação. Nesses termos, a seguinte decisão do Ministro Ricardo Lewandowski, na qual deixou de homologar acordo de colaboração, consignou:

> Isso posto, com fundamento art. 4º, § 8º, da Lei 12.850/2013, deixo de homologar, por ora, o acordo de colaboração premiada de fls. 12-28, devolvendo os autos à Procuradoria-Geral da República para que esta, em querendo, adeque o acordo de colaboração ao que dispõem a Constituição Federal e as leis que disciplinam a matéria.[180]

Seguindo a mesma prática, quando a mesma situação ocorreu em caso concreto diverso, o Ministro Dias Toffoli não realizou, de ofício, a alteração das cláusulas do acordo, mas manifestou as inconformidades observadas e restituiu o acordo ao Ministério Público para que, então, o acordo fosse readequado.[181]

É de primordial importância que o magistrado, ao se deparar com alguma cláusula ilícita no termo de acordo de colaboração, não adote uma postura ativa, promovendo, de inciativa própria, a adequação da cláusula com a alteração de seu conteúdo. O magistrado, além de não ser parte celebrante do acordo, deve se manter distante da tarefa de formulação de suas cláusulas, tarefa que apenas compete aos dois polos do acordo (agente colaborador e Ministério Público ou delegado de polícia).

Nessa situação, o magistrado deve preservar a sua imparcialidade e, atuando dentro dos limites de sua atribuição de responsável pelo juízo de legalidade do acordo, negar homologação a parte do acordo ou, então, devolvê-lo às partes para que possam sanar a ilicitude presente em parte do acordo.

---

[180] STF, Pet 7265, Relator(a): Min. RICARDO LEWANDOWSKI, decisão proferida em 14/11/2017.
[181] STF, Pet 7074 QO, Relator(a): Min. EDSON FACHIN, Tribunal Pleno, julgado em 29/06/2017, ACÓRDÃO ELETRÔNICO DJe-085 Divulg 02-05-2018 Public 03-05-2018.

2.3.13. Excurso: homologação do acordo, vinculação à sentença e segurança jurídica

Analisados os votos de todos os Ministros, afirmamos que o problema é de segurança jurídica, porque é claro que a homologação do acordo, de um lado, não pode produzir uma espécie de "supercoisa julgada", como pontua o Ministro Alexandre de Moraes; porém, de outro lado, não pode deixar sem a mínima segurança o colaborador que firma o acordo.

É verdade que, na maioria dos casos, a efetividade da colaboração deverá ser reexaminada na sentença (verificação do cumprimento do pactuado). Ou seja, nesse momento é que as sanções premiais pactuadas serão concedidas ao colaborador. Mas isso só escusará o julgador de conceder-lhe os benefícios propostos no termo firmado com o Ministério Público e/ou autoridade policial se nada for cumprido; em outras palavras, se do acordo firmado não se extrair nada de relevante que atenda os requisitos da Lei 12.850/13.

Dito de outro modo, só não poderá haver o cumprimento do pactuado no acordo se a colaboração não atender o interesse público de desvelar a organização criminosa (coautores, partícipes, modos de operação, provas, contas, documentos, etc.). De qualquer sorte, isso pode ser evitado, como já mencionamos, se o procedimento na confecção dos anexos e dos dados de corroboração forem claros, porque, desse modo, uma vez analisados e aceitos pelo Ministério Público e/ou autoridade policial, praticamente vinculariam o juiz e/ou o relator no momento da sentença.

Entendemos a posição do Ministro Gilmar Mendes quando se manifesta dizendo que o Ministério Público não pode prometer as sanções premiais, mas tão somente propô-las, pois quem julgará ao final será o magistrado. Tudo isso é verdade e bem posto. Mas, de outro lado, deve-se estabelecer uma cláusula já no início do acordo de que, cumpridas as obrigações pactuadas, o colaborador terá direito aos prêmios propostos. Afirmamos isso porque sobre um ponto não há dúvidas: trata-se de um negócio jurídico processual (acordo) firmado entre as partes, de modo que a única possibilidade de não entrega das sanções premiais ao final seria o descumprimento de cláusula contratual. Se isso não ocorrer, entendemos que o Estado-juiz deve cumprir o que foi homologado exatamente nos termos do acordo inicial.

Por tal motivo, voltamos a insistir que um exame criterioso deve ser feito pelo Ministério Público e/ou autoridade policial no momento da assinatura do acordo (contrato), porque, se a autoridade Estatal está aceitando o que lhe foi entregue, é porque demonstrou o seu interesse e a sua crença na viabilidade do negócio jurídico processual, logo, deverá velar pelo cumprimento integral do acordo, inclusive protegendo o colaborador – aliás, fato esse que é pouco mencionado pela doutrina, mas que já consta na Orientação Conjunta 01/2018 do MPF.

A regra deve ser a observância do cumprimento do contrato e da preservação da segurança jurídica. A única hipótese em que se poderia cogitar em reexame do pactuado seria no caso de vício na formação do acordo, por coação ou fraude. Nos demais casos, ainda que seja o magistrado quem tenha a última palavra para conceder as sanções premiais, entendemos que, cumprido um ou mais requisitos (art. 4º, I a V) da Lei 12.850/2013, os prêmios deverão ser concedidos ao final do processo. Se não for assim, não haverá segurança jurídica nos acordos de colaboração.

Devemos lembrar, ainda, que o colaborador, ao firmar o acordo de colaboração, fica exposto diante dos delatados, e sua única segurança jurídica é a de que o Estado cumprirá a sua parte no acordo. Por isso, o Ministério Público deverá examinar com cautela o material entregue e, uma vez firmando o acordo, deverá defender o seu cumprimento integral até a final concessão das sanções premiais, tendo em vista que não só é parte no pacto, como também é fiscal da lei. Nesse sentido, pensamos que a lei deveria prever uma responsabilização penal ao agente estatal que firmar o acordo, representando o Estado, e, depois, se recusar a cumpri-lo ou postular a sua rescisão sem um justo motivo. Nesse tópico, devemos registrar que até mesmo o pedido de rescisão por suposta omissão do colaborador dependerá sempre de um procedimento prévio (instrução), com todas as garantias asseguradas na Constituição Federal, possibilitando ao colaborador fazer prova de que o fato alegado não ocorreu. Somente após a análise do Judiciário, com o devido contraditório, é que se poderia falar em rescisão do acordo.

2.4. Competência para o processamento do acordo

Problemática também muito comum no procedimento do acordo de colaboração premiada é a relativa à competência para o seu processamento. Considerando-se o ambiente no qual o acordo de colaboração premiada passou a se difundir (crimes envolvendo políticos), tornou-se comum que, no curso dos depoimentos do agente colaborador, sejam relatados fatos relacionados a autoridades detentoras de foro por prerrogativa de função.

Duas são as situações mais comuns, nessas circunstâncias: primeiro, a colaboração premiada celebrada em juízo de instância inferior na qual o agente colaborador delate autoridade detentora de foro por prerrogativa de função; segundo, a colaboração premiada celebrada em instância superior, por agente detentor de foro por prerrogativa de função, que delate agente não detentor do "foro privilegiado".

Sobre isso, em decisão do Tribunal Pleno do Supremo Tribunal Federal, decidiu-se que, dos fatos expostos pelo colaborador, aqueles que se referirem a autoridades não detentoras de foro por prerrogativa de função na própria Suprema Corte, assim como aqueles que não possuírem relação de conexão com investigações ou ações penais em curso na mesma Corte, devem ser desmembrados e remetidos ao juízo competente.[182]

Já em acordo celebrado perante juízo de instância inferior, sendo delatado agente que possua prerrogativa de foro, deverá ser realizado o juízo de homologação do acordo pelo tribunal competente de acordo com a regra de foro especial. É ilustrativo o trecho do despacho de homologação de acordo de colaboração premiada firmado no âmbito da conhecida "Operação Lava Jato", proferido pelo então Ministro Teori Zavascki, dando conta de que os indícios de eventual participação de detentor de foro por prerrogativa de função determinariam a necessidade de processamento pelo juízo respectivo ao foro (no caso, a Suprema Corte):

> Dos documentos juntados com o pedido é possível constatar que, efetivamente, há elementos indicativos, a partir dos termos do depoimento, de possível envolvimento de várias autoridades detentoras de prerrogativa de foro perante tribunais superiores, inclusive de parlamentares federais, o que atrai a competência do Supremo Tribunal Federal, a teor do art. 102, I, *b*, da Constituição.[183]

Entretanto, esse fato (homologação pelo tribunal competente para julgar o detentor de prerrogativa de foro) não significa que o tribunal deva, necessariamente, julgar também os participantes que não possuam a prerrogativa de foro.[184]

---

[182] STF, Pet 7074 QO, Relator(a): Min. EDSON FACHIN, Tribunal Pleno, julgado em 29/06/2017, ACÓRDÃO ELETRÔNICO DJe-085 Divulg 02-05-2018 Public 03-05-2018.

[183] STF, Pet 5209, Relator(a): Min. TEORI ZAVASCKI, julgado em 29/09/2014.

[184] CAPEZ, Rodrigo. A sindicabilidade do acordo de colaboração premiada. In: BOTTINI, Pierpaolo Cruz; MOURA, Maria Thereza de Assis (org.). *Colaboração premiada*. São Paulo: Revista dos Tribunais, 2017, p. 212.

Além dessa situação, é também comum que o agente colaborador faça referência a delitos que não possuam qualquer relação com aqueles que tenham motivado as investigações e a celebração do acordo. Essa situação é descrita em voto proferido pelo Ministro Dias Toffoli: "Sendo a colaboração premiada um meio de obtenção de prova, é possível que o agente colaborador traga informações (declarações, documentos, indicação de fontes de prova) a respeito de crimes que não tenham relação alguma com aqueles que, primariamente, sejam objeto da investigação".[185]

No mesmo julgado acima referenciado, de relatoria do Ministro Dias Toffoli, ficou estabelecido que todos os elementos que surgirem na colaboração premiada que digam respeito a crimes diversos daqueles sob apuração e que com eles não possuam conexão, devem submeter-se às regras gerais de competência, mesma forma de tratamento atribuída ao encontro fortuito de provas em interceptações telefônicas, buscas e apreensões e outros meios de obtenção de prova.[186]

Dessa forma, competente para o julgamento não será necessariamente o juízo competente para a apreciação dos fatos que motivaram a celebração da colaboração premiada, mas o juízo competente de acordo com as regras de foro por prerrogativa de função, do local em que praticada a infração, da natureza da infração etc. O acordo de colaboração premiada, por si só, não influi nessa determinação da competência para processamento e julgamento.

A partir disso, pode-se afirmar que o juiz que homologa o acordo de colaboração premiada não necessariamente será o competente para julgamento de todos os fatos referidos.[187]

Homologado o acordo de colaboração, com o exame de regularidade, legalidade e voluntariedade, é de competência do mesmo juízo homologatório a decisão a respeito de elementos subjacentes ao acordo, como o desmembramento e respectiva remessa aos juízos competentes para o julgamento de fatos específicos que no acordo tenham sido mencionados (ou referentes a agentes detentores ou não de foro por prerrogativa de função). Essa remessa não interfere nos poderes do juízo competente para a homologação.[188]

---

[185] STF, Inq 4130 QO, Relator(a): Min. DIAS TOFFOLI, Tribunal Pleno, julgado em 23/09/2015, ACÓRDÃO ELETRÔNICO DJe-020 Divulg 02-02-2016 Public 03-02-2016.
[186] Ibid.
[187] STF, Pet 7074 QO, Relator(a): Min. EDSON FACHIN, Tribunal Pleno, julgado em 29/06/2017, ACÓRDÃO ELETRÔNICO DJe-085 Divulg 02-05-2018 Public 03-05-2018.
[188] STF, Pet 7509, Relator(a): Min. EDSON FACHIN, Segunda Turma, julgado em 03/04/2018, ACÓRDÃO ELETRÔNICO DJe-092 Divulg 11-05-2018 Public 14-05-2018.

Também dispôs sobre a matéria relativa à competência para a atuação no acordo de colaboração premiada a Orientação Conjunta nº 1/2018 do Ministério Público Federal, nos seguintes termos:

> 44. Os fatos praticados em concurso de agentes, entre o colaborador e eventual detentor de foro por prerrogativa de função, devem ser encaminhados ao Procurador-Geral da República ou a Procurador Regional da República com atribuição para atuar.
>
> 44.1. O órgão ministerial com atribuição para análise do fato, cuja apuração e processamento devam observar a competência do foro por prerrogativa de função, verificará o interesse e utilidade na celebração do acordo de colaboração de forma global.
>
> 44.2. Não sendo o caso ou não havendo interesse em celebrar o acordo de colaboração de forma global, relativo a fato sujeito a apuração e processamento com observância de competência do foro por prerrogativa de função, a proposta poderá ser devolvida a outra instância para prosseguimento, em relação a fato(s) de sua alçada de atribuição.
>
> 44.3. A recusa ou a falta de interesse de uma instância na celebração de acordo de colaboração não constitui impedimento para outra instância fazê-lo, em relação a fato(s) de sua atribuição.[189]

Em síntese, a competência para o processamento do acordo de colaboração premiada seguirá as mesmas normas processuais de competência, destacando-se que os delitos mencionados e os agentes delatados no curso das oitivas do agente colaborador poderão interferir diretamente na fixação do juízo competente para julgamento, seja por se fazer menção a fato externo ao objeto da investigação de origem, seja por se fazer referência a agente detentor ou não de foro por prerrogativa de função.

2.5. Sigilo e acesso aos autos do acordo

No Brasil, há uma priorização constitucional à publicidade dos atos processuais, com a ressalva do sigilo para casos excepcionais, nos termos do artigo 5º, inciso LX:

> Art. 5º, LX – a lei só poderá restringir a publicidade dos atos processuais quando a defesa da intimidade ou o interesse social o exigirem;

Seguindo esse caminho, em julgamento de agravo regimental em inquérito policial, a Primeira Turma do STF afirmou que o sigilo deve ser a exceção nos procedimentos administrativos. No caso da

---

[189] Ministério Público Federal. Orientação conjunta nº 1/2018 – acordos de colaboração premiada. Disponível em: <http://www.mpf.mp.br/atuacao-tematica/ccr5/orientacoes/orientacao-conjunta-no-1-2018.pdf>. Acesso em: 23 jul 2018.

colaboração premiada celebrada em inquérito policial, a aplicação do sigilo a esse procedimento se justificaria para garantia da efetividade do acordo e para assegurar a proteção do colaborador e das pessoas próximas a ele (no caso específico, se fez referência ao artigo 5º, inciso II, da Lei de Organizações Criminosas[190]).[191] Já na Segunda Turma da Suprema Corte, em decisão unânime de relatoria do Ministro Edson Fachin, na qual se tratou do sigilo também como uma exceção, afirmou-se ser possível a manutenção do sigilo da colaboração em razão de seus objetivos legais estabelecidos na Lei de Organizações Criminosas: garantia do êxito das investigações e proteção do colaborador e de pessoas próximas a ele.[192]

A partir dessas decisões, pode-se perceber que a limitação da publicidade é uma prática comum na colaboração premiada. Tanto é assim que, na Orientação Conjunta nº 1/2018 do Ministério Público Federal, também se conferiu especial importância à confidencialidade do acordo de colaboração, tomando-se com marco inicial do sigilo o recebimento da proposta de acordo, nos seguintes termos:

> 4. O recebimento da proposta para formalização de acordo de colaboração demarca o início das negociações e *constitui também marco de confidencialidade*, configurando violação de sigilo e quebra da confiança e da boa-fé a divulgação de tais tratativas iniciais ou de documento que as formalize, até o levantamento de sigilo por decisão judicial ou nos termos do art. 7º, § 3º, da Lei 12.850/2013.[193]

Tanto as decisões da Suprema Corte, quanto a Orientação do MPF, evidenciam a importância dessa temática, o que também se percebe pela análise do artigo 7º da Lei de Organizações Criminosas, que determina que o pedido de homologação do acordo deverá ser distribuído sigilosamente, com o acesso aos autos restringido ao juiz, ao membro do Ministério Público e ao delegado de polícia, inclusive com restrição ao acesso por advogado, que dependerá de prévia

---

[190] Lei 12.850/2013, art. 5º São direitos do colaborador: (...) II – ter nome, qualificação, imagem e demais informações pessoais preservados.

[191] STF, Inq 4435 AgR, Relator(a): Min. MARCO AURÉLIO, Primeira Turma, julgado em 12/09/2017, ACÓRDÃO ELETRÔNICO DJe-029 Divulg 16-02-2018 Public 19-02-2018.

[192] STF, Inq 4419 AgR, Relator(a): Min. EDSON FACHIN, Segunda Turma, julgado em 13/06/2017, ACÓRDÃO ELETRÔNICO DJe-139 Divulg 23-06-2017 Public 26-06-2017.

[193] Além disso, a mesma Orientação ainda recomenda: "13.1. Cada fato típico descrito ou conjunto de fatos típicos intrinsecamente ligados deverá ser apresentado em termo próprio e apartado (anexo) a fim de manter o necessário sigilo sobre cada um deles e possibilitar sua investigação individualizada;" (Ministério Público Federal. Orientação conjunta nº 1/2018 – acordos de colaboração premiada. Disponível em: <http://www.mpf.mp.br/atuacao-tematica/ccr5/orientacoes/orientacao-conjunta-no-1-2018.pdf>. Acesso em: 23 jul 2018).

autorização da autoridade judicial, limitado esse acesso aos elementos de prova que se relacionem com o exercício do direito de defesa do cliente e desde que não se refira a diligência em andamento:

> Lei 12.850/2013, art. 7º O pedido de homologação do acordo será sigilosamente distribuído, contendo apenas informações que não possam identificar o colaborador e o seu objeto.
>
> § 1º As informações pormenorizadas da colaboração serão dirigidas diretamente ao juiz a que recair a distribuição, que decidirá no prazo de 48 (quarenta e oito) horas.
>
> § 2º O acesso aos autos será restrito ao juiz, ao Ministério Público e ao delegado de polícia, como forma de garantir o êxito das investigações, assegurando-se ao defensor, no interesse do representado, amplo acesso aos elementos de prova que digam respeito ao exercício do direito de defesa, devidamente precedido de autorização judicial, ressalvados os referentes às diligências em andamento.
>
> § 3º O acordo de colaboração premiada deixa de ser sigiloso assim que recebida a denúncia, observado o disposto no art. 5º.

No § 3º desse dispositivo legal, é fixado um marco limite para o sigilo do acordo de colaboração, que deixa de existir quando recebida a denúncia, fazendo-se referência aos direitos do agente colaborador previstos no artigo 5º da mesma Lei:

> Lei 12.850/2013, art. 5º São direitos do colaborador:
>
> I – usufruir das medidas de proteção previstas na legislação específica;
>
> II – ter nome, qualificação, imagem e demais informações pessoais preservados;
>
> III – ser conduzido, em juízo, separadamente dos demais coautores e partícipes;
>
> IV – participar das audiências sem contato visual com os outros acusados;
>
> V – não ter sua identidade revelada pelos meios de comunicação, nem ser fotografado ou filmado, sem sua prévia autorização por escrito;
>
> VI – cumprir pena em estabelecimento penal diverso dos demais corréus ou condenados.

No embate entre o sigilo do procedimento (e, como objetivos a serem alcançados com esse sigilo, a proteção do agente colaborador e a efetividade da colaboração) e o direito de defesa, deve-se, na medida do possível, adotar postura que não inviabilize nenhum desses valores. Ao fazer a ressalva referente ao acesso do advogado às diligências em andamento, deve-se concluir que a legislação não proibiu que o advogado tenha acesso a elementos de prova já constituídos que se refiram a seu cliente, mesmo que vinculados a procedimento sigiloso. Se já colhida a prova, não há risco à efetividade. Da mesma forma, o exercício do direito de defesa, com a preservação das garantias a ele inerentes, jamais pode ser considerado como representativo de risco à integridade do colaborador. Se houver um risco concreto nesse sentido a partir do acesso aos autos pelo advogado do delatado, esse risco não decorrerá do exercício de defesa em si, mas de circunstância diversa (como, por exemplo, ameaças realizadas pelo delatado ao colaborador), situação que demanda formas especiais de tutela – prisão preventiva do autor da ameaça, inclusão do colaborador em programa de proteção etc.

Alguns acordos de colaboração premiada são celebrados com a previsão expressa de cláusula de sigilo, na qual as partes se comprometem a preservar o sigilo do acordo, mas se ressalvando a possibilidade de levantamento antecipado desse sigilo por decisão do agente do Ministério Público, de acordo com um critério de conveniência.

Entendemos que esse tipo de cláusula, que torna o acordo de colaboração premiada cada vez mais próximo de um contrato de adesão, deve ser examinado com cuidado. Isso porque não enxergamos uma situação de plena isonomia entre as partes que celebram o acordo de colaboração. O agente colaborador, no exercício de seu direito de defesa, ao decidir celebrar o acordo de colaboração premiada, estará sempre sob uma ameaça de maior ou menor intensidade, intrínseca a todo processo penal ou investigação: a possibilidade de sujeição à coação estatal, com a aplicação de penas por vezes elevadas (hipótese existente mesmo no caso de celebração da colaboração, que pode vir a ser rescindida, tema analisado em tópico específico desta obra).

Em razão disso, a voluntariedade na colaboração premiada demanda um exame cuidadoso, exame que deve ser realizado também em relação às cláusulas que impliquem sujeição exacerbada de uma parte em relação à outra – em especial, no caso de sujeição do agente colaborador em relação à autoridade estatal parte no acordo.

Em cláusulas com esse viés (que impliquem a possibilidade de decisões unilaterais, independentes até mesmo de consulta da parte contrária), as bases negociais, que desde o princípio não são igualitárias por completo, tornam-se ainda mais desiguais, motivo pelo qual entendemos que, mesmo com a assinatura regular do acordo pelas partes, a cláusula que confere liberdade a uma das partes para, sozinha, revogar o sigilo do acordo, deve ser tornada sem efeito.

Cláusulas com esse exato conteúdo já foram levadas à consideração do Poder Judiciário quando colaboradores, por meio de suas defesas, decidiram impugnar a decisão tomada pelo agente do Ministério Público de tornar público o acordo que, até então, era sigiloso. Deparando-se com essa situação, o Ministro Edson Fachin entendeu que essa espécie de cláusula reforça a possibilidade de levantamento prévio do sigilo do acordo.[194]

Por sua vez e em sentido diverso, o Ministro Dias Toffoli entendeu ser necessária, para levantamento do sigilo antes do recebimento da denúncia (marco temporal estabelecido pelo § 3º do artigo 7º da Lei de Organizações Criminosas), a anuência tanto do Ministério Público, quanto do colaborador, o que deve ocorrer por escrito no momento do levantamento do sigilo, e não previamente em cláusula do acordo de colaboração, por considerar que, no momento da realização do acordo, o colaborador se encontra em uma situação de desigualdade em relação ao agente estatal.[195]

Em outro julgamento, o Ministro Dias Toffoli novamente expõe seu entendimento sobre essa matéria, afirmando que o acordo de colaboração premiada é um negócio jurídico personalíssimo não vinculante exclusivamente ao agente colaborador, mas destinado também a garantir que o Estado cumpra com o que pactuado. Nesse sentido, esse negócio jurídico visa não só a tratar de interesses do Estado, mas também de interesses do colaborador. Com essa perspectiva do acordo e mais uma vez fazendo referência ao artigo 7º, § 3º, da Lei de Organizações Criminosas,[196] afirmou ser equivocado deixar a decisão sobre a manutenção ou o levantamento do sigilo unicamente a cargo do Estado, sem uma análise também a respeito das necessidades do colaborador, especialmente em relação à sua proteção.[197]

Essa existência de entendimentos divergentes no mesmo Tribunal demonstra, por si, a importância de se dispensar atenção especial a cláusulas relacionadas à publicidade/sigilo quando da pactuação do acordo de colaboração premiada.

Visto isso, é preciso que se tenha ciência a respeito da distinção encontrada também no Supremo Tribunal Federal entre duas formas

---

[194] STF, Inq 4419 AgR, Relator(a): Min. EDSON FACHIN, Segunda Turma, julgado em 13/06/2017, ACÓRDÃO ELETRÔNICO DJe-139 Divulg 23-06-2017 Public 26-06-2017. Em sentido semelhante, também em voto do Ministro Fachin, novamente se utilizando da existência de cláusula de sigilo para reforçar a possibilidade de seu levantamento antecipado: STF, Pet 6138 AgR, Relator(a): Min. EDSON FACHIN, Segunda Turma, julgado em 21/02/2017, ACÓRDÃO ELETRÔNICO DJe-200 Divulg 04-09-2017 Public 05-09-2017.

[195] STF, Inq 4415 AgR, Relator(a): Min. EDSON FACHIN, Segunda Turma, julgado em 13/06/2017, ACÓRDÃO ELETRÔNICO DJe-018 Divulg 31-01-2018 Public 01-02-2018

[196] Lei 12.850/2013, art. 7º, § 3º. O acordo de colaboração premiada deixa de ser sigiloso assim que recebida a denúncia, observado o disposto no art. 5º.

[197] STF, Pet 6138 AgR, Relator(a): Min. EDSON FACHIN, Segunda Turma, julgado em 21/02/2017, ACÓRDÃO ELETRÔNICO DJe-200 Divulg 04-09-2017 Public 05-09-2017

de sigilo asseguradas pela Lei de Organizações Criminosas: um sigilo extraprocessual, direcionado ao público em geral e assegurado no inciso V do artigo 5º da Lei;[198] e um sigilo processual, direcionado aos sujeitos processuais não atuantes no acordo e previsto no inciso II do mesmo dispositivo legal.[199]

Na relação entre essas duas modalidades de sigilo, uma delas aparece como prejudicial à outra. Em julgado da Primeira Turma do Supremo Tribunal, o relator Ministro Marco Aurélio afirmou ser inócua a manutenção do sigilo processual do acordo quando este já tiver sido amplamente divulgado pelos meios de comunicação e se tornado de conhecimento público – no caso concreto, já se haviam publicizado os depoimentos do colaborador, gravados em recurso audiovisual, em noticiário nacional. Ou seja, não há razão para a manutenção do sigilo processual quando o sigilo extraprocessual já estiver amplamente violado. Nesse caso, considerando-se que o sigilo, como medida de resguardo à segurança do colaborador, perde qualquer efetividade, foi objeto de destaque pelo ministro-relator a necessidade de se adotar mecanismos diversos de proteção.[200]

Levantado o sigilo da colaboração premiada e tendo sido o depoimento do colaborador tomado por meio audiovisual (formalidade recomendada pela Lei como forma de assegurar maior fidedignidade ao registro[201]), consequentemente a imagem do colaborador será exposta. Até se poderia cogitar, como feito pelo Ministro Edson Fachin em julgamento unânime de sua relatoria, de insurgência do colaborador, por meio de sua defesa, contra esse meio de registro das suas declarações, se apresentado motivo idôneo para que outra forma de registro fosse utilizada. Entretanto, não havendo a insurgência defensiva fundamentada no momento do registro (momento procedimental apropriado para tanto), não se pode admitir que, depois de realizado o registro, quando levantado o sigilo, se pretenda a

---

[198] Lei 12.850/2013, art. 5º. São direitos do colaborador: (...) V – não ter sua identidade revelada pelos meios de comunicação, nem ser fotografado ou filmado, sem sua prévia autorização por escrito;

[199] Lei 12.850/2013, art. 5º. São direitos do colaborador: (...) II – ter nome, qualificação, imagem e demais informações pessoais preservados;

[200] STF, Inq 4435 AgR, Relator(a): Min. MARCO AURÉLIO, Primeira Turma, julgado em 12/09/2017, ACÓRDÃO ELETRÔNICO DJe-029 Divulg 16-02-2018 Public 19-02-2018.

[201] Lei 12.850/13, art. 4º, § 13. Sempre que possível, o registro dos atos de colaboração será feito pelos meios ou recursos de gravação magnética, estenotipia, digital ou técnica similar, inclusive audiovisual, destinados a obter maior fidelidade das informações.

restrição à publicização da imagem do colaborador, o que implicaria verdadeira desconstrução do ato processual já realizado.[202]

Mesmo com toda a importância do sigilo para o sucesso do instituto da colaboração premiada, é impensável um sigilo eterno do acordo de colaboração. Como a colaboração se destina, primordialmente, à transparência (elucidação de fatos), seu conteúdo não pode ficar em segredo, isolado do processo criminal.[203]

Por isso, como regra, em nossa Suprema Corte, entende-se que o sigilo deva vigorar até o recebimento da denúncia. Trata-se, na expressão utilizada pelo Ministro Marco Aurélio em voto de sua lavra, de "termo final máximo" do sigilo. Ou seja, é possível se manter o sigilo do acordo até o recebimento da denúncia, desde que exista justificativa para tanto. Ausente a justificativa, o sigilo pode ser levantado antes mesmo desse termo legal. Novamente nas palavras do Ministro Marco Aurélio:

> Uma vez realizadas as diligências cautelares, cuja indispensabilidade tiver sido demonstrada a partir das declarações do colaborador, ou inexistentes estas, não subsiste razão para o sigilo. [...] Não há direito subjetivo do colaborador a que se mantenha, indefinidamente, a restrição de acesso ao conteúdo do acordo, ao argumento de que o sigilo teria sido elemento constitutivo da avença.[204]

Como argumento de reforço da impossibilidade de sigilo eterno do acordo, o Ministro Marco Aurélio ainda faz referência ao crime de "delação caluniosa",[205] tipificado no artigo 19 da Lei de Organizações Criminosas,[206] figura delitiva que depende da publicidade do acordo, para que o delatado possa questionar a veracidade do que nele afirmado e a eventual necessidade de responsabilização do colaborador por esse crime.

Desse modo, agora em referência a voto do Ministro Edson Fachin, sendo o sigilo uma exceção, se ausentes os fundamentos que

---

[202] STF, Inq 4419 AgR, Relator(a): Min. EDSON FACHIN, Segunda Turma, julgado em 13/06/2017, ACÓRDÃO ELETRÔNICO DJe-139 Divulg 23-06-2017 Public 26-06-2017.

[203] STF, Inq 4435 AgR, Relator(a): Min. MARCO AURÉLIO, Primeira Turma, julgado em 12/09/2017, ACÓRDÃO ELETRÔNICO DJe-029 Divulg 16-02-2018 Public 19-02-2018.

[204] *Ibid.*

[205] *Ibid.*

[206] Lei 12.850/2013, art. 19. Imputar falsamente, sob pretexto de colaboração com a Justiça, a prática de infração penal a pessoa que sabe ser inocente, ou revelar informações sobre a estrutura de organização criminosa que sabe inverídicas: Pena – reclusão, de 1 (um) a 4 (quatro) anos, e multa.

demonstrem a sua necessidade, faz-se possível a publicidade da colaboração mesmo antes de instaurada a ação penal.[207-208]

Também pode ocorrer de se verificar a presença de fundamento para a manutenção do sigilo apenas em relação à parcela do acordo de colaboração premiada, situação na qual é possível a publicização da parte em relação à qual não mais se faz presente a justificativa para o sigilo. Diante dessa situação, em voto do Ministro Edson Fachin, ressalvou-se a possibilidade de manutenção de sigilo parcial da colaboração quando necessária para a preservação da intimidade do colaborador. Ilustrativamente, pode-se pensar em caso no qual o colaborador tenha apresentado documentos pessoais e, em relação a esses documentos, entende-se pela necessidade de preservação do sigilo, garantindo-se a publicidade exclusivamente das declarações prestadas pelo agente colaborador.[209]

Ainda nesse sentido e no mesmo caso julgado pela Suprema Corte, merecem destaque as palavras do Ministro Ricardo Lewandowski, ao ressaltar a corretude de decisão que "[...] protege, em razão da preservação da intimidade, que é um preceito constitucional, aqueles dados personalíssimos que não devem ser colocados a público. Tudo aquilo que interessa à sociedade deve vir à luz".[210]

Com isso, conclui-se que a publicidade deve ser considerada uma regra a nortear os procedimentos como a colaboração premiada, sujeita a casos particulares, nos quais se insere a própria colaboração. Por geralmente envolver casos complexos e que dependem de atuação imediata para se evitar a destruição de provas, assim como por demandar uma especial proteção à segurança do agente colaborador e de pessoas próximas a ele e a preservação de sua intimidade, a imposição do sigilo ao procedimento de colaboração pode acabar

---

[207] STF, Inq 4419 AgR, Relator(a): Min. EDSON FACHIN, Segunda Turma, julgado em 13/06/2017, ACÓRDÃO ELETRÔNICO DJe-139 Divulg 23-06-2017 Public 26-06-2017.

[208] Esse mesmo entendimento é encontrado nas palavras do Ministro Celso de Mello, ao afirmar a necessidade de preferência à publicidade: "Também entendo, fiel à minha convicção no tema em referência [...], que, em princípio, nada deve justificar a tramitação, em regime de sigilo, de qualquer procedimento que tenha curso em juízo, pois, na matéria, deve prevalecer, até mesmo por imposição constitucional (CF, art. 5°, LX, e art. 93, IX), a cláusula da publicidade." (STF, Pet 6138 AgR, Relator(a): Min. EDSON FACHIN, Segunda Turma, julgado em 21/02/2017, ACÓRDÃO ELETRÔNICO DJe-200 Divulg 04-09-2017 Public 05-09-2017).

[209] STF, Pet 6138 AgR, Relator(a): Min. EDSON FACHIN, Segunda Turma, julgado em 21/02/2017, ACÓRDÃO ELETRÔNICO DJe-200 Divulg 04-09-2017 Public 05-09-2017.

[210] *Ibid.*

se justificando, possuindo como marco final, em regra, o recebimento da denúncia.

Diante das normas legais e entendimentos mencionados até o momento, inevitavelmente surge a dúvida a respeito da constitucionalidade do sigilo do acordo de colaboração premiada especificamente em relação ao agente delatado, em razão da possibilidade de contradição com a ampla defesa a ele garantida constitucionalmente e em súmula da Suprema Corte. Esse questionamento foi apresentado ao Supremo Tribunal Federal e, em decisão da Primeira Turma, sob relatoria do Ministro Roberto Barroso, afirmou-se que o sigilo *dos termos do acordo* de colaboração premiada, até o recebimento da denúncia, é plenamente constitucional, não importando em contrariedade à Súmula Vinculante nº 14, também do STF. O exercício da ampla defesa, por esse entendimento, se refere aos elementos indiciários colhidos e documentados na investigação, mas não aos termos de acordo de colaboração a partir do qual se originaram esses elementos indiciários.[211] Como se fez constar na ementa desse julgado, "[...] não é o acordo em si que repercute na esfera jurídica do investigado, mas os elementos de prova produzidos a partir dele",[212] entendimento que vai ao encontro da redação do § 2º do artigo 7º da Lei de Organizações Criminosas transcrito anteriormente, que resguarda o acesso aos *elementos de prova*, natureza que não possui o acordo em si (mero meio de obtenção de elementos de prova).

Em outra oportunidade (julgamento de agravo regimental em petição), o Ministro Edson Fachin ressaltou que é indispensável o acesso da defesa aos *elementos de prova*, isso sim garantido pela Súmula Vinculante nº 14. Entretanto, o acordo de colaboração premiada em si possui natureza diversa, considerado um mero meio de obtenção de provas, não contemplado, portanto, pela indispensabilidade

---

[211] O pressuposto desse entendimento, consistente na distinção entre o *acordo de colaboração* em si e os *elementos de prova* dele originados, não é novidade no cenário jurídico brasileiro. Exemplificativamente, veja-se a seguinte passagem de voto do Ministro Nefi Cordeiro, quando integrante do Tribunal Regional Federal da 4ª Região: "De outra parte, observo que o acordo de delação é formalização de vontades para a colaboração penal de agente criminoso e de seus efeitos, assim guardado de sigilo, não se confundindo com as provas dele decorrentes, estas sim necessariamente submetidas ao contraditório." (TRF4, ACR 2004.70.00.039573-7, Rel. Desembargador NEFI CORDEIRO, SÉTIMA TURMA, D.E. 30/06/2011).

[212] STF, Inq 4405 AgR, Relator(a): Min. ROBERTO BARROSO, Primeira Turma, julgado em 27/02/2018, ACÓRDÃO ELETRÔNICO DJe-064 Divulg 04-04-2018 Public 05-04-2018

de acesso à defesa.²¹³ No mesmo caminho, o Ministro Celso de Mello reconheceu a possibilidade de o delatado ter acesso, no exercício de seu direito de defesa, ao depoimento do colaborador, quando formalmente documentado nos autos da persecução penal, mesmo que se tenha atribuído ao procedimento o regime de sigilo. Isso porque, quando introduzida em procedimento persecutório, a prova passa a constituir acervo acessível ao investigado/acusado.²¹⁴

De forma direta, em decisão unânime da Segunda Turma do STF, sob relatoria do Ministro Gilmar Mendes, afirmou-se que o sigilo dos atos de colaboração premiada não é oponível ao agente delatado, que tem na Lei de Organizações Criminosas²¹⁵ garantido o acesso aos elementos de prova relacionados com o seu exercício de defesa.²¹⁶

Desse modo, ainda no voto do Ministro Gilmar Mendes, se presentes dois requisitos (o ato de colaboração apontar para responsabilidade criminal do interessado e o ato de colaboração não se referir a diligência em andamento), o acesso deverá ser autorizado ao agente delatado. Portanto, os critérios de "preservação dos direitos do colaborador" e de "garantia do êxito das investigações" serviriam, apenas, para sopesar a manutenção do sigilo em relação a terceiros.²¹⁷

Além disso, para que possa o magistrado negar o acesso do delatado aos elementos de prova da colaboração, deve possuir e fundamentar sua decisão em razões concretas. Ou seja, não basta a mera afirmação abstrata de que os atos da colaboração se relacionam com diligências pendentes. Deve o magistrado requisitar informações a esse respeito à autoridade responsável e, com as informações, decidir se está realmente presente a necessidade de sigilo.²¹⁸

---

²¹³ STF, Pet 6351 AgR, Relator(a): Min. EDSON FACHIN, Segunda Turma, julgado em 07/02/2017, PROCESSO ELETRÔNICO DJe-034 Divulg 20-02-2017 Public 21-02-2017.
²¹⁴ STF, Pet 7074 QO, Relator(a): Min. EDSON FACHIN, Tribunal Pleno, julgado em 29/06/2017, ACÓRDÃO ELETRÔNICO DJe-085 Divulg 02-05-2018 Public 03-05-2018.
²¹⁵ Lei 12.850/2013, art. 7º, § 2º. O acesso aos autos será restrito ao juiz, ao Ministério Público e ao delegado de polícia, como forma de garantir o êxito das investigações, assegurando-se ao defensor, no interesse do representado, amplo acesso aos elementos de prova que digam respeito ao exercício do direito de defesa, devidamente precedido de autorização judicial, ressalvados os referentes às diligências em andamento.
²¹⁶ STF, Rcl 24116, Relator(a): Min. GILMAR MENDES, Segunda Turma, julgado em 13/12/2016, PROCESSO ELETRÔNICO DJe-028 Divulg 10-02-2017 Public 13-02-2017.
²¹⁷ *Ibid.*
²¹⁸ *Ibid.*

Esse entendimento objetiva compatibilizar a necessidade de sigilo da colaboração premiada (perante terceiros e, em relação aos termos do acordo e às diligências em andamento, perante o agente delatado) com a garantia constitucional à ampla defesa e à Súmula Vinculante nº 14 do STF.[219]

Também compartilhava desse entendimento o Ministro Teori Zavascki, para quem o acordo de colaboração premiada e os depoimentos correspondentes deveriam permanecer em regime de sigilo enquanto não instaurado formalmente o inquérito policial. Instaurado o inquérito, aplicar-se-ia o disposto no artigo 7º, § 2º, da Lei de Organizações Criminosas; ou seja, dever-se-ia assegurar ao investigado o acesso aos elementos de prova já incorporados no inquérito.[220] Haveria, portanto, uma mitigação do sigilo com a instauração do inquérito.[221]

Adentrando nessa matéria, em caso no qual os depoimentos prestados pelos colaboradores se referiam a diversos fatos e a diferentes pessoas, prestados em ocasiões diferentes, dando origem a uma pluralidade de investigações, o então Ministro fez referência à possibilidade de que a concessão de acesso aos elementos originados da colaboração seja restrita àqueles elementos que digam respeito ao investigado representado pelo advogado. Ou seja, que se restrinja o acesso do advogado aos elementos documentados que digam respeito especificamente a seu cliente, mantendo-se a proibição de acesso

---

[219] Nesse sentido, veja-se o voto proferido pelo então Ministro Cezar Peluso, em precedente representativo da súmula vinculante 14: "Há, é verdade, diligências que devem ser sigilosas, sob risco de comprometimento do seu bom sucesso. Mas, se o sigilo é aí necessário à apuração e à atividade instrutória, a formalização documental de seu resultado já não pode ser subtraída ao indiciado nem ao defensor, porque, é óbvio, cessou a causa mesma do sigilo. Noutras palavras, guarda-se sigilo somente quanto aos atos de investigação, assim na deliberação, como na sua prática (art. 20 do CPP). Os atos de instrução, enquanto documentação dos elementos retóricos colhidos na investigação, esses devem estar acessíveis ao indiciado e ao defensor, à luz da Constituição da República, que garante à classe dos acusados, na qual não deixam de situar-se o indiciado e o investigado mesmo, o direito de defesa. O sigilo aqui, atingindo a defesa, frustra-lhe, por conseguinte, o exercício." (STF, HC 88190, Relator(a): Min. CEZAR PELUSO, Segunda Turma, julgado em 29/08/2006, DJ 06-10-2006 PP-00067 EMENT VOL-02250-03 PP-00643 RTJ VOL-00201-03 PP-01078 LEXSTF v. 28, n. 336, 2006, p. 444-455).

[220] STF, Pet 6164 AgR, Relator(a): Min. TEORI ZAVASCKI, Segunda Turma, julgado em 06/09/2016, ACÓRDÃO ELETRÔNICO DJe-201 Divulg 20-09-2016 Public 21-09-2016.

[221] STF, Inq 3983, Relator(a): Min. TEORI ZAVASCKI, Tribunal Pleno, julgado em 03/03/2016, ACÓRDÃO ELETRÔNICO DJe-095 Divulg 11-05-2016 Public 12-05-2016.

aos elementos documentados em outras investigações que possuam por objeto fatos relacionados a terceiros. Em suas palavras: "A instauração de inquérito específico, assim, dará ao defensor acesso aos termos de colaboração pertinentes aos fatos pelos quais é investigado o representado, como efetivamente ocorreu".[222]

Em relação a esse último ponto, a Ministra Cármen Lúcia afirmou não representar ofensa à ampla defesa e ao contraditório a negativa de acesso do investigado à parte dos termos de colaboração premiada que seja alheia aos fatos a ele imputados. Nas suas palavras: "A colaboração premiada constitui via legal apropriada para alcançar-se a produção de determinadas provas, inexistindo ofensa ao princípio do contraditório e da ampla defesa ou do direito subjetivo do investigado de conhecer os termos e a prova dela advinda, quando não referente aos fatos que lhe são imputados".[223]

Portanto e em síntese, quando se faz referência ao direito de acesso do agente delatado à colaboração premiada sigilosa, a referência se dirige às declarações do agente colaborador (e demais elementos probatórios) que digam respeito ao delatado, e não aos termos do acordo. O seu direito de confronto se dirige aos elementos colhidos, não ao acordo em si. Nas palavras do Ministro Dias Toffoli:

> [...] a defesa do reclamante, com fundamento na Súmula Vinculante nº 14 do Supremo Tribunal Federal, poderá ter acesso a todos os elementos de prova documentados nos autos dos acordos de colaboração – incluindo-se as gravações audiovisuais dos atos de colaboração de corréus – para confrontá-los, mas não para impugnar os termos dos acordos propriamente ditos.[224]

Quando ausentes, entretanto, fundamentos para a manutenção de qualquer sigilo, deve-se prezar pela transparência na condução de acordos de colaboração premiada, para que não se crie uma situação de insegurança decorrente da omissão de informações em relação a agentes delatados.

Diante da presença significativa desse meio de obtenção de provas em investigações e processos de grande porte, bem como diante do receio de investigados e acusados de que tramitem acordos de colaboração sob o manto de indevido sigilo, já se presenciam pedidos defensivos de acesso a acordos de existência presumida. Ou seja,

---

[222] STF, Inq 3983, Relator(a): Min. TEORI ZAVASCKI, Tribunal Pleno, julgado em 03/03/2016, ACÓRDÃO ELETRÔNICO DJe-095 Divulg 11-05-2016 Public 12-05-2016.
[223] Ibid.
[224] STF, Rcl 21258, Relator(a): Min. DIAS TOFFOLI, julgado em 03/12/2015.

mesmo que sem a notícia concreta e oficial de celebração de acordo de colaboração entre o Ministério Público e o corréu, por precaução, realiza-se pedido de acesso a eventual acordo.[225]

Exemplificativamente, em ação penal promovida no âmbito da conhecida "Operação Lava-Jato", durante audiência, foi postulado pela defesa de um dos acusados o esclarecimento a respeito da existência ou não de acordo de colaboração premiada celebrado por corréu, para que fosse garantido ao postulante o acesso ao acordo:

> Defesa1: – Excelência, tem uma questão de ordem.
>
> Juiz Federal: – Qual seria, doutor?
>
> Defesa1: – Na data de ontem o jornal Folha de São Paulo publicou uma reportagem dizendo que o interrogando estaria negociando uma acordo de delação premiada, diz a reportagem que o teor do depoimento a ser prestado hoje teria sido negociado com o Ministério Público, e também hoje uma matéria do jornal Valor Econômico vai na mesma linha, então, em atenção à lealdade processual, eu gostaria que vossa excelência indagasse ao Ministério Público se existe um processo de delação premiada e qual é o status desse processo.
>
> (...)
>
> Defesa2: – Excelência, respondendo a indagação do eminente advogado, sim, existem conversas com o Ministério Público, não há a formalização de um acordo, muito menos a homologação deste acordo pelo Judiciário, mas há sim conversas estabelecidas por este advogado, e pelos advogados hoje que atuam em nome de Léo Pinheiro, com o Ministério Público, é isso, aliás isso seria dito textualmente pela defesa.
>
> Juiz Federal: – Alguma coisa a acrescentar o Ministério Público?
>
> Ministério Público Federal: – Não, excelência.
>
> Defesa2: – Só uma questão, excelência. O eminente advogado leu uma matéria na Folha de São Paulo dizendo que, a matéria diz, segundo eu posso ter entendido, que a defesa teria negociado esse depoimento com o Ministério Público, isso de fato não ocorreu.
>
> (...)
>
> Juiz Federal: – Foi mencionado que o senhor estaria num processo, o seu defensor ou o Ministério Público, estaria em *processo de negociação de um acordo de colaboração premiada*, como não existe esse acordo o senhor não depõe ali sob a égide da 12.850, não existe um acordo formalizado, não obstante eu vou advertir ao senhor que se for sua intenção realmente colaborar, que a única coisa que interessa a justiça é a verdade dos fatos, certo?[226]

---

[225] Exemplificativamente: STF, Inq 4633, Relator(a): Min. EDSON FACHIN, Segunda Turma, julgado em 08/05/2018, ACÓRDÃO ELETRÔNICO DJe-113 Divulg 07-06-2018 Public 08-06-2018.

[226] Ação penal de nº 5046512-94.2016.4.04.7000, em trâmite na 13ª Vara Federal de Curitiba.

Diante dos esclarecimentos prestados na oportunidade, concluiu-se que se estaria, naquele momento processual, em fase de tratativas para eventual celebração futura de acordo de colaboração. Ou seja, que não haveria acordo de colaboração premiada formalizado. Quanto a esse fato (meras tratativas entre um possível colaborador e o Ministério Público), entende-se ser inaplicável a Súmula Vinculante nº 14 do STF, justamente pela inexistência de formalização de procedimento para que fosse garantido o acesso ao corréu.[227]

2.6. A implicação do acordo na ordem de manifestação dos acusados

O acusado que celebra o acordo de colaboração premiada permanece sendo acusado no respectivo processo. Entretanto, é fácil perceber que o seu papel processual, com a celebração do acordo de colaboração, adquire uma natureza distinta e que não se confunde com o papel dos acusados delatados.

Ao passar a atuar "ao lado" do órgão acusador (ou mesmo da autoridade policial), a relevância processual do colaborador para a função acusatória passa a ser crucial. Justamente por isso, se atribui tamanha importância aos direitos defensivos do delatado, inclusive como medida de verificação da veracidade (ou falsidade) da colaboração e atribuição de credibilidade ao seu conteúdo, se verídico for. Exemplo disso é a garantia de acesso, por parte do delatado, ao material probatório que a ele diga respeito; assim como o seu direito de requerer a oitiva do delator em juízo, e a restrição ao delator ao uso do silêncio diante das perguntas do delatado.

A compreensão da distinção existente entre a atuação processual do acusado colaborador e a atuação processual do acusado delatado deve conduzir a um tratamento processual distinto em relação a cada um deles. Em razão da carga acusatória originada da participação processual do acusado colaborador, torna-se imperativo assegurar ao delatado que possa exercer o confronto de cada manifestação do colaborador que influa na sua situação processual.

---

[227] No voto do Ministro Edson Fachin: "Em verdade, a defesa insurge-se contra o indeferimento de acesso a meio de obtenção de prova inexistente ou, no muito, em fase de formação, o que não se amolda ao escopo do verbete sumular." (STF, Rcl 27229 AgR-segundo, Relator(a): Min. EDSON FACHIN, Segunda Turma, julgado em 15/06/2018, PROCESSO ELETRÔNICO DJe-127 Divulg 26-06-2018 Public 27-06-2018).

Assentadas essas bases, consideramos adequado o posicionamento adotado pela Segunda Turma do STF, no julgamento do Agravo Regimental no *Habeas Corpus* nº 157.627,[228] que anulou sentença proferida após a concessão de prazo comum a colaboradores e delatados (mesmo havendo requerimento defensivo prévio para que fosse assegurado prazo sucessivo) e reconheceu ao delatado "[...] o direito de oferecer novamente seus memoriais escritos após o decurso do prazo oferecido aos demais réus colaboradores [...]".[229]

Nesse caso, é irretocável a afirmação do Ministro Gilmar Mendes, em seu voto, de que o acusado delator adere à acusação, incriminando os demais membros da organização, em prol do recebimento das sanções premiais pactuadas. Justamente por isso, dever-se-ia assegurar o efetivo contraditório ao delatado por meio de sua manifestação em momento posterior à manifestação do réu colaborador.

É verdade que inexiste regramento legal expresso a respeito da ordem de manifestações de réu colaborador e réu delatado no processo penal e na Lei 12.850/13 (alegação utilizada por aqueles que entendem inexistir óbice, por exemplo, à concessão de prazo comum para a apresentação de memoriais escritos por delatores e delatados). Todavia, entendemos ser primordial o reconhecimento de que a lei é incapaz de antever as mais diversas situações práticas possíveis (o próprio conhecimento humano é desprovido de tamanha capacidade previsional) e de que o processo penal é mais do que previsão legal objetiva; é, também, sistema, princípio.

Portanto, quando se afirma que se deve garantir ao delatado o pronunciamento em momento posterior à manifestação do delator, em respeito aos princípios da ampla defesa e do contraditório, não se está fazendo referência a um rol taxativo de situações expressamente disciplinadas em artigo de lei. Trata-se de um imperativo principiológico a determinar um padrão de conduta processual (nesse caso, por exemplo, que tenha o delatado a oportunidade de confrontar toda a carga acusatória que contra ele seja dirigida).

Por esse motivo, aderimos ao entendimento de que seja garantido ao acusado delatado o direito de oferecimento de memoriais escritos em momento posterior ao oferecimento de memoriais pelo acusado colaborador, medida necessária para que lhe seja assegurado o exercício efetivo do contraditório.

---

[228] HC 157627 AgR, Relator(a): Min. EDSON FACHIN; Redator para o acórdão: Min. RICARDO LEWANDOWSKI, julgado em 27/08/2019.
[229] Idem.

Deve-se tomar o cuidado, entretanto, com o momento adequado para a arguição da nulidade, caso não seja adotada, pelo magistrado, a abertura de prazos distintos para o acusado colaborador e o acusado delatado, especialmente em razão do entendimento majoritário de que, tanto a polêmica categoria "nulidade relativa", quanto a "nulidade absoluta", demandariam alegação oportuna (sob pena de preclusão da matéria) e demonstração do prejuízo.[230]

Dito tudo isso, é certo que a questão ainda enfrentará discussão no Plenário do Egrégio Supremo Tribunal Federal, tendo em vista a remessa de novos casos que serão afetados ao Plenário para que se tenha segurança jurídica sobre esta questão já decidida pela Segunda Turma. De qualquer modo, a nossa posição segue sendo a de aderir ao que já foi decidido no sentido de que o delatado deve se manifestar após a manifestação do delator, atendendo-se, assim, a ampla defesa e ao contraditório, direitos assegurados na Constituição Federal. Se estamos diante de um processo acusatório, de partes, onde o Ministério Público tem o ônus de provar o que imputa ao acusado (delatado), também o tem o colaborador da justiça. Nesse sentido, importante que o delatado fale após a manifestação do Ministério Público e do colaborador, pois poderá opor-se a carga probatória produzida contra si e não será pego de surpresa se o prazo para memoriais for comum à acusação ao colaborador (corréu) e ao delatado.

No modelo acusatório, que julgamos ser o conforme à Constituição, deve existir uma oportunidade igual de participar no processo e o igual valor das visões da realidade que propõe cada uma das partes só serão "reais e efetivas" na medida em que se supere a concepção formal de igualdade, e o diálogo se realize entre partes com iguais oportunidades para solicitar informação e evidências que suportem suas alegações.[231]

---

[230] Tarefa que, na grande maioria dos casos, exige um esforço hercúleo da Defesa, muitas vezes de inviável demonstração prática, justamente por sempre se tratar de um raciocínio hipotético (demonstrar a existência de prejuízo depende, consequentemente, da demonstração de que "as coisas" ocorreriam de forma benéfica sem o ato impugnado). Aliás, em muitos casos nos quais se considera indemonstrado o prejuízo, é igualmente indemonstrável que não houve; ou seja, se a Defesa não consegue demonstrar o prejuízo de forma segura, também a Acusação ou o Judiciário não conseguem demonstrar, com segurança, a sua inexistência, justamente por se tratar de um raciocínio hipotético a descambar para uma inarredável dúvida. Nesse caso, não é excessivo recordar, deve imperar o princípio *in dubio pro reo*, fazendo prevalecer o reconhecimento da nulidade do ato.

[231] BERNAL CUÉLLAR, Jaime; MONTEALEGRE LYNETT, Eduardo. *El Proceso Penal. Fundamentos constitucionales del nuevo sistema acusatório*. Tomo I. Bogotá: Universidad Externado de Colombia, 2004, p. 296.

O diálogo, num sentido ideal, exige reconhecer a igualdade inerente a cada interlocutor. As razões de um e outro tem igual peso. No processo adversativo é necessário lograr que os adversários se encontrem em pé de igualdade. Somente assim se logra que o processo se revista das garantias mínimas que permitam qualificá-lo de justo. Se dito diálogo parte de uma situação inicial de desequilíbrio, na qual as razões de uma das partes se encontram, em um sentido estrutural *e não como resultado das particulares estratégias de defesa e acusação*, numa posição diminuída, por carência de elementos empíricos que suportem seus argumentos, não existe realmente diálogo.[232]

Nesse sentido, para que exista um diálogo justo dentro do sistema acusatório, necessário que os memoriais, nos casos de colaboração premiada, sejam sucessivos, para que o delatado não fique numa posição de defesa diminuída e possa, após as manifestações contra ele opostas, arguir a sua tese defensiva.

Aliás, embora a Lei 12.850/13 não faça referência expressa a apresentação de memoriais sucessivos, ela menciona que nenhuma sentença condenatória será proferida somente com as declarações do agente colaborador, então, maior razão assiste para que o delatado tenha que falar por último, pois somente assim poderá se opor ao pedido de condenação quando a colaboração estiver lastreada única e exclusivamente na palavra do colaborador. Uma interpretação teleológica do texto permite afirmar que esta é a forma de manter a igualdade de partes do processo penal.

---

[232] BERNAL CUÉLLAR, Jaime; MONTEALEGRE LYNETT, Eduardo. Ob. cit., p. 297.

3. Efeitos do acordo de colaboração premiada

3.1. Deveres da autoridade estatal

Como todo negócio jurídico, a colaboração premiada se perfectibiliza com a produção de efeitos; nesse caso, efeitos que beneficiam ambas as partes: o colaborador, com a aplicação das sanções premiais, e o órgão acusatório, com o auxílio que recebe em sua tarefa de produção probatória destinada à persecução penal.

Contudo, antes de produzir os seus finais efeitos, a colaboração premiada produz deveres e direitos às partes, sobretudo ao agente colaborador, que possui um compromisso maior e mais trabalhoso a honrar para que tenha garantida a contrapartida esperada.

Em relação à autoridade estatal que com o colaborador celebra o acordo (o agente do Ministério Público ou o delegado de polícia), o principal dever assumido com a celebração do pacto é o de defender a aplicação, ao agente colaborador, dos prêmios pactuados.

Ou seja, havendo a satisfação das obrigações assumidas pelo colaborador (de cooperação e fornecimento de provas), quando celebrada pelo Ministério Público, caberá ao agente ministerial a defesa do interesse do colaborador na aplicação dos prêmios. Essa é uma questão fundamental que não tem merecido atenção por parte do Ministério Público, porque, ao final, também é de seu interesse a preservação do acordo. Por esse motivo, o artigo 4º da Lei de Organizações Criminosas incumbe ao juiz a aplicação da sanção premial após o requerimento *das partes*, nos seguintes termos:

> Lei 13.850/2013, art. 4º O juiz poderá, a requerimento *das partes*, conceder o perdão judicial, reduzir em até 2/3 (dois terços) a pena privativa de liberdade ou substituí-la por restritiva de direitos daquele que tenha colaborado efetiva e voluntariamente com a investigação e com o processo criminal, desde que dessa colaboração advenha um ou mais dos seguintes resultados: [...]

Além disso, a Orientação Conjunta nº 1/2018 do MPF tratou de elencar, expressamente, os "compromissos" dessa Instituição no âmbito da colaboração, dentre os quais se encontra a defesa das disposições do acordo:

24. O acordo de colaboração deve conter cláusulas que tratem, pelo menos, dos seguintes pontos:
[...]
24.6. COMPROMISSOS DO MPF:
a) estipular benefícios penais ao colaborador;
b) estabelecer a forma de cumprimento dos benefícios;
c) defender perante terceiros a validade e eficácia de todos os termos e condições do acordo.

A razão de ser dessa obrigação direcionada à autoridade participante do acordo de colaboração é evidente: se o agente colaborador aceita as condições estabelecidas pelo agente estatal e se dispõe a com ele colaborar na tarefa persecutória, nada mais esperado do que esse agente estatal (no caso do Ministério Público, titular da ação penal) assumir o compromisso de defender o cumprimento das contrapartidas prometidas ao colaborador, em respeito ao princípio da boa-fé e em preservação da confiança na relação negocial.

Assim, ambas as partes celebrantes do acordo são defensoras da produção dos efeitos do acordo no que se refere à aplicação das sanções premiais, desde que os pressupostos contratuais à aplicação dos prêmios sejam satisfeitos – ou seja, se algum compromisso prévio for violado pelo agente colaborador, a autoridade que com ele celebra o acordo pode vir a se desincumbir da obrigação de defender a aplicação dos prêmios, postulando a rescisão do acordo. Porém, antes da decisão final pela autoridade judiciária a respeito da rescisão (adiante, abordar-se-á a necessidade de procedimento judicial prévio à rescisão), defendemos que o Ministério Público deverá seguir defendendo o colaborador. Essa posição pode parecer contraditória quando houver o pedido de rescisão do acordo pelo Ministério Público, mas lembremos que o pedido unilateral não rescinde o acordo e, enquanto não houver manifestação do Poder Judiciário, o acordo seguirá válido e vigente. Assim, da mesma forma que o colaborador deverá seguir colaborando com as autoridades enquanto não rescindido o acordo, o órgão ministerial deverá seguir em sua defesa. O simples fato de existência de pedido de rescisão do acordo não pode deixar desprotegido o colaborador enquanto não houver a manifestação do juízo competente, até porque o acordo poderá ser mantido desde que não se verifiquem as hipóteses de rescisão alegadas pelo

Ministério Público. A segurança jurídica do instituto, aqui, está em jogo, e o abandono unilateral do colaborador não é a melhor opção jurídica enquanto não houver a decisão final sobre a rescisão.

3.2. Deveres do agente colaborador

As problematizações em relação aos deveres irradiados do acordo de colaboração premiada surgem com maior intensidade quando se passa a tratar dos deveres aos quais se sujeita o agente colaborador, já que alguns deles poderiam colidir com garantias fundamentais do processo penal, como o direito ao silêncio e o princípio *nemo tenetur se detegere*, incompatíveis com a ideia de abdicação irrevogável pelo investigado ou acusado.

3.2.1. Deveres de disponibilidade próprios do papel de colaboração

O interesse do agente em assumir a posição de colaborador do órgão de persecução penal pressupõe uma condição básica: que se coloque à disposição dos agentes processuais. Ou seja, que quando demandado, o colaborador se disponha a prestar os esclarecimentos sobre o que saiba, a fornecer os documentos que possui consigo, etc.

Essa obrigação não se estende apenas ao agente estatal que com ele celebre o acordo de colaboração premiada, mas também aos agentes delatados. A oitiva do colaborador e a possibilidade de inquirição pelos delatados (ou seja, o exercício efetivo do contraditório) são fatores indispensáveis para que os elementos de prova produzidos por esse instrumento adquiram credibilidade suficiente para a sua utilização processual.

Nesse sentido, dispõe a Lei de Organizações Criminosas:

Lei 12.850/2013, art. 4º (...)

§ 9º Depois de homologado o acordo, o colaborador poderá, sempre acompanhado pelo seu defensor, ser ouvido pelo membro do Ministério Público ou pelo delegado de polícia responsável pelas investigações. (...)

§ 12. Ainda que beneficiado por perdão judicial ou não denunciado, o colaborador poderá ser ouvido em juízo a requerimento das partes ou por iniciativa da autoridade judicial.

O colaborador deve, portanto, ter consciência de que a sua postura de disponibilidade não se restringe ao agente do Ministério

Público ou das polícias, devendo igualmente se dispor a prestar os esclarecimentos necessários em juízo, a requerimento do delatado.

3.2.2. Renúncia ao direito ao silêncio e dever de dizer a verdade

Um pressuposto inerente ao acordo de colaboração premiada é que o agente colaborador fale quando instado para tanto e que se comprometa a, em sua função colaborativa, dizer a verdade sobre os fatos criminais sobre os quais possuir conhecimento e sobre o que lhe for perguntado.

Salienta-se, nesse ponto, o dispositivo inserido na Orientação Conjunta nº 1/2018 do MPF, que expressamente recomenda a possibilidade de celebração de acordo de colaboração premiada quando os fatos relatados pelo colaborador não tenham contado com a sua participação:

> 22. No acordo de colaboração premiada, o colaborador deve narrar todos os fatos ilícitos em relação aos quais concorreu. 22.1. *É também cabível a celebração de acordo de colaboração ainda que algum dos resultados previstos no art. 4º, I, II, III, IV e V, da Lei 12.850 advenha unicamente em relação a fato(s) diverso(s) daquele(s) para o(s) qual(is) o colaborador tenha concorrido.* [233]

Esse dispositivo encontra coerência com a doutrina de Juan Carlos Ortiz Pradillo, ao entender que o colaborador deve fornecer *todas* as informações que possua sobre fatos ilícitos. Em suas palavras: "[...] el colaborador debe facilitar a las autoridades *toda* la información que conozca o posea sobre la trama criminal, sus integrantes, sus operaciones pasadas, presentes o futuras, etc.".[234]

É incompatível com a ideia de acordo de colaboração premiada que o colaborador possa se negar justamente ao ato de colaboração, abstendo-se de relatar fatos de seu conhecimento, ou que o colaborador possua o direito a mentir sobre o conteúdo objeto de seu relato, sem que isso importe em qualquer consequência negativa ao acordo.

Por esse motivo, a Lei de Organizações Criminosas disciplinou, no § 14 do seu artigo 4º, com a utilização de termo inadequado, a

---

[233] Ministério Público Federal. Orientação conjunta nº 1/2018 – acordos de colaboração premiada. Disponível em: <http://www.mpf.mp.br/atuacao-tematica/ccr5/orientacoes/orientacao-conjunta-no-1-2018.pdf>. Acesso em: 23 jul 2018.

[234] ORTIZ PRADILLO, Juan Carlos. *Los delatores en el proceso penal*. Recompensas, anonimato, protección y otras medidas para incentivar una "colaboración eficaz" con la justicia. Espanha: Wolters Kluwer, 2018. p. 253.

"renúncia" ao direito ao silêncio e o compromisso a dizer a verdade, nos seguintes termos:

> Lei 12.850/2013, art. 4º (...)
>
> § 14. Nos depoimentos que prestar, o colaborador renunciará, na presença de seu defensor, ao direito ao silêncio e estará sujeito ao compromisso legal de dizer a verdade.

Gustavo Henrique Badaró afirma que se impõe ao agente colaborador a renúncia ao direito ao silêncio em razão do direito ao confronto, que garante ao delatado, no exercício do seu direito de defesa e do contraditório, inquirir o colaborador – se o colaborador tivesse preservado o seu direito ao silêncio, restaria inviabilizado o exercício de contradita por parte do agente delatado.[235]

Isso não significa que o colaborador tenha suprimido, por completo, os seus direitos ao silêncio e à não autoincriminação, que devem ser sempre preservados em qualquer investigação ou processos criminais. Ocorre que a celebração do acordo de colaboração premiada e a sua efetividade são condicionadas pelo não exercício desses direitos, da mesma forma que, em caso diverso, a diminuição da pena em razão da confissão é condicionada à autoincriminação. Isso não significa, entretanto, que o colaborador não possa, quando bem entender, exercer tais direitos que continuam à sua disposição.

Em outras palavras, concordando-se ou não com essa condicionante, não se deve considerar que o instituto da colaboração premiada retire o direito constitucional ao silêncio do colaborador; mas, sim, que o não exercício desse direito, que permanece vigente, é uma condicionante do acordo. Nesse sentido, encontra-se afirmação doutrinária de que a confissão seria um pressuposto da colaboração[236] ou, em outras palavras, um requisito essencial – desde que a culpa do delator não esteja já demonstrada por outros meios, prescindindo-se de sua admissão de culpa.[237]

---

[235] BADARÓ, Gustavo Henrique. A colaboração premiada: meio de prova, meio de obtenção de prova ou um novo modelo de justiça penal não epistêmica? In: BOTTINI, Pierpaolo Cruz; MOURA, Maria Thereza de Assis (org.). *Colaboração premiada*. São Paulo: Revista dos Tribunais, 2017, p. 134.

[236] SARCEDO, Leandro. A delação premiada e a necessária mitigação do princípio da obrigatoriedade da ação penal. In: BADARÓ, Gustavo Henrique (org.). *Direito Penal e processo penal*: Processo penal I. São Paulo: Revista dos Tribunais, 2015. v. 6, p. 1208.

[237] ESSADO, Tiago Cintra. Delação premiada e idoneidade probatória. In: BADARÓ, Gustavo Henrique (org.). *Direito Penal e processo penal*: Processo penal I. São Paulo: Revista dos Tribunais, 2015. v. 6, p. 1314.

Isso decorre da própria lógica que caracteriza o instituto da colaboração premiada, descrita por Vinicius Gomes de Vasconcellos na seguinte passagem: "Fundamentalmente, ao aderir à acusação, o imputado afasta-se de sua posição de resistência, inerente à estruturação acusatória do processo penal".[238]

Se, no curso da colaboração premiada, o agente colaborador decide abandonar o seu papel colaborativo e passar a exercer o seu direito ao silêncio (que, ressalta-se novamente, permanece à sua disposição), nada poderá impedi-lo de exercer essa sua vontade. Deverá, entretanto, arcar com as consequências da rescisão do acordo celebrado em razão dessa situação de descumprimento contratual.

3.2.3. Renúncia a impugnações

Não é incomum encontrar-se, nos acordos de colaboração até o momento celebrados no sistema processual pátrio, a previsão de cláusula na qual o agente colaborador se obriga a não fazer uso de qualquer meio de impugnação. Ou seja, nesses acordos, considera-se que o agente colaborador se coloca em tal situação de colaboração com a atividade persecutória que a impugnação a qualquer ato procedimental importaria em contradição com o seu papel nesse sistema.

Uma cláusula dessa natureza foi prevista, por exemplo, no acordo celebrado entre o Ministério Público Federal e o agente colaborador Paulo Roberto Costa, no âmbito da operação "Lava-Jato", acordo esse que foi homologado judicialmente:[239]

> Cláusula 12. A defesa desistirá de todos os *habeas corpus* impetrados no prazo de 48 horas, desistindo também do exercício de defesas processuais, inclusive de discussões sobre competência e nulidades.

Entretanto, essa espécie de cláusula representa uma violação flagrante da igualdade que deve vigorar na colaboração premiada e, mais do que isso, ao próprio sentido intrínseco ao Estado de Direito, pois submete uma das partes ao exercício de qualquer ilegalidade por parte da instituição estatal, sem que essa mesma parte possa contra essa ilegalidade se insurgir.

Em outras palavras, o agente colaborador acaba por se tornar submisso a ilegalidades de toda ordem, desprovido de recursos para

---

[238] VASCONCELLOS, Vinicius Gomes de. *Colaboração premiada no processo penal*. São Paulo: Revista dos Tribunais, 2017. p. 162.
[239] STF, Pet 5209, Relator(a): Min. TEORI ZAVASCKI, decisão proferida em 29/09/2014.

evitar o exercício de abusos estatais, criando-se uma liberdade de atuação da outra parte do acordo que sequer precisa se submeter à legislação – se o colaborador não pode se insurgir contra ilegalidades, a parte adversa passa a deter a liberdade de praticá-las.

De forma correta, portanto, quando da homologação do acordo acima mencionado, o então Ministro Teori Zavascki ressalvou a ilegalidade da segunda parte da referida cláusula, os seguintes termos:[240]

> Sob esse aspecto, os termos acordados guardam harmonia, de um modo geral, com a Constituição e as leis, com exceção do compromisso assumido pelo colaborador, constante da Cláusula 12, segunda parte, da Cláusula 15, g e da Cláusula 17, parte final, exclusivamente no que possa ser interpretado como renúncia, de sua parte, ao pleno exercício, no futuro, do direito fundamental de acesso à Justiça, assegurado pelo art. 5°, XXXV, da Constituição. Fica, portanto, excluída da homologação, que ora se formaliza, qualquer interpretação das cláusulas acima indicadas que possa resultar em limitação ao direito fundamental de acesso à Jurisdição.

Afirmou-se, portanto, a nulidade de cláusula que implique abdicação do exercício futuro de qualquer recurso, por violação do acesso à Justiça, da ampla defesa, bem como da igualdade – não pode o Estado reservar-se o direito de praticar toda ordem de ilegalidades sob o resguardo de que o colaborador não poderá impugnar seus atos.

Em alguns acordos, essa cláusula tem sido reformulada pelo agente ministerial para que, não deixando de constar por completo na avença, seja compatível com o entendimento jurisdicional.[241]

3.2.4. Demais deveres

Como negócio jurídico que é, a colaboração premiada possibilita às partes uma certa liberdade em relação às negociações e ao estabelecimento de direitos e deveres. Salienta-se, contudo, que não se

---

[240] STF, Pet 5209, Relator(a): Min. TEORI ZAVASCKI, decisão proferida em 29/09/2014. No mesmo sentido: STF, Pet 5245, Relator(a): Min. TEORI ZAVASCKI, julgado em 17/12/2015, publicado em DJe-010 Divulg 20/01/2016 Public 01/02/2016.

[241] Por exemplo, a seguinte cláusula do acordo celebrado entre o MPF e José Sérgio de Oliveira Machado, no âmbito da operação "Lava-Jato": "d) não impugnar, por qualquer meio, o presente acordo de colaboração, em qualquer dos inquéritos policiais ou ações penais nos quais esteja envolvido, no Brasil ou no exterior, salvo por fato superveniente à homologação judicial e resultante de descumprimento do acordo ou da lei pelo MINISTÉRIO PÚBLICO FEDERAL ou pelo Poder Judiciário;" (STF, Pet 6138, Relator(a): Min. TEORI ZAVASCKI, julgado em 24/05/2016).

trata de uma liberdade irrestrita, havendo matérias incompatíveis com a disponibilidade das partes, como é o caso da anteriormente mencionada cláusula de renúncia a impugnações.

Nesse sentido, é perfeitamente possível que o colaborador se comprometa a deveres variáveis, como a abrir mão do sigilo de seus dados bancários, fiscais etc. Essa é uma medida importante em diversos acordos de colaboração premiada, pois as movimentações financeiras do agente colaborador podem constituir um relevante instrumento para que se esclareçam fatos investigados.

Entretanto, deve-se ter em mente que o acordo de colaboração premiada é celebrado por partes específicas e somente a essas partes podem irradiar os seus efeitos obrigacionais. Em outras palavras, não pode o agente colaborador transigir sobre direitos de terceiros, abdicando de direitos que não são de sua titularidade, bem como assumir deveres em nome de pessoas alheias ao acordo.

Essa situação ocorreu, por exemplo, no acordo celebrado entre o Ministério Público Federal e o colaborador Paulo Roberto Costa, em 2014, no âmbito da operação "Lava-Jato", no qual se fez constar a seguinte cláusula:

> Cláusula 7ª. O colaborador autorizará o Ministério Público ou outros órgãos, nacionais ou estrangeiros indicados pelo Ministério Público, a acessarem todos os dados de sua movimentação financeira no exterior, <u>mesmo que as contas não estejam em seu nome</u> (p. ex., em nome de *offshores* ou interpostas pessoas, inclusive familiares), o que inclui, exemplificativamente, todos os documentos cadastrais, extratos, cartões de assinaturas, dados relativos a cartões de crédito, aplicações e identificação de depositantes e beneficiários de transações financeiras, assinando, desde logo, termo anexo neste sentido. (grifo nosso)

Percebe-se que, ao dispor sobre o sigilo de dados referentes a sua pessoa, o colaborador renunciou ao direito ao sigilo também em relação às contas bancárias que estivessem em nome de terceiros, o que significa verdadeira disposição sobre direito de terceiro. Ao contrário do que realizado nessa cláusula, o colaborador apenas pode dispor de seus próprios direitos e assumir deveres que vinculem a si próprio, não sendo juridicamente possível a utilização do acordo de colaboração premiada como uma ferramenta apta à quebra do sigilo bancário de terceiros alheios ao acordo. Apesar disso, na decisão que homologou o referido acordo de colaboração, nenhuma ressalva foi feira em relação a essa cláusula.[242]

---

[242] STF, Pet 5209, Relator(a): Min. TEORI ZAVASCKI, decisão proferida em 29/09/2014.

Outros deveres gerais imponíveis ao agente colaborador são encontrados na Orientação Conjunta nº 1/2018 do MPF, que orienta os seus servidores a respeitarem um rol de obrigações que considera mínimas para a celebração do acordo:

24. O acordo de colaboração deve conter cláusulas que tratem, pelo menos, dos seguintes pontos: [...]

24.5. OBRIGAÇÕES DO COLABORADOR (mínimas):

a) relativas às informações e provas relevantes (formas, prazos, locais etc.);

b) compromisso de cessar as condutas ilícitas;

c) compromisso, durante toda a vigência do acordo de colaboração, de colaborar de forma plena, sem qualquer reserva, com as investigações, portando-se sempre com honestidade, lealdade e boa-fé;

d) falar a verdade, incondicionalmente, em todas as investigações (inclusive nos inquéritos policiais e civis, ações civis, procedimentos administrativos disciplinares e tributários), além de ações penais em que doravante venha a ser chamado a depor na condição de testemunha ou interrogado, nos termos do acordo;

e) pagamento de valor relativo à antecipação de reparação de danos, ressalvada a prerrogativa de outros órgãos, instituições, entidades ou pessoas de buscarem o ressarcimento que entenderem lhes ser devido;

f) pagamento de multa;

g) prestar garantias do cumprimento da multa e da antecipação de reparação de danos;

h) declarar que as informações prestadas são verdadeiras e precisas, sob pena de rescisão;

i) declarar todos os bens que são de sua propriedade, ainda que em nome de terceiros, sob pena de conduta contrária ao dever de boa-fé e rescisão do acordo;

j) obrigação de o COLABORADOR adotar conduta processual compatível com a vontade de colaborar (vedação ao *venire contra factum proprium*)."

O rol de obrigações previstas nessa Orientação serve de baliza para a celebração de acordos de colaboração em geral, apesar de não possuir força vinculativa própria de instrumentos legislativos.

3.3. Direitos do agente colaborador

A Lei de Organizações Criminosas também cuidou de especificar os direitos conferidos ao agente colaborador, dando especial ênfase a um deles, tratado como um verdadeiro requisito para a regularidade da celebração da colaboração premiada: o acompanhamento por advogado.

A importância do advogado na colaboração aparece já de maneira reflexa quando se trata da indispensável voluntariedade do colaborador. Nesse sentido, o advogado pode ser considerado o mais importante agente a atuar em prol do esclarecimento do agente colaborador a respeito das possibilidades processuais disponíveis e das possíveis consequências da celebração (e da não celebração) do acordo de colaboração. Ou seja, o advogado é o ator que, via de regra, possui mais confiança do agente colaborador do que os outros atores processuais, sujeito a um dever de sigilo sobre as informações que venha a receber de seu cliente, o que o coloca em uma posição privilegiada para um diálogo aberto e esclarecedor indispensável para uma voluntária tomada de decisão pelo colaborador.

Além disso, o advogado é figura defensiva essencial em todo ato processual, não havendo qualquer razão para ocorrer de maneira diferente no acordo de colaboração premiada. Nesse sentido, dispõe o § 15 do artigo 4º da Lei de Organizações Criminosas:

> Lei 12.850/2013, art. 4º (...)
> § 15. Em todos os atos de negociação, confirmação e execução da colaboração, o colaborador deverá estar assistido por defensor.

Também destacando a imprescindibilidade do advogado na colaboração premiada, sobre isso dispôs a Orientação Conjunta nº 1/2018 do MPF:

> 10. Nenhuma tratativa sobre colaboração premiada deve ser realizada sem a presença do advogado constituído ou Defensor Público. 10.1. Em caso de eventual conflito de interesses, ou de colaborador hipossuficiente, o órgão do Ministério Público oficiante deverá solicitar a presença de outro advogado ou a participação de Defensor Público.[243]

Ainda se destacam, no acordo de colaboração premiada, os direitos garantidos ao agente colaborador que se relacionam, sobretudo, com a preservação de sua integridade física. Por se tratar de verdadeira tarefa de delação, o colaborador se expõe a uma situação de risco perante os agentes delatados.

Desse modo, assim como ocorre em relação a algumas testemunhas, em alguns casos, a necessidade de proteção se apresenta também em relação ao agente colaborador, em razão dos riscos que assume quando decide colaborar com a Justiça, expondo a sua integridade e a de pessoas próximas a si. Aliás, Eduardo Araújo da Silva

---

[243] Ministério Público Federal. Orientação conjunta nº 1/2018 – acordos de colaboração premiada. Disponível em: <http://www.mpf.mp.br/atuacao-tematica/ccr5/orientacoes/orientacao-conjunta-no-1-2018.pdf>. Acesso em: 23 jul 2018.

refere que os riscos aos quais se expõem os colaboradores são ainda mais gravosos do que no caso de simples testemunhas ou vítimas, já que, por fazerem parte da organização criminosa, passam a ser qualificados como "traidores".[244]

O artigo 5º da Lei de Organizações Criminosas é o dispositivo legal que direciona a atenção para a problemática da proteção do colaborador:

> Art. 5º São direitos do colaborador:
> I – usufruir das medidas de proteção previstas na legislação específica;
> II – ter nome, qualificação, imagem e demais informações pessoais preservados;
> III – ser conduzido, em juízo, separadamente dos demais coautores e partícipes;
> IV – participar das audiências sem contato visual com os outros acusados;
> V – não ter sua identidade revelada pelos meios de comunicação, nem ser fotografado ou filmado, sem sua prévia autorização por escrito;
> VI – cumprir pena em estabelecimento penal diverso dos demais corréus ou condenados.

Esses direitos deverão ser compatibilizados com as demais garantias processuais, inclusive com garantias do agente delatado. Por exemplo, é juridicamente inviável a manutenção de sigilo eterno sobre a identidade do agente colaborador, já que se deve possibilitar que suas declarações sejam contraditadas pelo delatado, inclusive com a sua oitiva em audiência de instrução.

É possível que outros direitos sejam previstos no termo de acordo de colaboração. Nesse sentido, Juan Carlos Ortiz Pradillo defende que os prêmios decorrentes da colaboração não devem se limitar àqueles de índole penal, podendo-se utilizar também de prêmios de caráter processual, como a implementação de medidas de proteção ao delator, o abrandamento das medidas cautelares decretadas contra o agente, etc.[245]

Além disso, o mesmo autor defende, novamente reforçando a necessidade de proteção do agente colaborador, que uma das estratégias para se fomentar a celebração de colaborações premiadas, incrementando a confiança de possíveis colaboradores nesse sistema

---

[244] SILVA, Eduardo Araújo da. *Organizações criminosas*: aspectos penais e processuais da Lei 12.850/2013. 2. ed. São Paulo: Atlas, 2015. p. 81.
[245] ORTIZ PRADILLO, Juan Carlos. La delación premiada en España: instrumentos para el fomento de la colaboración con la justicia. *Revista Brasileira de Direito Processual Penal*, Porto Alegre, v. 3, n. 1, p. 56-57, 2017. Disponível em: <https://bdjur.stj.jus.br/jspui/bitstream/2011/109157/delacion_premiada_espana_ortiz.pdf>. Acesso em: 24 de abril de 2018.

premial, é a criação de tipos penais específicos destinados àqueles que atentem contra a pessoa do colaborador em razão dessa sua condição – isto é, crimes praticados contra o colaborador em razão da sua colaboração.[246]

3.4. Cumprimento do acordo e aplicação dos prêmios

Todo negócio jurídico se destina ao alcance de objetivos. No acordo de colaboração premiada, cada parte pretende um resultado diverso: a autoridade estatal celebra o acordo de colaboração premiada para que, diante da complexidade da produção probatória em determinado caso concreto, receba o auxílio do agente que possua condições para facilitar essa tarefa; o colaborador motiva a sua atuação no acordo para que receba um tratamento mais brando ao final do procedimento.

Na colaboração premiada, como geralmente ocorre nas demais espécies de negócios jurídicos bilaterais, a prestação de uma das partes antecede e condiciona a prestação da parte adversa. Nesse caso, a colaboração efetiva do agente colaborador, cumprindo com os deveres assumidos no acordo, condiciona a aplicação final das sanções premiais que lhe foram oferecidas. Nesse sentido, no entendimento do Ministro Celso de Mello, não basta que tenha o agente colaborador cumprido com suas obrigações e cooperado com a investigação, sem que essa colaboração tenha sido efetiva. A efetividade da cooperação, com o alcance de pelo menos um dos objetivos indicados nos incisos do artigo 4º da Lei 12.850, é um dado necessário para a implementação das sanções convencionadas.[247]

O artigo 4º da Lei de Organizações Criminosas, nesse caso, estabelece que sejam aplicados os benefícios ao colaborador, *desde que* alcançados alguns objetivos, nos seguintes termos:

> Lei 12.850/2013, art. 4º. O juiz poderá, a requerimento das partes, conceder o perdão judicial, reduzir em até 2/3 (dois terços) a pena privativa de liberdade ou substituí-la por restritiva de direitos daquele que tenha colaborado efetiva e voluntariamente com a investigação e com o processo criminal, desde que dessa colaboração advenha um ou mais dos seguintes resultados:

---

[246] ORTIZ PRADILLO, Juan Carlos. *Los delatores en el proceso penal*. Recompensas, anonimato, protección y otras medidas para incentivar una "colaboración eficaz" con la justicia. Espanha: Wolters Kluwer, 2018. p. 178-179.

[247] STF, Pet 7074 QO, Relator(a): Min. EDSON FACHIN, Tribunal Pleno, julgado em 29/06/2017, ACÓRDÃO ELETRÔNICO DJe-085 Divulg 02-05-2018 Public 03-05-2018.

I – a identificação dos demais coautores e partícipes da organização criminosa e das infrações penais por eles praticadas;

II – a revelação da estrutura hierárquica e da divisão de tarefas da organização criminosa;

III – a prevenção de infrações penais decorrentes das atividades da organização criminosa;

IV – a recuperação total ou parcial do produto ou do proveito das infrações penais praticadas pela organização criminosa;

V – a localização de eventual vítima com a sua integridade física preservada.

Como toda relação contratual, portanto, se o colaborador cumpre com as suas obrigações contratuais a contento, deverá receber os benefícios que lhe foram prometidos quando da negociação. A esse respeito, no julgamento do conhecido *Habeas Corpus* nº 127.483, referiu o Ministro Dias Toffoli: "Caso a colaboração seja efetiva e produza os resultados almejados, há que se reconhecer o direito subjetivo do colaborador à aplicação das sanções premiais estabelecidas no acordo, inclusive de natureza patrimonial".[248]

As condições legais para a implementação das sanções premiais referem-se, nos termos do artigo 4º acima transcrito, aos esclarecimentos que devem ser prestados pelo agente colaborador e que permitirão a responsabilização dos demais integrantes da organização. Assim, deverá ele apresentar elementos que apontem a identidade dos demais agentes, que esclareçam quais as infrações praticadas, que permitam a compreensão da estrutura da organização e a prevenção a infrações futuras, que conduzam à redução das consequências do crime (com a recuperação de ativos e com a localização da vítima).

Em alguns casos, é possível que nem todos esses resultados sejam possíveis. Isso não representa um impedimento para a celebração do acordo, especialmente pela referência, no mesmo dispositivo legal, de que se alcance "um ou mais" dos resultados mencionados.

Nesse sentido, pode-se estar diante de um caso no qual seja inviável a identificação de todos os autores e partícipes pelo colaborador, inclusive por desconhecimento de sua parte. Em casos como esse, caberá à autoridade participante do acordo (delegado de polícia ou membro do Ministério Público), bem como ao magistrado, avaliar a suficiência do acordo.[249]

---

[248] STF, HC 127483, Relator(a): Min. DIAS TOFFOLI, Tribunal Pleno, julgado em 27/08/2015, PROCESSO ELETRÔNICO DJe-021 Divulg 03-02-2016 Public 04-02-2016.

[249] DIPP, Gilson. *A "delação" ou colaboração premiada*: uma análise do instituto pela interpretação da lei. Brasília: IDP/EDB, 2015. Disponível em: <http://www.idp.edu.

Esses resultados que condicionam a concessão do prêmio ao agente colaborador devem resultar de uma conduta de colaboração ativa de sua parte, consistente na tomada de ações que levem à autoridade parte no acordo os elementos de prova necessários para os esclarecimentos pretendidos, não bastando uma mera postura omissiva do colaborador.[250]

Um ponto que provoca debates profundos e divergência de entendimentos em relação a esse assunto é a existência, ou não, de vinculação do magistrado à implementação dos prêmios pactuados no acordo de colaboração depois de considerada cumprida a parte que competia ao agente colaborador. Ou seja, considerada efetiva a cooperação do colaborador, é preciso saber se o magistrado deve, necessariamente, assegurar a aplicação das sanções premiais negociadas.

No entendimento do Ministro Celso de Mello, os termos do acordo de colaboração premiada homologado vinculam o magistrado (ou o colegiado) quando da sentença/acórdão, sendo impositiva a aplicação das sanções negociadas se satisfeitas as condições para tanto (cumprimento das obrigações assumidas pelo agente colaborador e efetividade da colaboração). Essa vinculação decorreria de um dever de lealdade, fundado no princípio da confiança, bem como no postulado da segurança jurídica e dos princípios da probidade e da boa-fé (*pacta sunt servanda*). Dessa forma, homologado o acordo pela autoridade judicial competente, considera-se o acordo um ato jurídico perfeito, aplicando-se-lhe o que dispõe o inciso XXXVI do artigo 5º da Constituição Federal.[251-252] Nas suas conclusões:

> [...] **(a)** o acordo de colaboração premiada, *devidamente homologado*, **vincula** o Poder Judiciário **no julgamento final** da causa penal, **desde que** as obrigações **assumidas** pelo agente colaborador **tenham sido** por este efetivamente cumpridas, **sob pena** de ofensa ao princípio da segurança jurídica **e** aos postulados da confiança **e** da boa-fé objetiva; **(b) compete ao Relator** da causa homologar, *monocraticamente*, o acordo de colaboração premiada, **sem necessidade** de submeter o seu ato decisório **ao exame ulterior** de órgão colegiado competente desta Corte; **(c)** a decisão homologatória do acordo de colaboração premiada, **impregnada** de conteúdo juris-

---

br/docman/ebooks/1043-delacao-ou-colaboracao-premiada/file>. Acesso em: 24 abril 2018. p. 26-27.

[250] ORTIZ PRADILLO, Juan Carlos. *Los delatores en el proceso penal*. Recompensas, anonimato, protección y otras medidas para incentivar una "colaboración eficaz" con la justicia. Espanha: Wolters Kluwer, 2018. p. 242.

[251] CF, art. 5º, XXXVI – a lei não prejudicará o direito adquirido, o ato jurídico perfeito e a coisa julgada.

[252] STF, Pet 7074 QO, Relator(a): Min. EDSON FACHIN, Tribunal Pleno, julgado em 29/06/2017, ACÓRDÃO ELETRÔNICO DJe-085 Divulg 02-05-2018 Public 03-05-2018.

dicional, **deverá proceder** à fiscalização da legalidade, **em ordem a impedir** que se ajustem, *no pacto negocial*, cláusulas abusivas, ilegais **ou** desconformes ao ordenamento jurídico; **e (d)** o acordo de colaboração premiada, **desde que regularmente homologado** pelo Relator da causa, **configura** ato jurídico perfeito, **do qual resulta**, *quando fielmente executado* pelo agente colaborador, **direito subjetivo apto** a garantir-lhe acesso aos benefícios de ordem legal.[253]

No mesmo caminho, caminha o Ministro Barroso, para quem, realizado o acordo e homologado pelo Judiciário, esse acordo passa a vincular o Estado por um dever de lealdade à Constituição, do que resultaria um dever de moralidade, nos termos do seu artigo 37.[254]-[255] Reforçando esse pensamento, também se podem destacar as palavras da Ministra Cármen Lúcia:

> O colaborador deixaria de acreditar na boa-fé estatal, passando a temer que depois da entrega das provas e elucidação dos fatos criminosos poderia ter seu benefício, mesmo depois de homologado e cumpridos os termos do acordo, revisto unilateralmente pelo Estado. Tal situação de desconfiança geraria o deletério efeito de inviabilizar que novos acordos fossem celebrados em futuros fatos criminosos, em prejuízo da apuração criminal a cargo do Estado.[256]

O juízo de homologação exerce uma forte influência nessa conclusão, havendo um predomínio, na Suprema Corte, do entendimento de que são excepcionais as possibilidades de revisão do acordo homologado, devendo-se primar pela aplicação das sanções premiais como pactuadas no acordo – sobre essa matéria, remetemos o leitor ao tópico a respeito, especificamente, da decisão de homologação.

Deve-se fazer a ressalva, entretanto, às pertinentes críticas do Ministro Gilmar Mendes, referindo-se à pactuação de benefícios não previstos em lei. Inicialmente, destaca que não competiria ao Ministério Público prometer a aplicação das sanções premiais acordadas na colaboração. Diferentemente, o que haveria é o pleito, pelo *Parquet*, de aplicação das sanções premiais. Na sentença, o magistrado (ou o órgão colegiado) julgaria o agente colaborador e, em caso de condenação, no momento da aplicação da pena, aplicaria as sanções premiais, se configurados os seus requisitos. Em síntese, o instituto

---

[253] STF, Pet 7074 QO, Relator(a): Min. EDSON FACHIN, Tribunal Pleno, julgado em 29/06/2017, ACÓRDÃO ELETRÔNICO DJe-085 Divulg 02-05-2018 Public 03-05-2018.

[254] CF, art. 37. A administração pública direta e indireta de qualquer dos Poderes da União, dos Estados, do Distrito Federal e dos Municípios obedecerá aos princípios de legalidade, impessoalidade, moralidade, publicidade e eficiência e, também, ao seguinte: (...)

[255] STF, Pet 7074 QO, Relator(a): Min. EDSON FACHIN, Tribunal Pleno, julgado em 29/06/2017, ACÓRDÃO ELETRÔNICO DJe-085 Divulg 02-05-2018 Public 03-05-2018.

[256] *Ibid.*

da colaboração não teria conferido ao Ministério Público o poder de convencionar sobre as penas, cuja aplicação permaneceria nas mãos do magistrado – salientando-se que, cumprido o acordo, deverá o magistrado acatar o pleito de aplicação das sanções premiais.[257] Entretanto, essa lógica valeria para as sanções premiais previstas em lei, devendo-se aplicar lógica diversa caso negociados prêmios que extrapolem o rol legal.[258]

3.5. Sanções premiais e sua definição – da não denúncia aos demais prêmios

Considerando-se a colaboração premiada um negócio jurídico (como anteriormente mencionado, trata-se de um negócio jurídico processual), devem-se reconhecer as irradiações da lógica negocial na relação de prestações das partes que justificam a existência do acordo de colaboração. Em outras palavras, as prestações atribuídas a cada "parte negocial" do acordo de colaboração premiada são relacionais sob uma perspectiva de "preço", devendo-se reconhecer como ponto de partida o "valor" atribuído à contribuição oferecida pelo agente colaborador.

Exemplificativamente, no caso de um contrato de compra e venda, quanto maior for o valor do objeto ofertado (um bem imóvel, por exemplo), maior será o preço pago como contraprestação pela parte que recebe a oferta. A mesma lógica deve reger o acordo de colaboração premiada: quanto maior for a valia da cooperação oferecida do agente colaborador, maior deve ser a benesse a lhe ser aplicada como sanção premial.

O maior ou menor valor atribuído à cooperação do agente colaborador deve levar em consideração uma série de fatores, como a

---

[257] STF, Pet 7074 QO, Relator(a): Min. EDSON FACHIN, Tribunal Pleno, julgado em 29/06/2017, ACÓRDÃO ELETRÔNICO DJe-085 Divulg 02-05-2018 Public 03-05-2018.

[258] Nas palavras do Ministro Gilmar Mendes, no mesmo julgamento: "Ao prometer o que está na lei, o Ministério Público tem relativa certeza de que poderá cumprir sua parte do acordo. Entretanto, resta claro que o Ministério Público não se conforma com os limites legais, ao menos nos acordos firmados no âmbito da Lava Jato. Ou seja, primeiro o Ministério Público se assenhorou da lei, agora empurra a culpa da insegurança jurídica para o Poder Judiciário. Muito interessante! E passamos nós a dizer que não podemos ser desleais com o Ministério Público. Embora ele venha sistematicamente não cumprindo a lei. Muito interessante esse argumento de segurança jurídica!" (STF, Pet 7074 QO, Relator(a): Min. EDSON FACHIN, Tribunal Pleno, julgado em 29/06/2017, ACÓRDÃO ELETRÔNICO DJe-085 Divulg 02-05-2018 Public 03-05-2018).

amplitude das informações que o colaborador possui, a consistência das informações, o grau de credibilidade e o valor probatório da documentação apresentada, o nível de exposição de sua própria segurança e de pessoas próximas etc. A Lei de Organizações Criminosas elenca alguns dos critérios a serem necessariamente valorados nesse aspecto:

> Lei 12.850/2013, art. 4º (...)
>
> § 1º Em qualquer caso, a concessão do benefício levará em conta a personalidade do colaborador, a natureza, as circunstâncias, a gravidade e a repercussão social do fato criminoso e a eficácia da colaboração.

Também a Orientação Conjunta nº 1/2018 do MPF cuidou de tratar dos critérios a serem considerados para o momento da pactuação das sanções premiais, nos seguintes termos:

> 18. Ao propor os benefícios, o Membro do Ministério Público Federal deve considerar parâmetros objetivos, dentre os quais: quantidade de fatos delitivos narrados pelo colaborador; oportunidade da colaboração (ou seja, o momento em que revelou os fatos desconhecidos à investigação); a natureza e credibilidade da descrição dos fatos narrados; a culpabilidade do agente em relação ao fato; os antecedentes criminais; a disposição do agente em cooperar com a investigação e persecução de outros fatos; os interesses da vítima; o potencial probatório da colaboração e outras consequências em caso de condenação; as provas apresentadas pelo colaborador e as linhas de investigação ampliadas.[259]

Além disso, nessa Orientação Conjunta ainda se defende a possibilidade de que conste no acordo cláusula resguardando a possibilidade de que o agente ministerial "conceda" benefício mais favorável ao colaborador em razão da relevância da sua colaboração, mesmo que esse benefício não esteja previsto no acordo.[260]

As espécies de sanções premiais aplicáveis ao acordo de colaboração premiada estão previstas na Lei de Organizações Criminosas, especialmente no *caput* do artigo 4º:

> Lei 12.850/2013, art. 4º. O juiz poderá, a requerimento das partes, conceder o perdão judicial, reduzir em até 2/3 (dois terços) a pena privativa de liberdade ou substituí-la

---

[259] Ministério Público Federal. Orientação conjunta nº 1/2018 – acordos de colaboração premiada. Disponível em: <http://www.mpf.mp.br/atuacao-tematica/ccr5/orientacoes/orientacao-conjunta-no-1-2018.pdf>. Acesso em: 23 jul 2018.

[260] "34. O acordo pode prever a possibilidade de o Ministério Público Federal, a seu critério, conceder melhor benefício ao colaborador, considerando-se a relevância da colaboração prestada, ainda que tal benefício não tenha sido previsto na proposta inicial (art. 4º, § 2º, da Lei 12.850/2013)." (Ministério Público Federal. Orientação conjunta nº 1/2018 – acordos de colaboração premiada. Disponível em: <http://www.mpf.mp.br/atuacao-tematica/ccr5/orientacoes/orientacao-conjunta-no-1-2018.pdf>. Acesso em: 23 jul 2018).

> por restritiva de direitos daquele que tenha colaborado efetiva e voluntariamente com a investigação e com o processo criminal, desde que dessa colaboração advenha um ou mais dos seguintes resultados: (...)
>
> § 2º Considerando a relevância da colaboração prestada, o Ministério Público, a qualquer tempo, e o delegado de polícia, nos autos do inquérito policial, com a manifestação do Ministério Público, poderão requerer ou representar ao juiz pela concessão de perdão judicial ao colaborador, ainda que esse benefício não tenha sido previsto na proposta inicial, aplicando-se, no que couber, o art. 28 do Decreto-Lei nº 3.689, de 3 de outubro de 1941 (Código de Processo Penal). (...)
>
> § 4º Nas mesmas hipóteses do caput, o Ministério Público poderá deixar de oferecer denúncia se o colaborador:
>
> I – não for o líder da organização criminosa;
>
> II – for o primeiro a prestar efetiva colaboração nos termos deste artigo.
>
> § 5º Se a colaboração for posterior à sentença, a pena poderá ser reduzida até a metade ou será admitida a progressão de regime ainda que ausentes os requisitos objetivos.

Pela redação inicial desse dispositivo legal, fica claro que não é a parte do acordo (delegado de polícia ou membro do Ministério Público) que concede a aplicação da sanção premial pactuada. O que ocorre é o pleito por essa aplicação, ficando a cargo do Poder Judiciário a reserva pela implementação do prêmio em detrimento da aplicação regular de pena. Dessa forma, não se outorga competência para a disposição sobre as penas aplicáveis a outro órgão que não o Judiciário – ressalvando-se a competência do agente do Ministério Público, titular da ação penal, para deixar de oferecer denúncia, nos termos do § 4º, o que não se confunde com negociação sobre pena.

As espécies regulares de sanções premiais aplicáveis ao acordo de colaboração premiada são o perdão judicial,[261] a redução da pena privativa de liberdade até o patamar máximo de 2/3 e a substituição da pena privativa de liberdade por restritiva de direitos.

Apesar de, como anteriormente mencionado, a Orientação Conjunta nº 1/2018 do MPF dispor sobre a possibilidade de que o agente ministerial "conceda" (o termo é utilizado de forma equivocada,

---

[261] Possibilidade já disciplinada, antes da Lei de Organizações Criminosas, na Lei de Proteção à vítima, à testemunha e ao colaborador: Lei nº 9.807/99, art. 13. Poderá o juiz, de ofício ou a requerimento das partes, conceder o perdão judicial e a conseqüente extinção da punibilidade ao acusado que, sendo primário, tenha colaborado efetiva e voluntariamente com a investigação e o processo criminal, desde que dessa colaboração tenha resultado: I – a identificação dos demais co-autores ou partícipes da ação criminosa; II – a localização da vítima com a sua integridade física preservada; III – a recuperação total ou parcial do produto do crime. Parágrafo único. A concessão do perdão judicial levará em conta a personalidade do beneficiado e a natureza, circunstâncias, gravidade e repercussão social do fato criminoso.

já que apenas o Poder Judiciário pode *conceder*, competindo ao Ministério Público o *requerimento*[262]) benefício mais favorável ao agente colaborador e que não esteja previsto no acordo,[263] o § 2º do artigo 4º da Lei apenas ressalva essa possibilidade em relação ao perdão judicial.

Ainda, sendo o titular da ação penal, o membro do Ministério Público poderá deixar de oferecer denúncia contra o agente colaborador quando verificar que, além dos requisitos gerais da colaboração, o agente colaborador não seja o líder da organização criminosa e que seja o primeiro a prestar efetiva colaboração.

Por fim, é possível que da colaboração advenham efeitos na pena aplicada, quando for celebrado o acordo em momento posterior à prolação da sentença ou acórdão. Nesse caso, são previstas como sanções premiais a redução da pena em até a metade e a progressão de regime mesmo que não satisfeitos os requisitos objetivos para tanto.

No que toca ao benefício do não oferecimento de denúncia, reforçando a sua excepcionalidade, a Orientação Conjunta nº 1/2018 do MPF orienta os membros da instituição a realizarem um juízo mais detalhado para a concessão desse benefício:

> 20. O benefício de não exercício da ação penal somente deverá ser proposto em situações extraordinárias. Além dos requisitos do art. 4º, § 4º, da Lei 12.850/2013, devem ser considerados os seguintes parâmetros: a) a gravidade da ofensa e a importância do caso para se alcançar efetiva aplicação e observância das leis penais; b) o valor da potencial declaração ou das provas a serem produzidas para a investigação ou para o processo; c) a qualidade do material probatório apresentado e das declarações do colaborador; d) a culpabilidade da pessoa em relação aos outros acusados; e) a possibilidade de processar de maneira eficaz o acusado, sem a con-

---

[262] Nesse sentido, afirmando a necessidade de exame jurisdicional para a concessão do benefício, as palavras da Ministra Cármen Lúcia: "[...] mesmo nos casos em que tenha sido previsto o perdão judicial como cláusula do acordo homologado, o que impediria até mesmo a denúncia contra o colaborador, o magistrado poderá analisar, no momento de prolação da sentença ou do acórdão, as provas produzidas na instrução, na qual são réus os delatados, para verificar se teria havido ou não o cumprimento daquilo que foi o acordado com o delator." (STF, Pet 7074 QO, Relator(a): Min. EDSON FACHIN, Tribunal Pleno, julgado em 29/06/2017, ACÓRDÃO ELETRÔNICO DJe-085 Divulg 02-05-2018 Public 03-05-2018).

[263] "34. O acordo pode prever a possibilidade de o Ministério Público Federal, a seu critério, conceder melhor benefício ao colaborador, considerando-se a relevância da colaboração prestada, ainda que tal benefício não tenha sido previsto na proposta inicial (art. 4º, § 2º, da Lei 12.850/2013)." (Ministério Público Federal. Orientação conjunta nº 1/2018 – acordos de colaboração premiada. Disponível em: <http://www.mpf.mp.br/atuacao-tematica/ccr5/orientacoes/orientacao-conjunta-no-1-2018.pdf>. Acesso em: 23 jul 2018).

cessão do benefício de não exercício da ação penal; f) reparação integral do dano, se for o caso.²⁶⁴

Ainda sobre esse prêmio, são pertinentes as palavras proferidas pelo Ministro Gilmar Mendes a respeito do exame a respeito da posição do agente colaborador na organização criminosa, avaliação necessária para que se saiba se ele exerce a função de liderança ou não, condição para a concessão do perdão:

> No momento da negociação, o Ministério Público, com base nas provas que já colheu e na palavra do colaborador, precisará posicioná-lo na organização. Esse é um dos parâmetros para definição da extensão do benefício. Trata-se de um juízo inicial, mas que pode ser executado sem vulnerar a presunção de inocência. O Ministério Público não deve, e não pode, oferecer o perdão àqueles que, nesta fase, poderia classificar como os líderes da organização. O cotidiano do Ministério Público é oferecer denúncias, Presidente, contra pessoas que gozam de presunção de inocência, com base nas provas do inquérito. Em outras palavras, é da Instituição o primeiro juízo de culpa do presumido inocente. Esse mesmo juízo é realizado para avaliar a posição de liderança ou não. Se o MP entender que o colaborador não estava dentre os líderes, e propuser o perdão, o juiz deve fazer o controle dessa avaliação, ao homologar o acordo. Parece evidente! *Mutatis mutandis*, é o que o juiz faz ao analisar a admissibilidade de qualquer ação penal, ou ao apreciar o pedido de arquivamento de investigação.²⁶⁵

Apesar do rol legal de sanções premiais e de, em nenhum momento, a Lei de Organizações Criminosas fazer a ressalva da possibilidade de que outros prêmios sejam pactuados, tem sido praxe a negociação a respeito de sanções diversas das legais, matéria que merece atenção em tópico específico – trataremos disso adiante.

3.5.1. Linhas introdutórias sobre a colaboração premiada e imunidade processual (não denúncia)

Com caráter geral e frente à denominada justiça penal retributiva ou retribucionismo, baseada no estabelecimento de um castigo como consequência do mal cometido, afirma-se a necessidade de incorporar aos ordenamentos penais uma justiça restaurativa, baseada na busca da reparação do dano – e não só material, mas também moral ou simbólico – assim como a reinserção do delinquente, a partir

---

²⁶⁴ Ministério Público Federal. Orientação conjunta nº 1/2018 – acordos de colaboração premiada. Disponível em: <http://www.mpf.mp.br/atuacao-tematica/ccr5/orientacoes/orientacao-conjunta-no-1-2018.pdf>. Acesso em: 23 jul 2018.
²⁶⁵ STF, Pet 7074 QO, Relator(a): Min. EDSON FACHIN, Tribunal Pleno, julgado em 29/06/2017, ACÓRDÃO ELETRÔNICO DJe-085 Divulg 02-05-2018 Public 03-05-2018.

de sua responsabilização pela comissão da infração, por considerar-se que a pena, em particular a pena privativa de liberdade, nem sempre evita a comissão ou a reincidência do delito. Por isso, o debate acerca da necessidade ou a conveniência de introduzir, de uma parte, novos instrumentos que conduzam igualmente à prevenção da comissão de futuros delitos.[266]

Não obstante, junto com ditas percepções do que deveria ser perseguido com os sistemas penais – justiça retributiva vs. justiça restaurativa – outro dos debates tem relação com outra visão do Direito Penal: o Direito *Premial* ou a justiça laudatória (também chamada "função promocional" do Direito Penal), baseada na regulação de incentivos e recompensas – reconvertidas em atenuações da pena ou escusas absolutórias – como instrumentos igualmente utilizáveis para a promoção de condutas cívicas louváveis em prol da prevenção geral do delito como um dos fins do Direito Penal.[267]

Esse novo modelo de sistema penal tem recebido inúmeras críticas da doutrina porque, em outras palavras, seria uma traição do membro da organização criminosa em relação aos seus "colegas" de delinquência. Não estamos de acordo com isso. Em nosso ponto de vista, trata-se de um mecanismo de defesa posto à disposição do delinquente para que faça a opção de colaborar com a justiça em troca dos prêmios que lhe serão oferecidos, traduzindo-se em uma espécie de estado de necessidade. Explicamos melhor: diante da situação de perigo em que se encontra (término de seus negócios, possível prisão, constrição de seus bens etc.), o que seria melhor salvar? Nesse ponto, entendemos a colaboração como mecanismo de defesa do investigado ou acusado, porque, diante da ponderação dos bens em conflito (entregar seus coautores ou cúmplices ou ser privado da liberdade por longos anos), terá que fazer uma escolha. Assim, na escolha pela colaboração, diante de uma situação limite, o sujeito opta não pela defesa clássica no processo penal, que seria a de contrapor a acusação, mas pela defesa que consiste no modelo de colaborar para fazer jus a um prêmio, diante do interesse público da sua conduta colaborativa. Essa é uma conceituação que se opõe ao modelo clássico do direito processual penal, mas que se apresenta como uma nova realidade jurídica oferecida ao investigado/acusado para que escolha qual o melhor mecanismo diante dos fatos para se defender.

---

[266] ORTIZ PRADILLO, Juan Carlos. *Los delatores en el proceso penal*. Recompensas, anonimato, protección y otras medidas para incentivar una "colaboración eficaz" con la justicia. Espanha: Wolters Kluwer, 2018. p. 58.

[267] *Ibid.*, p. 59.

Nesse sentido, a Lei de Organizações Criminosas inovou ao trazer como prêmio a possibilidade de não oferecimento de denúncia contra o colaborador,[268] desde que preenchidos alguns requisitos previstos no novel instituto da colaboração. É certo que, até agora, a chamada cláusula de imunidade processual foi pouco utilizada e já recebeu críticas; porém, a *mens legis* deve ser bem compreendida para a sua aplicação.

A capacidade da colaboração com a justiça por parte do sujeito investigado, através de incentivos premiais de diversa natureza, passa, necessariamente, pela capacidade do princípio da disponibilidade sobre o exercício da ação penal ou da admissibilidade de hipóteses de transação processual, precedidos que possuem característica de negociação entre o colaborador e o Ministério Público (o que seria uma espécie de "oportunidade por razões de interesse público").[269]

Nesse sentido, o princípio da oportunidade deve ser entendido como a opção do legislador de outorgar ao Ministério Público aquelas faculdades que resultem necessárias para que este possa, diante de determinadas circunstâncias – determinadas pela lei –, tomar a decisão mais adequada entre os diversos cursos de ação que a lei processual-penal estabeleça como possíveis. Quando se afirma isso, o que se está querendo dizer é que um órgão público tem discricionariedade quando possui a faculdade concedida pelo legislador e deve exercê-la de maneira justa, razoável ou quando apareçam certas circunstâncias (as estabelecidas na lei).

Ademais, o princípio da oportunidade é a expressão de uma "finalidade especial político-criminal" que de nenhuma maneira pode ser considerado como uma ideia contrária à legalidade. E no caso específico da lei que estabelece a colaboração premiada, assim ele

---

[268] Nas mesmas hipóteses do *caput*, o Ministério Público poderá deixar de oferecer a denúncia se o colaborador: I. Não for o líder da organização criminosa; II. For o primeiro a prestar efetiva colaboração nos termos desse artigo.

[269] ORTIZ PRADILLO, Juan Carlos. *Los delatores en el proceso penal*. Recompensas, anonimato, protección y otras medidas para incentivar una "colaboración eficaz" con la justicia. Espanha: Wolters Kluwer, 2018. p. 311. Nesse sentido, GIACOMOLLI, Nereu José. *Legalidade, Oportunidade e Consenso no Processo Penal*. Porto Alegre: Livraria do Advogado, 2006, p. 65, quando leciona que a discricionariedade pode estender-se também no seio do processo penal, no que tange ao regramento da oportunidade. O legislador, ao estabelecer os casos de disponibilidade na persecução, acusação, procedimento e aplicação das sanções, emite um juízo de discricionariedade criminal. Este juízo de oportunidade vinculará a todos os envolvidos no fenômeno criminal – autor do fato, ofendido, advogados, promotores e juízes. Ainda que inserido em determinado momento histórico, determinará os limites objetivos – quando é permitido – e subjetivos – quem pode atuar desse modo.

deve ser entendido, porque o que o justifica é uma política criminal de incentivo à colaboração para a descoberta de organizações criminosas e da prática de seus crimes em troca do não oferecimento da denúncia (imunidade processual), e isto é uma opção do legislador em determinada quadra da história.

Se a colaboração possui como incentivos distintos instrumentos processuais (medidas de proteção, incentivos que incluam a imunidade processual do delinquente colaborador com a justiça, a suspensão temporal e condicionada da acusação, a finalização antecipada do processo penal, etc.), parece evidente que isso exigirá conceder ao Ministério Público – como transmissor no processo penal da política criminal que o governo queira fixar – uma margem importante de discricionariedade para renunciar à persecução de certas pessoas por certos delitos, ou submeter sua decisão de sobrestamento ao cumprimento de determinadas condições, como instrumento de política criminal sob a pragmática decisão de obter, assim, informação útil e relevante para identificar outros autores do delito e, particularmente, para desintegrar as organizações criminosas às quais o colaborador tivera pertencido ou com as quais tenha colaborado.[270]

Em nosso sistema jurídico, ainda falta essa compreensão da intenção do legislador, porque, se a política criminal da colaboração premiada foi a de que o colaborador possa auxiliar com o desvelamento de organizações criminosas e da prática de seus crimes, um dos incentivos propostos a ele deve ser justamente o prêmio da não denúncia (imunidade processual).

É claro que esse prêmio máximo, se assim pode ser denominado, dependerá de uma série de fatores que deverão ser analisados pelo Ministério Público, tais como as provas apresentadas, os dados de corroboração, a qualidade do material probatório etc., pois, como se sabe, estaria destinado a situações extraordinárias.[271] O problema reside justamente em traduzir em que consiste uma situação extraordinária a fim de justificar o benefício da imunidade processual. Pensamos que somente se pode justificar a não denúncia quando o colaborador, ademais da qualidade dos documentos da colaboração e dos dados de corroboração, coloca-se em risco para auxiliar a atividade policial na produção de provas para desbaratar a organização

---

[270] ORTIZ PRADILLO, Juan Carlos. *Los delatores en el proceso penal*. Recompensas, anonimato, protección y otras medidas para incentivar una "colaboración eficaz" con la justicia. Espanha: Wolters Kluwer, 2018. p. 311.

[271] Nesse sentido é a Orientação Conjunta n. 1/2018 do Ministério Público Federal.

criminosa (ação controlada), porque, nestes casos, estaria justificado o prêmio máximo da imunidade processual.

Veja-se que estamos falando de política criminal que interessa ao Estado para desvelar organizações criminosas. Portanto, o prêmio deve ser proporcional ao que foi entregue pelo colaborador. Se, de um lado, o Estado acusador abrirá mão da ação penal, de outro, o colaborador colocará sua vida e a de seus familiares em risco no auxílio à persecução penal dos coautores ou partícipes da organização.

Esse incentivo ao colaborador (não denúncia) pretende potencializar a efetividade da persecução penal da criminalidade grave e complexa (organizações), aumentando a capacidade das autoridades de acederem a fontes de provas contra os partícipes/coautores. Este fato proporciona ao Estado uma economia de tempo e esforço na agilização do processo penal contra todo o resto da organização.

Nesse sentido, a introdução desse princípio de oportunidade previsto na Lei de Organizações Criminosas serve como ferramenta de investigação (incentivo processual consistente tanto na retirada como na suspensão da acusação) para facilitar a eficácia na luta contra a delinquência mais grave, onde o critério para fixar como motivo de oportunidade da colaboração ativa do delinquente não se concentra na ausência de interesse público na persecução por fatos cometidos por dito sujeito, mas na existência de um interesse público superior (*v.g.*, a segurança do Estado, a evitação de atentados terroristas ou a desarticulação de organizações criminosas) que permite ao Estado outorgar preferência a ditos fatos superiores sobre a persecução dos fatos praticados pelo colaborador, tal e como se prevê em outros ordenamentos jurídicos.[272]

As possibilidades de estabelecer casos de transação intraprocessual frente ao investigado que se preste a colaborar com a justiça (v.g., o não exercício da ação penal, a retirada ou a suspensão da mesma, etc.), como ferramenta processual eficaz para promover a delação e a obtenção de informação essencial, tampouco é em absoluto algo inovador nos sistemas penais do século XXI, como tampouco o é a previsão de recompensas e demais medidas que são destinadas ao colaborador. Na realidade, trata-se de regular processualmente a figura conhecida na cultura anglo-saxônica como a "Testemunha da Coroa" (*Crown witness*), concedendo um prêmio processual ao arrependido que se presta a colaborar com a Justiça delatando os demais

---

[272] ORTIZ PRADILLO, Juan Carlos. *Los delatores en el proceso penal*. Recompensas, anonimato, protección y otras medidas para incentivar una "colaboración eficaz" con la justicia. Espanha: Wolters Kluwer, 2018. p. 316.

partícipes no fato delitivo, o que se vem utilizando no processo penal anglo-saxão desde o século XIV – mecanismo que se denominava *approvement* ou *turning King's evidence* e que estabelecia a possibilidade de conceder o arquivamento da causa para aquele acusado que confessasse os fatos e culpasse, trazendo suficientes provas, o resto dos partícipes, sempre que aqueles fossem finalmente condenados.[273]

A partir do século XVI, sob o sistema do *Crown witness system*, ou *turning King's evidence*, ou *approver*, o acusado não ficava obrigado a confessar sua culpabilidade, mas, em troca de seu testemunho, receberia o benefício da *non-prosecution* (ou regra da *nolle prosequi*),[274] condicionada à sua colaboração para o processamento de seus cúmplices.

A aplicação que os países de tradição jurídica anglo-saxônica efetuam do princípio da oportunidade (*discretionary power*) e suas múltiplas manifestações relacionadas com os diversos casos de colaboração do acusado com as autoridades encarregadas de uma investigação criminal é, talvez, o que melhor ilustre a natureza e a transcendência processual dessa matéria, pois as figuras anglo-saxônicas análogas ao arrependido ou colaborador com a justiça de tradição continental não respondem tanto à filosofia premial própria do Direito Penal, mas a uma lógica negocial em sede processual.[275]

Nos Estados Unidos, um dos aspectos mais significativos do sistema processual norte-americano é a ampla discricionariedade outorgada ao Ministério Público no exercício da ação penal. Junto com os conhecidos acordos de conformidade da pena (*Plea Agreements*), o sistema penal norte-americano prevê a possibilidade de oferecer ao acusado diversas modalidades de imunidade processual em troca de sua colaboração com as autoridades na investigação e descoberta dos fatos.[276]

---

[273] MUSSON, A.J., Turning King's Evidence, *apud* ORTIZ PRADILLO, Juan Carlos. *Los delatores en el proceso penal*. Recompensas, anonimato, protección y otras medidas para incentivar una "colaboración eficaz" con la justicia. Espanha: Wolters Kluwer, 2018. p. 317. O "Turning King's Evidence, seria dar informações sobre (tais como os nomes de outros criminosos) para a Corte com o propósito de reduzir a sua própria punição quando se foi acusado por um crime – usado quando na Inglaterra a lei foi editada pelo rei (tradução livre).

[274] Black's Law Dictionary. St. Paul: West, 1998, p. 514. É o ato de abandonar o processo ou persecução, também pode ter um caso encerrado em razão da não persecução (tradução livre).

[275] GARCIA ESPAÑA, Elisa. *El premio a la colaboración*. Especial consideración a la corrupción administrativa. Espanha: Editorial Comares, 2006. p. 33.

[276] ORTIZ PRADILLO, Juan Carlos. *Los delatores en el proceso penal*. Recompensas, anonimato, protección y otras medidas para incentivar una "colaboración eficaz" con la justicia. Espanha: Wolters Kluwer, 2018. p. 320.

Com caráter geral, um dos Princípios Gerais da Persecução Federal contidos no Manual da Promotoria dos Estados Unidos (*U.S. Attorneys Manual – USAM*), no momento de decidir, sustentar ou declinar da apresentação de acusações contra uma pessoa, constitui "a vontade do sujeito de cooperar na investigação ou processamento de outras pessoas". Em troca de dita colaboração, o Ministério Público tem a faculdade de acordar com o acusado um "Acordo de Não Acusação" (*Non-prosecution Agrrement – NPA*) baseado na prevalência do interesse público frente à conveniência de acusar o colaborador, ou bem porque se considera que não existe outro modo de obter a cooperação desejada.[277]

Nesse sentido, em prol da prevalência do interesse público é que sustentamos que a imunidade processual (não denúncia) pode ser justificada na Lei de Organizações Criminosas e inserida em acordos de colaboração quando ficar claro que o interesse público se sobressai em relação à acusação do colaborador ou, até mesmo, à negociação de redução das penas em relação a ele e aos demais colaboradores. Caberá ao órgão acusador (Ministério Púbico), único titular da ação penal pública e, portanto, o único a quem caberá fazer esse juízo de imunidade, decidir o quanto vale a colaboração que justificaria a não denúncia do colaborador. Pensamos que, como são casos extremos, ademais de constar no negócio jurídico firmado entre as partes (acordo de colaboração), esta cláusula de imunidade mereceria uma motivação explicativa sobre a sua adoção. Isso não só resguarda o órgão acusador, mas, também, respeita os princípios da administração pública e da moralidade administrativa. Quando se decide por um ato extremo (imunidade processual) que certamente não terá aceitação plena na comunidade jurídica, o ideal seria justificar os motivos que levaram o contratante (Ministério Público) a adotá-lo. De outro lado, isso fica justificado perante a sociedade,[278] enquanto destinatária do acordo, porque, como se sabe, é através deste instrumento que se desvelarão diversos outros delitos onde o interesse público será prevalente diante de uma ação penal contra o colaborador.

---

[277] ORTIZ PRADILLO, Juan Carlos. *Los delatores en el proceso penal*. Recompensas, anonimato, protección y otras medidas para incentivar una "colaboración eficaz" con la justicia. Espanha: Wolters Kluwer, 2018. p. 320.

[278] HASSEMER, Winfried. La persecución penal: legalidad y oportunidad. *Jueces para la Democracia*, Madrid, n. 4, p. 10, 1998.

3.5.2. Análise do caminho para a concessão dos prêmios

O artigo 4º trata das hipóteses de perdão judicial, redução da pena ou da substituição da pena por restritiva de direitos, desde que estejam preenchidos os demais requisitos dos incisos I a V. Desse modo, cabe a análise, em primeiro lugar, do *caput* do artigo em comento. O problema posto é que a lei, antes mesmo de estabelecer um procedimento, já estabeleceu os prêmios que poderão ser concedidos na fase judicial, porque trata da concessão pelo juiz. A melhor técnica legislativa seria disciplinar, primeiro, um procedimento para a colaboração; ou seja, que dispusesse, previamente, sobre a reunião de provas e documentos, sobre a redação de anexos e da proposta inicial, sobre um termo de obrigação inicial entre as partes para que efetivamente se pudesse pôr em marcha os assuntos que seriam tratados na colaboração etc., tudo isso para garantir às partes, desde o início, a segurança jurídica do que seria tratado.

O procedimento é sempre importante para unificar as colaborações que serão efetivadas, dando um caminho em razão do qual os envolvidos terão como saber de que forma deverão proceder. O procedimento, de forma sucinta, só vem descrito no § 7º do artigo 4º, o que não traduz muita coisa em termos de segurança jurídica.

O importante seria o legislador estabelecer que, uma vez iniciadas as tratativas com a autoridade competente para realizar o acordo de colaboração (Ministério Público ou polícia),[279] haveria um termo inicial de confidencialidade da proposta, não podendo ser revelada ainda que a colaboração não siga adiante. Isso porque, nesse primeiro momento, acusação e defesa ainda não estarão cobertos pela segurança de que a colaboração seguirá adiante. Isso dependerá do que será apresentado pela defesa (colaborador) e pelo interesse da autoridade na apresentação das provas e da identificação de possíveis coautores de crimes, apenas para citar como exemplo.

Questão interessante que deve ser posta é se a colaboração é um direito subjetivo do investigado ou réu, uma vez tendo todas as provas que poderão ser utilizadas, ou se é um ato discricionário da autoridade. Entendemos que se trata de direito subjetivo do investigado/acusado porque se trata, também, de um mecanismo de defesa do colaborador.

Assim, ao optar pela colaboração, o ato de indeferimento pelo Ministério Público deve ser motivado em face da lei, ou seja, deve

---

[279] Ver a respeito a recente decisão do STF que autorizou a Polícia Federal a celebrar acordos de colaboração premiada (ADI 5508).

ocorrer uma justificativa motivada na qual fique claro o porquê da não aceitação da colaboração. Ainda que o Ministério Público seja o titular da ação penal, aqui não se trata de um ato meramente discricionário, pois, como defendemos, trata-se também de mecanismo de defesa do investigado, e a recusa deverá ser motivada.

Aliás, nesse sentido, é interessante o fato de que já se reconheceram os prêmios previstos na lei a réus que formalmente não tinham acordo firmado com o Ministério Público. Nesse sentido, o juiz, ao prolatar a sentença e reconhecendo a eficácia da colaboração, acabou por conceder os benefícios ao colaborador informal (porque não tinha acordo firmado com o Ministério Público).[280]

O problema reside na resistência inicial ao acordo e, aqui, parece ser necessário que se firme um mecanismo análogo ao previsto no art. 28 do CPP.[281] Isso porque se o responsável pelo acordo se recusar a firmá-lo sem justificativa, outro caminho não haveria se não o de remeter ao Procurador-Geral para que desse a palavra final. Lembremos que, antes de tudo, o acordo deve visar ao interesse público.

Desse modo, defendemos a implementação de um mecanismo de controle a respeito da negativa da autoridade estatal na pactuação do acordo, em um sistema semelhante ao previsto no artigo 28 do CPP (remessa da matéria ao Procurador-Geral para que a examine em definitivo), não ficando a cargo de um único agente público o exame discricionário a respeito da realização ou não do acordo. Essa medida conferiria maior segurança jurídica ao instituto, especialmente aos acordos celebrados, já que imporia mais uma barreira a um exame pessoalizado a respeito da celebração do acordo com determinados agentes (especialmente em crimes envolvendo agentes políticos). Se a colaboração premiada deve ser pautada pelo interesse público, nada mais adequado do que se possibilitar a impugnação da decisão de celebração do acordo que se fundamente em interesses políticos/pessoais.

Em recente decisão do STF,[282] foi mantido o entendimento do Ministro Edson Fachin de que não compete ao Poder Judiciário

---

[280] Nesse sentido, a decisão prolatada na Ação Penal nº 5035263-15.2017.4.04.7000/PR, da 13ª Vara Federal de Curitiba/PR.

[281] Art. 28. Se o órgão do Ministério Público, ao invés de apresentar a denúncia, requerer o arquivamento do inquérito policial ou de quaisquer peças de informação, o juiz, no caso de considerar improcedentes as razões invocadas, fará remessa do inquérito ou peças de informação ao procurador-geral, e este oferecerá a denúncia, designará outro órgão do Ministério Público para oferecê-la, ou insistirá no pedido de arquivamento, ao qual só então estará o juiz obrigado a atender.

[282] Proferida pela Segunda Turma, à unanimidade, em agravo regimental no Mandado de Segurança nº 35693.

compelir o Ministério Público a celebrar acordo de colaboração premiada, instituto de natureza essencialmente voluntária. Nessa oportunidade, entretanto, foi destacado pelo Ministro Gilmar Mendes, como uma forma de controle contra abusos do Estado, a possibilidade de que a decisão a respeito da não celebração do acordo seja revista internamente no órgão ministerial, também fazendo referência analógica ao artigo 28 do CPP.

Essa possibilidade de revisão interna da decisão negativa da celebração do acordo é o mínimo para que se confira maior segurança ao procedimento – veja-se que, no caso concreto examinado pela Suprema Corte, em mera fase inicial do acordo, ainda em suas tratativas, foram realizadas 13 reuniões entre as partes de possível futuro acordo, durante 17 meses, com longas entrevistas com o agente proponente da colaboração, do que resultou a confecção de 40 anexos; ao final, sequer houve a celebração do acordo.[283]

Essa situação demonstra que o debate a respeito da segurança jurídica necessária ao sucesso do instituto da colaboração premiada não se limita a se saber se, após a sua celebração e o seu desenvolvimento, a autoridade judicial estará ou não (e em que medida) vinculada aos prêmios pactuados. O debate a respeito da segurança jurídica também deve ser realizado na fase inicial desse procedimento, quando da sua proposta e das suas tratativas.

Nesse primeiro momento, no qual o termo de intenção de colaboração será firmado, a lei também já poderia estabelecer os meios de prova que deverão ser apresentados (documentos, gravações, indicações de contas bancárias, etc.). Se as partes concordarem que os documentos interessam para o acordo, a lei deveria estabelecer, nesse momento, um segundo procedimento, que seria a configuração dos anexos do colaborador; ou seja, disciplinar o que cada anexo deveria conter para ser útil na futura investigação (por exemplo, o nome de coautores ou partícipes, o local do pagamento de valores, as contas utilizadas, os documentos ou as notas fiscais, as empresas que serviram para disfarçar os valores de origem delitiva). Essa instrumentalização já facilitaria o trabalho das autoridades no momento de se ter os dados da corroboração e, ainda, poderia guiar o futuro

---

[283] Poder-se-ia problematizar, então: ao invés de se celebrar o acordo e, ao final, avaliar-se a sua efetividade, mais valeria à autoridade estatal permanecer em fase de negociações por longo período e, não atingindo suas expectativas por completo ou sobrevindo meios outros de comprovação da culpa dos agentes, simplesmente se negar a celebrar do acordo, exonerando-se da discussão a respeito da efetividade do acordo ou de eventual rescisão.

termo de depoimento do colaborador. Para isso, o padrão da redação de um anexo é importante, porque, como afirmamos, padroniza a formalização de todos os acordos e oferece um mecanismo de prova que poderá ser utilizado com eficácia na futura investigação.

Superada a fase de elaboração dos anexos, a autoridade tomaria o depoimento do colaborador (segunda fase do procedimento), no qual o colaborador, ademais de declarar diante da autoridade competente, entregaria os dados de corroboração do que foi redigido no anexo entregue previamente.

No que diz respeito ao inciso I do artigo 4º, o colaborador deverá indicar os coautores ou partícipes da organização criminosa e das infrações por eles praticadas. De início, há um caráter restritivo da própria lei, porque refere a identificação para concessão do benefício tão somente de pessoas ligadas à organização criminosa. Não se desconhece que a lei que regula a colaboração trouxe no seu bojo o conceito de organização e, talvez por isso, o legislador tenha aplicado a colaboração ligada a estes delitos.

É cediço que muitos delitos não são praticados por organização criminosa, ao menos não nos termos da conceituação típica da Lei 12.850/13. Portanto, melhor seria estender o benefício a outros crimes de natureza grave, praticados contra o sistema financeiro, de evasão de divisas, lavagem de dinheiro etc., desde que praticados, ao menos, em concurso de agentes ou em face de formação de quadrilha. Assim, parece-nos que a lei teria uma amplitude maior para alcançar outros colaboradores que estão aptos a revelar delitos importantes. O argumento de que somente os crimes praticados por organização criminosa são capazes de gerar o benefício da colaboração não pode prosperar, porque, muitas vezes, não há uma estrutura propriamente de organização (ou estrutura empresarial) e nem por isso os associados à prática delitiva cometem delitos que não mereceriam um acordo com o Estado.

Também no que diz respeito à identificação dos coautores e partícipes será necessário que os dados de corroboração sejam aptos a identificar essas pessoas para possível persecução penal, ou seja, não basta uma indicação de um prenome ou apelido do membro da organização.

A dificuldade maior será a identificação das infrações por eles praticadas (pelos coautores ou partícipes) porque, como se sabe, não necessariamente o colaborador possua conhecimentos jurídicos para poder precisar o campo da ilicitude penal de todas as condutas realizadas, logo, dele não se pode exigir uma precisão jurídica quanto a isso. Aliás, nesse ponto, é importante destacar que eventual omissão nessa narrativa do colaborador não pode, por si só, servir como motivação de rescisão do acordo. Eventual omissão apontada pela autoridade no acordo celebrado, antes de levar ao pedido de rescisão, deve ter apuração em procedimento próprio, possibilitando, assim, que as partes possam esclarecer os fatos antes da decisão de rescisão do acordo. Ademais, isso respeita a garantia constitucional da ampla defesa e do contraditório, permitindo que não ocorra um ato direto de uma parte sem que a outra possa se manifestar (paridade de armas no processo).

É claro que esse procedimento não pode ser instaurado pela autoridade que firmou o acordo, porque ela mesma se julgará apta, ao final, a julgar o procedimento que instaurou, o que não representa uma garantia ao colaborador. Se aos magistrados não é possível acusar e julgar ao mesmo tempo, em um Estado Democrático de Direito, tampouco o deveria ser aos membros do Ministério Público.

Assim, a melhor solução nos casos de suposta omissão é requisitar à autoridade competente a instauração de inquérito para apuração do fato ilícito que não foi narrado. Após a conclusão do inquérito e, com a remessa deste ao Judiciário é que teríamos, de fato, a relação processual instaurada, na qual a defesa poderia produzir as suas provas. Sem esse procedimento, o instituto da colaboração perde em segurança jurídica.[284]

A crítica que pode ser feita a essa proposta é o tempo de instrução para a comprovação da omissão, ou seja, quanto tempo isso levaria para que se pudesse rescindir o acordo. Dois pontos são importantes: 1) se estamos pensando em aperfeiçoar o instituto da colaboração, poder-se-ia estabelecer um prazo de instrução razoavelmente curto (rito sumariíssimo), pois também haverá interesse do colaborador em resolver a questão em seu favor; 2) no caso de apuração da omissão, haveria a suspensão provisória do acordo até o esclarecimento final da questão, sendo vedada a decretação da prisão cautelar em face da omissão, salvo quando verificadas as hipóteses do art. 312 do CPP.

No caso de comprovação da omissão de fatos ilícitos não narrados pelo colaborador e comprovando-se que ele o fez com a capacidade de ter o conhecimento da ilicitude, deve ser rescindido o acordo? A resposta não pode ser de pleno afirmativa. Deve ser levado em conta tudo o que foi entregue na colaboração (adimplemento substancial). Ou seja, se grande parte do acordo foi cumprido e possibilitou a abertura de inúmeros inquéritos exitosos, rescindir

---

[284] Ver, nesse sentido, o tópico adiante abordado, a respeito do procedimento de rescisão do acordo.

o acordo por uma omissão não seria razoável. Aqui, dentre outros princípios, feriríamos o da proporcionalidade[285] e o da razoabilidade. Na própria aplicação da pena, o princípio da proporcionalidade tem aplicação, isto é, a pena deve ser proporcional ao fato praticado, ou melhor, em relação ao bem jurídico tutelado e a lesão que este sofre. De acordo com isso, não seria proporcional rescindir um acordo que gerou a descoberta de vários fatos delitivos por apenas alguma omissão – voltaremos a esse assunto em tópico específico.

O inciso II do artigo 4º é outro ponto que poderá gerar dificuldades de interpretação. Ainda que o colaborador muitas vezes possa indicar quem supostamente está no comando da organização criminosa, não necessariamente saberá de todo o funcionamento da estrutura ou da hierarquia. Imagine um funcionário de uma empresa que queira colaborar, mas que não tenha o conhecimento preciso de como as operações delitivas são feitas ou estruturadas, ou melhor, como funciona o comando hierárquico (de quem parte a ordem e quem as executa). Isso vale também para a divisão de tarefas da organização criminosa, porque, muitas vezes, não será possível essa precisão do colaborador. Isso, do nosso ponto de vista, não impede que a colaboração seja validada, desde que os dados sejam suficientemente aptos a identificar os coautores e partícipes da organização e, ao menos, possam demonstrar que de alguma forma eles concorrem para os delitos por ela praticados.

O inciso III prevê a "prevenção de infrações penais decorrentes das atividades da organização criminosa". Esse resultado não depende propriamente do colaborador por uma razão singela: ele não é um garante do Estado, não tem essa posição de evitar a prática de novos delitos. O que deve ser levado em conta é se as suas informações são aptas à descoberta dos autores e partícipes da organização e de sua estrutura, fato este que possibilitará à autoridade evitar o cometimento de novos delitos. A prevenção de infrações penais decorrentes das atividades criminosas deve ficar a cargo da polícia ou de outras instituições de controle. A finalidade da colaboração é possibilitar a descoberta dos integrantes da organização, a estrutura hierárquica, os meios utilizados etc., porém, jamais pode ser unicamente a prevenção de novos crimes.

O inciso IV se refere à recuperação de ativos e, por fim, o inciso V se dirige aos delitos praticados com violência à pessoa (sequestro, cárcere privado, etc.), porque somente nesses casos é que a vítima pode

---

[285] AGUADO CORREA, Teresa. *El principio de proporcionalidad en Derecho Penal*. Madrid: Edersa, 1999. p. 31 e ss.

ter a sua integridade física violada. Assim, em relação a este último inciso, para obter os benefícios da lei, deverá o colaborador indicar o local onde se encontra a vítima. A questão que poderá ser discutida será sobre a preservação da integridade física da vítima, pois, imagine-se que o colaborador aponte o local exato onde está a vítima, mas esta já está ferida. Perderia o benefício dos premiais da lei? Acreditamos que não. O que se pode fazer nesse caso é levar em consideração a intenção do colaborador e a eficácia na localização, podendo-se reduzir os prêmios de acordo com as condições da vítima.

O § 1º do artigo 4º está dissociado do moderno Direito Penal. De início, revela que a concessão do benefício levará em conta a personalidade do autor, e isso fere o Direito Penal da culpabilidade, ou seja, o que se reprova é o fato praticado, e não o autor propriamente dito.[286] Não se julga alguém pelo modo de condução de vida ou por pertencer a determinado grupo, isso faz parte de um Direito Penal do passado (Direito Penal do autor), em que se reprovava o sujeito pelo que era (ver Direito Penal do Inimigo).[287] A estrutura do Direito Penal de hoje está moldada na reprovação do fato praticado, portanto, a personalidade do autor não deverá ser levada em conta no momento da concessão do benefício.

3.5.3. Sanções premiais extralegais: sobre sua (im)possibilidade

Os negócios jurídicos em geral não se caracterizam por uma disposição irrestrita das partes a respeito dos seus efeitos. Isto é, não podem as partes dispor livremente sobre as consequências do negócio sem o respeito de balizas mínimas. O que há no negócio jurídico é uma liberdade de escolha limitada ao campo de atuação permitido pelo sistema jurídico.[288] Fora dos limites permitidos pelo

---

[286] Nesse sentido, ver CALLEGARI, André Luís, in PACELLI, Eugênio; CALLEGARI, André. *Manual de Direito Penal*. Parte Geral. São Paulo: GEN/Atlas, 2018. p. 347.

[287] Sobre o tema, ver JAKOBS, Günther; CANCIO MELIÁ, Manuel. *Direito Penal do Inimigo*. 6. ed. Trad. André Luís Callegari e Nereu José Giacomolli. Porto Alegre: Livraria do Advogado, 2015. p. 40 e ss.; DÍEZ RIPOLLÉS, José Luis. *A Política Criminal na Encruzilhada*. Trad. André Luís Callegari. Porto Alegre: Livraria do Advogado, 2015. p. 79 e ss.

[288] DIDIER JR, Fredie; BOMFIM, Daniela. Colaboração premiada (Lei nº 12.850/2013): natureza jurídica e controle da validade por demanda autônoma: um diálogo com o Direito Processual Civil. *Revista do Ministério Público do Estado do Rio de Janeiro*, Rio de Janeiro, n. 62, p. 28, out./dez. 2016. Disponível em: <https://bdjur.stj.jus.br/jspui/bitstream/2011/112667/colaboracao_premiada_lei_didier.pdf>. Acesso em: 24 abril 2018.

ordenamento jurídico, não há liberdade de atuação das partes no negócio jurídico.

Dessa forma, em um negócio jurídico, não se criam efeitos jurídicos; escolhem-se os efeitos do negócio sempre de acordo com as possibilidades admitidas pelo sistema[289] – com uma liberdade maior de decisão das partes quando o ordenamento apenas fornece rol exemplificativo de efeitos, ainda assim se devendo respeitar os parâmetros gerais de legalidade. A questão que aqui assume um papel de destaque é: qual o limite para a definição das sanções premiais da colaboração – se aquelas expressamente previstas em lei ou se os princípios gerais como dignidade da pessoa humana, possibilitando-se inovar em relação às legalmente previstas?

Após fazer referência a benefícios estabelecidos em outros instrumentos legais ao agente que colaborar com os órgãos de persecução penal (por exemplo, a Lei 8.072/90[290] e a Lei 7.492/86[291]) Andrey Borges de Mendonça refere-se à possibilidade de se importarem esses benefícios ao microssistema da colaboração premiada, mesmo que não estabelecidos expressamente na Lei de Organizações Criminosas, sendo o autor favorável à pactuação de sanções premiais diversas daquelas previstas em lei, desde que respeitados limites mínimos (contra penas atentatórias à dignidade da pessoa humana, por exemplo).[292]

Em sentido contrário, J. J. Gomes Canotilho e Nuno Brandão advogam pela vedação à pactuação de sanções premiais que não possuam base legal, nos seguintes termos:

---

[289] DIDIER JR, Fredie; BOMFIM, Daniela. Colaboração premiada (Lei nº 12.850/2013): natureza jurídica e controle da validade por demanda autônoma: um diálogo com o Direito Processual Civil. *Revista do Ministério Público do Estado do Rio de Janeiro*, Rio de Janeiro, n. 62, p. 34, out./dez. 2016. Disponível em: <https://bdjur.stj.jus.br/jspui/bitstream/2011/112667/colaboracao_premiada_lei_didier.pdf>. Acesso em: 24 abril 2018.

[290] Lei 8.072/90, art. 8º, parágrafo único. O participante e o associado que denunciar à autoridade o bando ou quadrilha, possibilitando seu desmantelamento, terá a pena reduzida de um a dois terços.

[291] Lei 7.492/86, art. 25, § 2º. Nos crimes previstos nesta Lei, cometidos em quadrilha ou co-autoria, o co-autor ou partícipe que através de confissão espontânea revelar à autoridade policial ou judicial toda a trama delituosa terá a sua pena reduzida de um a dois terços.

[292] MENDONÇA, Andrey Borges de. Os benefícios possíveis na colaboração premiada: entre a legalidade e a autonomia da vontade. In: BOTTINI, Pierpaolo Cruz; MOURA, Maria Thereza de Assis (org.). *Colaboração premiada*. São Paulo: Revista dos Tribunais, 2017, p. 75-76 e 79.

> Possíveis exclusões ou atenuações de punição de colaboradores fundadas em acordos de colaboração premiada só serão admissíveis se e na estrita medida em que beneficiem de directa cobertura legal, como manifestação de uma clara vontade legislativa nesse sentido. Dito de outro modo: é terminantemente proibida a promessa e/ou a concessão de vantagens desprovidas de expressa base legal.[293]

Em sentido convergente e em prol da limitação da disposição das partes sobre a eleição dos prêmios pactuados, posicionam-se Thiago Bottino[294] e Vinicius Gomes de Vasconcelos.[295]

Na nossa Corte Suprema, esse posicionamento encontra acolhida no entendimento do Ministro Gilmar Mendes, expresso quando do julgamento de questão de ordem pelo Pleno do Tribunal, ao se referir e fornecer um exemplo do que considera acordos que "[...] ofendem à legalidade penal, com cominação de penas sem prévia cominação legal":

> Só para ficar em um exemplo, o caso 'Ricardo Pessoa', condenado à pena de mais de oito anos de reclusão, substituída por regime domiciliar diferenciado. Isto não está na lei, uma espécie de prisão domiciliar, com a possibilidade de progressão para regime aberto diferenciado. Portanto, no acordo, está se legislando. Pergunta-se: Pode? É possível fazer isso? E podemos, no nosso caso, examinar ou não? Não está na lei. [...] Há acordo suspendendo prazo prescricional, sem nenhuma base legal. A Lei 12.850 prevê a suspensão de prescrição por até seis meses, prorrogável por igual período. No acordo de Sérgio Machado, foi acordada a suspensão por dez anos, Ministro Fachin. Está se reescrevendo a lei? Isso pode ser feito? A Procuradoria assumiu, agora, a função Legislativa nos acordos? Nós precisamos responder a isso. [...] Cláusulas ilegais como essas, flagrantemente ilegais, podem ser homologadas? Seja lá pelo Relator ou submetida ao Plenário.[296]

Tais palavras do Ministro Gilmar Mendes ainda devem ser complementadas com outra passagem de seu voto, no qual defende a importância do princípio da legalidade também *in malam partem*:

---

[293] CANOTILHO, J. J. Gomes; BRANDÃO, Nuno. Colaboração premiada: reflexões críticas sobre os acordos fundantes da Operação Lava Jato. *Revista Brasileira de Ciências Criminais*, São Paulo, v. 133, jul., p. 147, 2017.

[294] "Se é certo que tudo aquilo que a lei não proíbe é lícito ao indivíduo realizar, também é certo que os agentes públicos só podem atuar nos limites que a lei estabeleceu." (BOTTINO, Thiago. Colaboração premiada e incentivos à cooperação no processo penal: uma análise crítica dos acordos firmados na "Operação Lava Jato". *Revista Brasileira de Ciências Criminais*, São Paulo, v. 122, ago., 2016).

[295] "[...] a lei precisa determinar os possíveis prêmios e os critérios para sua determinação, reduzindo os espaços de discricionariedade e insegurança na realização dos pactos." (VASCONCELLOS, Vinicius Gomes de. *Colaboração premiada no processo penal*. São Paulo: Revista dos Tribunais, 2017. p. 148).

[296] STF, Pet 7074 QO, Relator(a): Min. EDSON FACHIN, Tribunal Pleno, julgado em 29/06/2017, ACÓRDÃO ELETRÔNICO DJe-085 DIVULG 02-05-2018 PUBLIC 03-05-2018.

Ainda assim, o princípio da legalidade também é importante *in malam partem*. Em nosso sistema, a ação penal pública é obrigatória e indisponível. O Ministério Público não pode escolher quem vai acusar, ou desistir de ações em andamento. As hipóteses de perdão e de redução da pena são legalmente previstas. O juiz não pode absolver ou relevar penas de forma discricionária.[297]

Em síntese, o Ministro defende a necessidade de controle das sanções premiais pactuadas, que devem-se restringir àquelas previstas em lei, em prol da segurança do procedimento e para que se evitem corrupções dos agentes atuantes na colaboração.[298]

No mesmo sentido, em exame homologatório de acordo de colaboração premiada, o Ministro Ricardo Lewandowski, após se referir à extensão da análise judicial realizada neste momento,[299] deixou de homologar o acordo firmado justamente pela irregularidade das sanções premiais acordadas entre as partes.[300] Em suas palavras:

---

[297] STF, Pet 7074 QO, Relator(a): Min. EDSON FACHIN, Tribunal Pleno, julgado em 29/06/2017, ACÓRDÃO ELETRÔNICO DJe-085 Divulg 02-05-2018 Public 03-05-2018.

[298] Nas suas palavras: "O estabelecimento de balizas legais para o acordo é uma opção de nosso sistema jurídico, para assegurar a isonomia e evitar a corrupção dos imputados, mediante incentivos desmesurados à colaboração, e dos próprios agentes públicos, aos quais se daria um poder sem limite sobre a vida dos imputados. Um sistema que oferece vantagens sem medida propicia a corrupção dos imputados, incentivados a delatar não apenas a verdade, mas o que mais for solicitado pelos investigadores." (STF, Pet 7074 QO, Relator(a): Min. EDSON FACHIN, Tribunal Pleno, julgado em 29/06/2017, ACÓRDÃO ELETRÔNICO DJe-085 Divulg 02-05-2018 Public 03-05-2018).

[299] Em suas palavras: "[...] no que se refere aos requisitos de regularidade e legalidade, e mais especificamente quanto ao conteúdo das cláusulas acordadas, vale lembrar que ao Poder Judiciário cabe apenas o juízo de compatibilidade entre a avença pactuada entre as partes com o sistema normativo vigente [...]." (STF, Pet 7265, Relator(a): Min. RICARDO LEWANDOWSKI, decisão proferida em 14/11/2017).

[300] Nos termos do acordo, foi estabelecido: "1. [...] *o perdão judicial de todos os crimes*, à exceção daqueles praticados por ocasião da campanha eleitoral para o Governo do Estado do Rio de Janeiro no ano de 2014, consubstanciados nos tipos penais descritos no art. 350 do Código Eleitoral, no art. 1°, § 2°, inciso I, da Lei n. 9.613/98 e art. 22, parágrafo único, da Lei n. 7.492/86, pelos quais a pena acordada é a condenação à pena unificada de 4 anos de reclusão, nos processos penais que vierem a ser instaurados com esteio nos fatos objetos deste acordo, em regime fechado, a ser cumprido, em estabelecimento prisional, nos termos da lei penal; 2) A pena de reclusão prevista no item 1 acima, será cumprida da seguinte forma: a) recolhimento noturno, pelo prazo de 1 ano, consubstanciado no recolhimento domiciliar de segunda-feira a domingo, a partir das 20:00 até as 06:00, reservada a possibilidade da realização de viagens nacionais e internacionais a trabalho mediante prévia autorização do juízo competente; b) prestação de serviços à comunidade traduzida no atendimento por 20 horas semanais em entidade filantrópica pelo prazo de 03 anos, devendo, esta pena ser executada no prazo máximo de 04 anos. O cumprimento da pena será no seguinte regime: b.1) o COLABORADOR deverá prestar relatórios trimestrais, ao Juízo de execução, de suas atividades profissionais; b.2) o COLABORA-

> Inicialmente, observo que não é lícito às partes contratantes fixar, em substituição ao Poder Judiciário, e de forma antecipada, a pena privativa de liberdade e o perdão de crimes ao colaborador. [...] Sublinho, por oportuno, que a Lei 12.850/2013 confere ao juiz a faculdade de, a requerimento das partes, conceder o perdão judicial, reduzir em até 2/3 a pena privativa de liberdade ou substituí-la por restritiva de direitos [...]. O mesmo se diga em relação ao regime de cumprimento da pena, o qual deve ser estabelecido pelo magistrado competente [...]. Ora, validar tal aspecto do acordo, corresponderia a permitir ao Ministério Público atuar como legislador. Em outras palavras, seria permitir que o órgão acusador pudesse estabelecer, antecipadamente, ao acusado, sanções criminais não previstas em nosso ordenamento jurídico, ademais de caráter híbrido. [...] cabe ao *Parquet*, tão apenas – e desde que observadas as balizas legais – deixar de oferecer denúncia contra o colaborador [...]. Não há, portanto, qualquer autorização legal para que as partes convencionem a espécie, o patamar e o regime de cumprimento de pena.[301]

Por fim, conclui que, no que extrapolar ao regramento legal, faltará regularidade ao acordo:

> Simetricamente ao que ocorre com a fixação da pena e o seu regime de cumprimento, penso que também não cabe às partes contratantes estabelecer novas hipóteses de suspensão do processo criminal ou fixar prazos e marcos legais de fluência da prescrição diversos daqueles estabelecidos pelo legislador, sob pena de o negociado passar a valer mais do que o legislado na esfera penal.[302]

Do mesmo modo entendem o Ministro Ricardo Lewandowski, para quem é obrigação do magistrado vetar cláusulas do acordo de colaboração que imponham o cumprimento da pena em regime não autorizado pela legislação,[303] e o Ministro Alexandre de Moraes, que entende haver no acordo de colaboração certa discricionariedade para que se opte, em sua realização, pelos reflexos mais apropriados; contudo, essa possibilidade de opção deveria ser limitada

---

DOR deverá prestar serviços à comunidade, à razão de 20 (vinte) horas semanais, em local determinado pelo Juízo da execução, facultando-se distribuir as horas de prestação de serviços comunitários, dentro de cada mês, de forma não homogênea ou concentrada, inclusive nos finais de semana e feriados quando necessário para compatibilizar com a jornada de trabalho semanal de RENATO BARBOSA RODRIGUES PEREIRA, em comum acordo com a entidade assistencial ou que vier a ser designada pelo Juízo de execução; b.3) o COLABORADOR poderá realizar viagens internacionais por motivo de trabalho ou para visita de parentes de até 3º grau residentes no exterior, com a comunicação prévia ao Juízo de execução, ou por outro motivo relevante previamente autorizado pelo Juízo de execução, com antecedência mínima de uma semana." (STF, Pet 7265, Relator(a): Min. RICARDO LEWANDOWSKI, decisão proferida em 14/11/2017).

[301] STF, Pet 7265, Relator(a): Min. RICARDO LEWANDOWSKI, decisão proferida em 14/11/2017.
[302] *Ibid*.
[303] STF, Pet 7074 QO, Relator(a): Min. EDSON FACHIN, Tribunal Pleno, julgado em 29/06/2017, ACÓRDÃO ELETRÔNICO DJe-085 Divulg 02-05-2018 Public 03-05-2018.

legalmente, inexistindo discricionariedade para que se opte por algo não previsto em lei.[304]

O debate a esse respeito se justifica, pois não se trata de uma situação hipotética. Na Operação Lava Jato, alguns benefícios não previstos em lei foram concedidos como decorrência da celebração de acordos de colaboração premiada, do que são exemplo a permissão para que familiares do colaborador façam uso de bens que são produto do crime e o cumprimento da pena em regimes diferenciados.[305]

Ainda, intensifica-se a importância dessa problemática em razão da divergência de entendimentos encontrados no Supremo Tribunal Federal. Prova disso se encontra em julgado da Primeira Turma, no qual se admitiu a aplicação de sanção premial não prevista em lei, desde que seja benéfica ao colaborador. Na ocasião, afirmou-se que o princípio da legalidade deve ser considerado uma garantia ao jurisdicionado de que não sofrerá sanção mais severa do que a legal. Desse modo, quando mais benéfica, sendo por ele aceita de maneira voluntária, nenhuma ilegalidade haveria.[306]

Seguindo essa compreensão, o Ministro Luís Roberto Barroso entendeu ser possível a adoção de sanções premiais não previstas em lei, desde que não sejam vedadas pelo ordenamento jurídico, bem como não agravem a situação do agente colaborador com a estipulação de sanção mais severa do que a permitida pelo Direito Penal, respeitando-se um critério de razoabilidade. Esse seu posicionamento foi justificado na natureza negocial que se atribui à colaboração premiada. Isto é, entendeu ser próprio das relações negociais poder se dispor com certa liberdade sobre o pactuado.[307]

Nesse sentido, afirma-se que, sendo a reserva legal uma garantia em favor do investigado/acusado (pensamento com o qual diverge o Ministro Gilmar Mendes, como acima mencionado), a estipulação de sanções premiais não previstas em lei, mas mais benéficas do que aquelas permitidas pelo Direito Penal, não contrariaria

---

[304] STF, Pet 7074 QO, Relator(a): Min. EDSON FACHIN, Tribunal Pleno, julgado em 29/06/2017, ACÓRDÃO ELETRÔNICO DJe-085 Divulg 02-05-2018 Public 03-05-2018.

[305] MENDONÇA, Andrey Borges de. Os benefícios possíveis na colaboração premiada: entre a legalidade e a autonomia da vontade. In: BOTTINI, Pierpaolo Cruz; MOURA, Maria Thereza de Assis (org.). *Colaboração premiada*. São Paulo: Revista dos Tribunais, 2017, p. 77.

[306] STF, Inq 4405 AgR, Relator(a): Min. ROBERTO BARROSO, Primeira Turma, julgado em 27/02/2018, ACÓRDÃO ELETRÔNICO DJe-064 Divulg 04-04-2018 Public 05-04-2018.

[307] STF, Pet 7074 QO, Relator(a): Min. EDSON FACHIN, Tribunal Pleno, julgado em 29/06/2017, ACÓRDÃO ELETRÔNICO DJe-085 Divulg 02-05-2018 Public 03-05-2018.

o ordenamento jurídico, mas, ao contrário, cumpriria com a garantia de favorecimento ao agente colaborador.

Se essa questão chegou ao exame do Supremo Tribunal Federal, é porque o Ministério Público entendeu ser competente para dispor sobre prêmios não previstos em lei. A evidência dessa crença se encontra na orientação Conjunta nº 1/2018 do MPF, na qual se fizeram constar diversas modalidades de sanções premiais possíveis, mesmo que não previstas na Lei de Organizações Criminosas:

> 27. O acordo pode prever, como indicativo para a resposta penal a ser concretizada em sede judicial, além da pena unificada para o montante de fatos e a pena a ser efetivamente cumprida, eventuais penas restritivas de direito, o regime inicial de cumprimento da pena, a progressão de regimes, a suspensão condicional da pena, a suspensão condicional do processo, a suspensão do prazo prescricional e a aplicação dos institutos da remissão e detração. Em caso da previsão de regimes diferenciados, suas regras devem ser detalhadas no acordo. 27.1. O acordo de colaboração premiada pode também prever o valor da multa penal, o valor ou os bens objeto de perdimento e sua destinação, o valor mínimo da reparação do dano e sua destinação às vítimas dos delitos, quando couber.[308]

Um exemplo prático dessa tendência a se extrapolarem os limites legais na fixação de prêmios no acordo de colaboração premiada é encontrado no acordo celebrado entre o Ministério Público Federal e o colaborador José Sérgio de Oliveira Machado, homologado judicialmente no ano de 2016,[309] no qual se estabeleceu como prêmio o chamado "regime fechado diferenciado", com cláusulas como as seguintes:

> **Cláusula Iª** O COLABORADOR deverá, pelo prazo pactuado no acordo, a partir de quando o órgão judicial competente autorizar o início de cumprimento da pena, permanecer recolhido em sua residência, situada na Rua Dr. Pedro Sampaio, 180, Bairro de Lourdes, CEP 60177-020, Fortaleza/CE, entendendo-se incluídas no conceito de residência todas as áreas externas do imóvel, dali não se podendo ausentar-se.
> § 2º O COLABORADOR poderá ausentar-se de sua residência, por seis horas contínuas e não fracionáveis, em oito datas no período de sua reclusão em regime fechado domiciliar, a seguir indicadas: 29/07/2016, 25/12/2016, 25/02/2017, 06/05/2017 [...].

Percebe-se que esse tema é vacilante nos entendimentos dos Ministros do Supremo Tribunal Federal, havendo instrumento normativo expedido pelo Ministério Público Federal no sentido de se desconsiderar qualquer vinculação ao rol legal de sanções premiais.

---

[308] Ministério Público Federal. Orientação conjunta nº 1/2018 – acordos de colaboração premiada. Disponível em: <http://www.mpf.mp.br/atuacao-tematica/ccr5/orientacoes/orientacao-conjunta-no-1-2018.pdf>. Acesso em: 23 jul 2018.
[309] Pet 6138, Relator(a): Min. TEORI ZAVASCKI, julgado em 24/05/2016.

3.6. Retratação, descumprimento e rescisão do acordo

3.6.1. Retratação da proposta

A Lei de Organizações Criminosas resguarda às partes a possibilidade de se retratarem da proposta de acordo de colaboração premiada, nos termos do § 10 do artigo 4º:

> Lei 12.850/2013, art. 4º (...)
>
> § 10. As partes podem retratar-se da proposta, caso em que as provas autoincriminatórias produzidas pelo colaborador não poderão ser utilizadas exclusivamente em seu desfavor.

No mesmo sentido, dispõe a Orientação Conjunta nº 1/2018 do MPF: "6. A proposta de colaboração é retratável por qualquer das partes até a assinatura do acordo, nos termos do art. 4º, § 10, da Lei 12.850/2013".[310]

Pela redação legal, portanto, bem como pela Orientação referida, as partes não estão vinculadas a qualquer acordo de colaboração premiada até que assinem o termo de acordo, permitindo-se, antes disso, a retratação por qualquer das partes. Após a assinatura do termo, o acordo passa a ter existência jurídica, e ambas as partes se encontram em um estado de sujeição aos compromissos assumidos e apenas dependentes de homologação judicial.

Conquanto a legislação em comento faça referência "às partes" quando permite a retratação do acordo, encontra-se crítica doutrinária ao fato de se permitir que essa retratação seja de iniciativa do Ministério Público, pois essa possibilidade contrariaria a natureza do instituto da colaboração premiada, constituindo-se uma traição à confiança depositada pelo colaborador no órgão acusatório, que ainda poderia se valer do material colhido no acordo.[311]

Deve-se destacar que, caso já tenha sido fornecido, pelo proponente-colaborador, material probatório, mesmo com a sua retratação, ainda se poderá utilizar esse material contra terceiros. É o que dispõe a parte final do artigo 4º, § 10, da Lei de Organizações Criminosas e é

---

[310] Ministério Público Federal. Orientação conjunta nº 1/2018 – acordos de colaboração premiada. Disponível em: <http://www.mpf.mp.br/atuacao-tematica/ccr5/orientacoes/orientacao-conjunta-no-1-2018.pdf>. Acesso em: 23 jul 2018.

[311] VASCONCELLOS, Vinicius Gomes de. *Colaboração premiada no processo penal*. São Paulo: Revista dos Tribunais, 2017. p. 250-251; SILVA, Eduardo Araújo da. *Organizações criminosas*: aspectos penais e processuais da Lei 12.850/2013. 2. ed. São Paulo: Atlas, 2015. p. 68.

o entendimento encontrado em trechos de julgamentos do Supremo Tribunal Federal, a exemplo do então Ministro Teori Zavascki[312] e do Ministro Edson Fachin, ao referir:

> Ademais, o art. 4º, § 10, da referida Lei prescreve que, em caso de retratação, "as provas autoincriminatórias produzidas pelo colaborador não poderão ser utilizadas exclusivamente em seu desfavor", de modo que, ao meu sentir, mesmo em caso de extinção do acordo (seja pelo desinteresse em alcançar a sanção premial, seja pela impossibilidade material de fazê-lo), o meio de obtenção de prova, em relação a terceiros, permanece hígido.[313]

Sobre o momento apropriado para a retratação, são esclarecedoras as palavras do Ministro Dias Toffoli a respeito da distinção entre a proposta de acordo de colaboração e o acordo em si, perfectibilizado pela aceitação à proposta, com a sua formalização por escrito. Da proposta, admite-se a retratação; contudo, aceita a proposta e assinado o acordo, não mais se fala em retratação.[314] Nas suas palavras:

> No caso da colaboração premiada, uma vez aceita por uma das partes a proposta formulada pela outra, forma-se o acordo de colaboração, que, ao ser formalizado por escrito, passa a existir (plano da existência). Não se confundem, assim, "proposta" e "acordo", tanto que a "proposta" é retratável, nos termos do art. 4º, § 10, da Lei nº 12.850/13, mas não o acordo. Se o colaborador não mais quiser cumprir seus termos, não se cuidará de retratação, mas de simples inexecução de um negócio jurídico perfeito.[315]

Nesse caso, durante a fase de negociações, até a aceitação da proposta, poderá o agente colaborador se retratar da proposta, situação na qual os elementos de prova produzidos até o momento não poderão ser utilizados contra si, mas apenas contra terceiros. Após assinado o acordo pelas partes, não poderá mais haver a retratação

---

[312] Nas suas palavras: "Mesmo em caso de retratação, o material probatório colhido em colaboração premiada pode ser utilizado em face de terceiros, aos quais caberá, se for o caso, deduzir as razões de defesa nos procedimentos ou ações que em face a elas venham a ser promovidos." (STF, Rcl 21514, Relator(a): Min. TEORI ZAVASCKI, julgado em 11/11/2015, publicado em PROCESSO ELETRÔNICO DJe-229 DIVULG 13/11/2015 PUBLIC 16/11/2015. Em idêntico sentido: STF, Pet 5733, Relator(a): Min. TEORI ZAVASCKI, julgado em 23/09/2015, publicado em PROCESSO ELETRÔNICO DJe-193 DIVULG 25/09/2015 PUBLIC 28/09/2015).

[313] STF, HC 132143, Relator(a): Min. EDSON FACHIN, Primeira Turma, julgado em 15/03/2016, PROCESSO ELETRÔNICO DJe-060 Divulg 27-03-2017 Public 28-03-2017.

[314] STF, Pet 7074 QO, Relator(a): Min. EDSON FACHIN, Tribunal Pleno, julgado em 29/06/2017, ACÓRDÃO ELETRÔNICO DJe-085 Divulg 02-05-2018 Public 03-05-2018.

[315] STF, HC 127483, Relator(a): Min. DIAS TOFFOLI, Tribunal Pleno, julgado em 27/08/2015, PROCESSO ELETRÔNICO DJe-021 Divulg 03-02-2016 Public 04-02-2016.

– a hipótese, a partir de então, pode ser de descumprimento do pactuado.

É preciso que se diga, entretanto, que existe parcela da doutrina a defender a possibilidade de que a retratação do agente colaborador ocorra também em momento posterior à assinatura do termo e, inclusive, após a homologação do acordo.[316]

3.6.2. Descumprimento do acordo

Perfectibilizado o acordo de colaboração premiada, com a sua homologação, entende-se que não poderá o mesmo ser alterado unilateralmente, sendo o caso de seu regular prosseguimento, com o exame final, pela autoridade judicial, de cumprimento ou descumprimento das obrigações assumidas pelo colaborador. Em caso negativo, tornar-se-á impositiva a rescisão do acordo com a sua consequente ineficácia.[317]

Por mais que se afirme que a avença gere um direito subjetivo de implementação das sanções premiais ao colaborador, esse direito subjetivo pressupõe, como qualquer negócio jurídico, o adimplemento contratual por parte do agente colaborador.[318]

Desse modo, é necessário, na fase final do acordo, um exame judicial a respeito dos resultados exigidos no artigo 4º da Lei de Organizações Criminosas. A esse respeito, conforme o entendimento do Ministro Dias Toffoli: "Se não sobrevier nenhum desses resultados concretos para a investigação, restará demonstrado o inadimplemento do acordo por parte do colaborador, e não se produzirá a consequência por ele almejada (aplicação da sanção premial)".[319]

---

[316] VASCONCELLOS, Vinicius Gomes de. *Colaboração premiada no processo penal*. São Paulo: Revista dos Tribunais, 2017. p. 248-249.

[317] Nesse exato sentido, o voto proferido pela Ministra Cármen Lúcia no seguinte julgado: STF, Pet 7074 QO, Relator(a): Min. EDSON FACHIN, Tribunal Pleno, julgado em 29/06/2017, ACÓRDÃO ELETRÔNICO DJe-085 Divulg 02-05-2018 Public 03-05-2018.

[318] Nas palavras do Ministro Edson Fachin: "A efetiva outorga da sanção premial se dá na oportunidade da sentença, concomitantemente ao julgamento do mérito do processo penal respectivo, quando o julgador, nos termos do art. 4º, § 11, da Lei 12.850/2013, *'apreciará os termos do acordo homologado e **sua eficácia***'." (STF, Pet 7003, Relator(a): Min. EDSON FACHIN, julgado em 27/06/2018, publicado em DJe-153 Divulg 31/07/2018 Public 01/08/2018).

[319] STF, HC 127483, Relator(a): Min. DIAS TOFFOLI, Tribunal Pleno, julgado em 27/08/2015, PROCESSO ELETRÔNICO DJe-021 Divulg 03-02-2016 Public 04-02-2016. No mesmo sentido, a Ministra Cármen Lúcia: "[...] quando do julgamento do

Além da possibilidade de não se alcançar algum dos objetivos pretendidos na colaboração premiada, nos termos do artigo 4º da Lei específica, é possível que o acordo se repute descumprido durante a fase de produção probatória por conduta incompatível do agente colaborador. Desse modo, pode ocorrer de o agente colaborador adotar postura incompatível com as obrigações que assumiu quando celebrou o acordo, motivando que se considere descumprido o pacto.

Nesse aspecto, poder-se-ia cogitar da possibilidade de rescisão do acordo em razão do descumprimento por parte do colaborador. Entretanto, salutarmente, tem-se adotado a prática mais ponderada de se avaliar a extensão do descumprimento para que se modulem os efeitos irradiados por esse descumprimento em relação ao acordo como um todo.

Portanto, deve-se levar em conta a amplitude do descumprimento do acordo para que se realize um juízo de revogação integral do acordo.[320] Caso o descumprimento do acordo não seja de gravidade suficiente para justificar a sua rescisão, é adequado que se chame o agente colaborador a uma reformulação do pacto, adequando-o à situação de descumprimento com um agravamento de seus benefícios.

Nesse sentido caminhou a Orientação Conjunta nº 1/2018 do MPF, ao dispor:

> 38. É recomendável a inserção de cláusula com previsão de sanções ao colaborador que omitir informações pontuais, quanto a um elemento probatório ou a agentes diversos, circunstância que pode não ensejar, por si só, a rescisão do acordo, caso fornecida a devida complementação e esclarecimentos, independentemente da aplicação de penalidades pela omissão.[321]

Essa disposição em instrumento normativo da instituição revela um padrão de conduta importante e reflete a prática em colaborações já celebradas, inclusive criando uma expectativa de que essa postura seja adotada em colaborações futuras. Ou seja, diante de um caso de omissão, a revisão do acordo (e não sua rescisão automática)

---

mérito dos fatos (sentença ou acórdão) o julgador singular ou colegiado verificará se os termos do acordo foram ou não cumpridos pelo colaborador. Em caso positivo, as cláusulas do acordo deverão ser implementadas conforme homologado e, em caso negativo, o acordo deverá ser declarado rescindido." (STF, Pet 7074 QO, Relator(a): Min. EDSON FACHIN, Tribunal Pleno, julgado em 29/06/2017, ACÓRDÃO ELETRÔNICO DJe-085 DIVULG 02-05-2018 PUBLIC 03-05-2018).

[320] VASCONCELLOS, Vinicius Gomes de. *Colaboração premiada no processo penal*. São Paulo: Revista dos Tribunais, 2017. p. 251.

[321] Ministério Público Federal. Orientação conjunta nº 1/2018 – acordos de colaboração premiada. Disponível em: <http://www.mpf.mp.br/atuacao-tematica/ccr5/orientacoes/orientacao-conjunta-no-1-2018.pdf>. Acesso em: 23 jul 2018.

deve ser adotada como prática comum, sob pena de o agente público incorrer na proibição do *venire contra factum propium*; isto é, de exercer posição jurídica em contradição com o comportamento exercido anteriormente e recomendado por instrumento normativo (revisão de acordo), verificando-se a ocorrência de dois comportamentos contraditórios diferidos no tempo, sendo o primeiro (o *factum* próprio) contrariado pelo segundo (rescisão automática de acordo). De forma mais precisa, o *venire contra factum proprium* encontra respaldo nas situações em que uma pessoa (no caso o MPF), por um certo período de tempo, comporta-se de determinada maneira (processo de revisão do acordo em caso de omissão), gerando expectativas na parte adversa de que seu comportamento permanecerá inalterado. Como o comportamento sempre foi o de revisão, ou também denominado de *recall*, nisso reside a expectativa dos colaboradores de que esse será o comportamento padrão para casos futuros.

Caso o descumprimento dos termos do acordo advenha não do colaborador, mas do membro do Ministério Público, a situação deve ser merecedora de solução diversa. Como bem exposto por Vinicius Gomes de Vasconcelos, esse descumprimento violaria "[...] as premissas do mecanismo premial compatível com a legalidade. [...] verificada tal hipótese, impõe-se o rigoroso sancionamento por conduta acusatória abusiva, [...] além de assegurada a obtenção do prêmio, se efetiva a colaboração prestada".[322]

Não se deve assegurar ao Estado a cômoda e abusiva possibilidade de celebrar o acordo de colaboração premiada, beneficiar-se com a produção de elementos probatórios dependentes da cooperação do agente colaborador e, quando julgar conveniente, descumprir o acordo em completo desrespeito à postura colaborativa da parte adversa e em seu total prejuízo.

Essa mesma lógica é referendada pelo Ministro Luís Roberto Barroso, nos seguintes termos:

> [...] partir do momento em que o Estado homologue a colaboração premiada, atestando a sua validade, ela só poderá ser infirmada, só poderá ser descumprida se o colaborador não honrar aquilo que se obrigou a fazer. Porque, do contrário, nós desmoralizaríamos o instituto da colaboração premiada e daríamos chancela para que o Estado pudesse se comportar de uma forma desleal, beneficiando-se das informações e não cumprindo a sua parte no ajustado.[323]

---

[322] VASCONCELLOS, Vinicius Gomes de. *Colaboração premiada no processo penal*. São Paulo: Revista dos Tribunais, 2017. p. 251.
[323] STF, Pet 7074 QO, Relator(a): Min. EDSON FACHIN, Tribunal Pleno, julgado em 29/06/2017, ACÓRDÃO ELETRÔNICO DJe-085 Divulg 02-05-2018 Public 03-05-2018.

Rescindido o acordo, considera-se que os efeitos dessa rescisão atingem apenas as partes do acordo, não influindo na esfera jurídica de terceiros. Nesse sentido, o então Ministro Teori Zavascki adverte que, mesmo em caso de retratação do agente colaborador, o material colhido na colaboração premiada ainda poderá ser utilizado em relação aos terceiros (nesse caso, com ainda mais cautela do que o normal).[324] Na ementa desse julgado, acolhido à unanimidade em julgamento do pleno do Tribunal, fez-se constar:

> Até mesmo em caso de revogação do acordo, o material probatório colhido em decorrência dele pode ainda assim ser utilizado em face de terceiros, razão pela qual não ostentam eles, em princípio, interesse jurídico em pleitear sua desconstituição, sem prejuízo, obviamente, de formular, no momento próprio, as contestações que entenderem cabíveis quanto ao seu conteúdo.

O mesmo entendimento é referido, exemplificativamente, pela Ministra Rosa Weber[325] e pelo Ministro Dias Toffoli,[326] ambos em julgamento do Tribunal Pleno, de questão de ordem no Inquérito nº 4483, na qual se fez constar, em sua ementa:

> A possibilidade de rescisão ou de revisão, total ou parcial, de acordo homologado de colaboração premiada, em decorrência de eventual descumprimento de deve-

---

[324] Em suas palavras: "[...] a eventual desconstituição de acordo de colaboração tem âmbito de eficácia restrito às partes que o firmaram, não beneficiando e nem prejudicando terceiros. Mesmo em caso de retratação, o material probatório colhido em colaboração premiada pode ainda assim ser utilizado, naturalmente cercado de todas as cautelas, em face de terceiros, aos quais caberá, se for o caso, deduzir as razões de defesa nos procedimentos ou ações que em face a elas venham a ser promovidos." (STF, Inq 3983, Relator(a): Min. TEORI ZAVASCKI, Tribunal Pleno, julgado em 03/03/2016, ACÓRDÃO ELETRÔNICO DJe-095 Divulg 11-05-2016 Public 12-05-2016).

[325] Nas suas palavras: "[...] o acordo de colaboração premiada é um negócio jurídico personalíssimo entre os acordantes. Assim, eventual rescisão parcial ou total do acordo de colaboração não implica, no caso concreto, realizar o controle de higidez das provas na medida em que os efeitos da rescisão dizem apenas com os acordantes, não interferindo na esfera jurídica de terceiros." (STF, Inq 4483 QO, Relator(a): Min. EDSON FACHIN, Tribunal Pleno, julgado em 21/09/2017, ACÓRDÃO ELETRÔNICO DJe-116 Divulg 12-06-2018 Public 13-06-2018).

[326] Nas suas palavras: "Portanto, a simples possibilidade de rescisão de acordo de colaboração firmado por terceiros não atinge diretamente a esfera jurídica dos delatados (*res inter alios acta*), razão por que descabe a sustação do presente inquérito ou de qualquer outro que se ampare em provas obtidas a partir do acordo de colaboração em questão. [...] Nesse contexto, poderá o denunciado, oportunamente, na resposta à acusação, invocar a invalidade das provas produzidas em seu desfavor e, caso eventualmente instaurada a ação penal, confrontá-las em contraditório." (STF, Inq 4483 QO, Relator(a): Min. EDSON FACHIN, Tribunal Pleno, julgado em 21/09/2017, ACÓRDÃO ELETRÔNICO DJe-116 Divulg 12-06-2018 Public 13-06-2018).

res assumidos pelo colaborador, não propicia, no caso concreto, conhecer e julgar alegação de imprestabilidade das provas, porque a rescisão ou revisão tem efeitos somente entre as partes, não atingindo a esfera jurídica de terceiros, conforme reiteradamente decidido pelo Supremo Tribunal Federal.[327]

Uma situação diferente ocorre, é preciso que se diga, com a declaração de nulidade do acordo celebrado, tornando-se inviável a manutenção de seus efeitos diante da ilicitude das provas produzidas, ilicitude que deve ser declarada, com o desentranhamento do acordo do processo, vedada a valoração dos elementos de prova inclusive em relação aos terceiros delatados.[328]

Todavia, essa conclusão é flexibilizada pela Suprema Corte, o que se constata por decisão da Primeira Turma, de relatoria do Ministro Roberto Barroso,[329] quando se considerou que, por meio da colaboração premiada, são revelados à autoridade competente elementos de prova previamente existentes. Por esse motivo, sendo a colaboração premiada um meio de obtenção de prova, não se pode afirmar que a invalidade do acordo represente, automaticamente, a invalidade da prova obtida.[330]

---

[327] STF, Inq 4483 QO, Relator(a): Min. EDSON FACHIN, Tribunal Pleno, julgado em 21/09/2017, ACÓRDÃO ELETRÔNICO DJe-116 Divulg 12-06-2018 Public 13-06-2018.

[328] VASCONCELLOS, Vinicius Gomes de. *Colaboração premiada no processo penal*. São Paulo: Revista dos Tribunais, 2017. p. 108 e 256.

[329] Nas suas palavras: "Com a colaboração, os elementos de prova já existentes são revelados às autoridades pelo agente colaborador. Assim, não é possível afirmar que a invalidade do acordo de colaboração premiada conduz, automaticamente, à invalidade das provas obtidas a partir dele. [...] o único motivo para a invalidade das provas obtidas a partir do acordo de colaboração premiada seria a constatação, altamente improvável, de que a Presidente do Supremo Tribunal Federal tenha homologado um acordo no qual seja evidente a ausência de voluntariedade do colaborador. Fora das hipóteses de vício de vontade, não há qualquer possibilidade de a invalidade do acordo de colaboração contaminar as provas produzidas a partir das informações fornecidas pelo colaborador." (STF, Inq 4405 AgR, Relator(a): Min. ROBERTO BARROSO, Primeira Turma, julgado em 27/02/2018, ACÓRDÃO ELETRÔNICO DJe-064 Divulg 04-04-2018 Public 05-04-2018).

[330] Conforme a ementa do acórdão: "Eventuais ilegalidades em acordos de colaboração premiada não geram automaticamente a ilicitude das provas obtidas a partir dele. Isso porque o acordo, por si só, é apenas o instrumento por meio do qual o colaborador se obriga a fornecer os elementos de prova. Deste modo, apenas vícios de vontade do colaborador podem, em tese, gerar invalidade das provas produzidas. No caso sob exame, o acordo foi devidamente homologado pela autoridade competente (Presidente do Supremo Tribunal Federal), afastando, de plano e formalmente, qualquer ilegalidade ou vício de vontade." (STF, Inq 4405 AgR, Relator(a): Min. ROBERTO BARROSO, Primeira Turma, julgado em 27/02/2018, ACÓRDÃO ELETRÔNICO DJe-064 Divulg 04-04-2018 Public 05-04-2018).

Ainda em relação à prática de conduta ilícita no acordo e em reforço à necessidade de boa-fé contratual e proteção à confiança do colaborador, é pertinente a afirmação do Ministro Celso de Mello, durante julgamento pelo Pleno do Supremo Tribunal Federal, de que, cumpridas todas as obrigações que assumiu no acordo de colaboração, não pode o agente colaborador ser prejudicado por eventuais ilicitudes praticadas pelos órgãos de persecução. Nesse caso, as sanções premiais devem lhe ser garantidas, apesar da ilicitude verificada.[331]

3.6.3. Sobre a consciência da ilicitude na omissão e a rescisão do acordo

É verdade que, nas cláusulas do acordo pactuadas com o Ministério Público, há sempre a menção sobre a possibilidade de revisão e/ou rescisão quando o colaborador, usando de má-fé, deixa de revelar fatos ilícitos de que tenha conhecimento. Aqui reside um grande problema, qual seja: a análise da ilicitude dos fatos e de seu conhecimento por parte do colaborador, pois, ainda que devidamente assistido por profissional qualificado, poderá, em muitos casos, não possuir ou alcançar o conhecimento da ilicitude do fato omitido. Nesse sentido, isso deve ser levado em conta no momento de qualquer processo de revisão da colaboração. Veja-se que, na maioria dos acordos firmados, esse juízo ficará, em um primeiro momento, a critério do Ministério Público, o que deixa o colaborador na incerteza sobre determinados fatos que lhe poderão custar a manutenção do acordo.

Aliás, reforçando a dificuldade da narrativa do colaborador na confecção dos anexos, é precisa a linha de argumentação do Ministro Dias Toffoli quando votou na QO 7074:

> Até porque, muitos dos anexos, por exemplo, de um termo de colaboração, não contemplam necessariamente fatos criminosos, e não levam o Ministério Público sequer a pedir investigação. O colaborador não tem como saber previamente se algo que ele pensa ser imoral é também crime ou não. Ele vai lá e fala: "Olha, tenho conhecimento desses fatos, aqui". E, aí, conforme são os fatos e as personagens envolvidas, o Ministério Público faz os anexos.[332]

---

[331] STF, Pet 7074 QO, Relator(a): Min. EDSON FACHIN, Tribunal Pleno, julgado em 29/06/2017, ACÓRDÃO ELETRÔNICO DJe-085 Divulg 02-05-2018 Public 03-05-2018.
[332] *Ibid.*

Por isso, o conhecimento da ilicitude em matéria penal não é tarefa fácil, nem mesmo para especialistas na área criminal, o que poderá levar, muitas vezes, a uma suposta omissão em fatos narrados pelo colaborador, que ele julga não serem relevantes, mas que, na ótica ministerial, o seriam; ou seja, deveriam ter sido relatados. Mas, quem de fato deve apurar isso? Nos acordos, costuma-se estabelecer que fica a cargo do Ministério Público a verificação sobre a ilicitude dos fatos narrados. Porém, essa discricionariedade não pode ser tão ampla, sob pena de se estabelecer um critério unilateral de decisão do negócio jurídico firmado entre as partes e isso não pode prevalecer nesse tipo de contrato firmado entre o colaborador e o órgão ministerial.

Consciência da ilicitude significa que o autor possui conhecimento de que o que faz não está permitido pelo Direito, ou seja, que está proibido. O principal problema a esse respeito consiste em determinar o que é que se deve saber, qual o objeto ou a referência de dito conhecimento: poderia bastar, por exemplo, um pensar simplesmente que o que se faz "não está bem" ou – indo ao outro extremo – que é imprescindível se saber que se está cometendo um delito? Em segundo lugar, uma vez determinado o que se deve conhecer, apresenta-se a questão de como se deve conhecer, de qual o grau de certeza necessário para afirmar que existe a consciência da ilicitude (o tema denominado conhecimento eventual da ilicitude).[333] Finalmente, deve ser esclarecido o momento e nível de consciência que se deve possuir (o problema da atualidade do conhecimento). Definitivamente, uma pessoa atua com conhecimento da ilicitude quando é consciente do caráter proibido do fato no momento de sua realização.[334]

O primeiro passo na análise do conhecimento da ilicitude como requisito para atribuir plenamente o fato ao seu autor consiste em estabelecer o que se entende por dita consciência de estar atuando ilicitamente, é dizer, em determinar o que se deve ignorar para afirmar que o sujeito não sabia que o seu comportamento era ilícito. Para responder a essa pergunta, é necessário estabelecer qual é o *objeto* da consciência do injusto.[335]

---

[333] FELIPE i SABORIT, David. *Error Iuris.* El conocimiento de la antijuridicidad. Barcelona: Atelier, 2000. p. 100.

[334] JESCHECK, Hans-Heinrich. *Tratado de Derecho Penal.* 4. ed. Traducción de José Luis Manzanares Samaniego. Granada: Editorial Comares, 1993. p. 408 e ss.

[335] FELIPE i SABORIT, David. *Error Iuris.* El conocimiento de la antijuridicidad. Barcelona: Atelier, 2000. p. 108-109.

Assim, em muitos casos, os cidadãos não são conhecedores da cominação penal abstrata da classe de conduta que estão realizando, nem do concreto juízo de ilicitude que corresponde efetuar com respeito ao fato que se vai realizar. Exigir um conhecimento técnico-jurídico completo da norma não é praticável, nem desejável.[336]

O autor deve ser consciente da concreta afetação de certos valores ou interesses e de que estes gozam de proteção por meio do Direito. Trata-se de uma mescla em que se une a consciência da vulneração de uma proibição ou mandato jurídico, isto é, da *antijuridicidade formal geral*, e o conhecimento da *antijuridicidade material do fato*. Não é suficiente com o simples conhecimento do dano social ou a sensação de que o que se faz não é correto ou é imoral se isso não está acompanhado da ideia de proibido.[337]

Para evitar que o conhecimento da ilicitude se converta em um mero juízo ético e não legal do fato, pela via da valoração paralela do profano, ou que fique reduzido a uma consciência abstrata da proibição, como relação meramente formal, exige-se que dita consciência se fundamente naqueles elementos do fato sobre os quais se assenta a norma concreta e cuja vulneração se atribui ao autor.[338] Não basta, pois, com a sensação de estar fazendo algo proibido, ou que o está em relação ao injusto de outro tipo, pois deve captar-se o específico conteúdo do injusto da infração de que se trate. Só por meio do conhecimento correto do conteúdo de valor da norma afetada o cidadão pode determinar sua conduta tendo em conta a consideração que o Direito exerce a respeito de seu comportamento. Definitivamente, é preciso o conhecimento dos aspectos socialmente lesivos pelos quais o fato está proibido.[339]

Além disso, até agora, poucos processos de colaboração foram submetidos à rescisão e isso se deve ao fato que, na maioria das vezes, os processos de colaboração foram úteis e atingiram o interesse público (itens também constantes na Orientação Conjunta do MPF). Assim, para que se rescinda um acordo de colaboração o fato supos-

---

[336] FELIPE i SABORIT, David. *Error Iuris*. El conocimiento de la antijuridicidad. Barcelona: Atelier, 2000. p. 108-109.

[337] Nesse sentido, JESCHECK, Hans-Heinrich. *Tratado de Derecho Penal*. 4. ed. Traducción de José Luis Manzanares Samaniego. Granada: Editorial Comares, 1993. p. 410; STRANTENWERTH, Günther. *Derecho Penal*. Parte General I. Traducción de Manuel Cancio Meliá e Marcelo A. Sancinetti. Madrid: Thomson-Civitas, 2000. p. 251.

[338] Ver, sobre o tema, ROXIN, Claus. *Derecho Penal*. Parte General. Tomo I. Madrid: Editorial Civitas, 1997. p. 867.

[339] FELIPE i SABORIT, David. *Error Iuris*. El conocimiento de la antijuridicidad. Barcelona: Atelier, 2000. p. 120.

tamente omitido deve superar em muito o interesse púbico revelado pelo colaborador, ou seja, devem-se ponderar os interesses em jogo, e o que deve preponderar são os fatos revelados em relação aos supostamente omitidos, porque, novamente, o que está em jogo é que se atinja o interesse público, e isso só pode ser medido pela qualidade da colaboração.

3.6.4. Procedimento de rescisão do acordo

A Lei 12.850/2013 não estabeleceu um procedimento para os casos de rescisão do acordo de colaboração premiada e, tampouco, as hipóteses em que caberiam tal solução. Como na QO 7074, julgada pelo STF, os Ministros enfrentaram não somente o tema da homologação, mas, também, o da validade do acordo e da concessão das sanções premiais, concluímos que a única hipótese de rescisão seria a de vício na formação do negócio jurídico processual (coação ou fraude), porque, nas demais hipóteses, o caso não seria propriamente de rescisão, mas, tão somente de não concessão das sanções premiais propostas pelo Ministério Público e/ou autoridade policial.

Tal conclusão infere-se da leitura dos votos dos Ministros da Suprema Corte, porque, como já explicitado por todos, o acordo firmado, em princípio, vincularia o magistrado e/ou relator do processo, salvo nos casos de vício na origem do pacto firmado entre as partes. Assim, caso surja alguma dúvida em relação ao que o colaborador disse, não se pode de plano rescindir o acordo, porque, ao final, o magistrado modularia as sanções premiais de acordo com o que foi entregue pelo colaborador. Isso parece uma consequência natural da aplicação das sanções premiais de acordo com o interesse público revelado e o material entregue pelo colaborador.

O único caso que não permite a adequação dos prêmios no final do processo (sentença/acórdão), caso ocorra a omissão, é o da imunidade processual (não denúncia), porque nesse procedimento não haveria como fazer a modulação das sanções em face do que foi entregue e produzido pelo colaborador. Como se trata de hipótese inovadora na lei, em que não vige o princípio da obrigatoriedade da ação penal (pois o Ministério Público, diante da relevância da colaboração, optou pela não persecução penal do colaborador), a única alternativa em casos graves de omissão será o de instaurar um procedimento para averiguação da omissão, evidentemente, com todas as garantias constitucionais asseguradas e presidido por um magistrado.

Portanto, o simples fato de o Ministério Público entender que houve omissão em determinado ponto da colaboração não pode levar à automática rescisão do acordo de colaboração. Ainda que se discuta se a omissão foi dolosa e não respeitou a boa-fé prevista no contrato, caberá ao Poder Judiciário a palavra final sobre a manutenção da avença firmada entre as partes, preservando-se, assim, a segurança jurídica do negócio jurídico processual.

Feitas essas advertências introdutórias, verificada a ocorrência de causa que possa justificar a rescisão do acordo de colaboração premiada, é preciso saber qual a postura das partes, bem como do Judiciário, em relação a essa situação. Trata-se de uma questão ainda incipiente a relativa ao "como" se chegar à rescisão do acordo de colaboração.

Essa situação se torna substancialmente complexa em razão do conflito de interesses que pode se instaurar diante de um alegado descumprimento do acordo. Ou seja, pode o membro do Ministério Público alegar a ocorrência de omissão por parte do agente colaborador, em violação ao compromisso assumido de dizer a verdade sobre todos os fatos criminais de que tenha conhecimento, bem como em contradição com a própria postura de cooperação, considerando essa atitude grave o suficiente para a rescisão total do acordo (o que, como acima afirmamos, não concordamos por princípio). Por outro lado, o agente colaborador pode entender que não houve qualquer omissão de sua parte (que não conhecia o fato novo descoberto ou que se trata de fato inverídico), ou então qualquer omissão intencional (que não se recordava do fato novo descoberto), ou então que a omissão não possui gravidade suficiente para a rescisão total do acordo, devendo-se apenas proceder à sua readequação.

Diante disso, instaura-se uma situação de dúvida a respeito do fato alegado pela acusação (a omissão suficiente à rescisão do acordo) e, tratando-se a colaboração premiada de procedimento inserido no sistema processual penal, não se deve permitir uma decisão a respeito de questão com tamanha importância quanto essa sem que se possibilite ao agente colaborador o exercício do contraditório e da ampla defesa. Isto é, para a rescisão do acordo de colaboração premiada, não basta o requerimento nesse sentido da autoridade ministerial, fazendo-se necessária a instauração de procedimento judicial que assegure o exercício de todas as garantias processuais penais.

Essa situação ocorreu recentemente em acordo de colaboração firmado no âmbito da Operação Lava-Jato, havendo a instauração de procedimento administrativo para se apurar o descumprimento do acordo, conforme relatado pelo Ministro Edson Fachin:

> Isso porque, o que se tem até o presente momento, formalizado nos autos, é a notícia de que a Procuradoria-Geral da República instaurou *procedimento visando à eventual rescisão ou revisão dos ajustes*, diante de suspeitas de que *os colaboradores teriam agido com má-fé ao não revelar, como estariam obrigados, todos os fatos criminosos de que tinham conhecimento*, em especial aqueles relativos à suposta orientação que teriam recebido por parte do ex-Procurador da República Marcello Miller, antes de se exonerar do cargo.[340]

De acordo com a Orientação Conjunta nº 1/2018 do MPF, a instauração de procedimento administrativo para a produção de provas necessárias à avaliação do descumprimento do acordo é prevista como uma possibilidade. Entretanto, caso o membro da Instituição considere desnecessária a produção probatória para esclarecimento da causa de rescisão, a provocação direta do Judiciário se coloca como a medida a ser adotada:

> 37. O descumprimento do acordo e a causa da sua rescisão deverão ser levados ao juízo, observado o contraditório e preservada a validade de todas as provas produzidas até a rescisão, mediante as seguintes alternativas: a) instauração de procedimento administrativo, quando necessário coletar novas evidências sobre as causas de rescisão, que será levado ao juízo em seguida; b) provocação direta do juízo, quando a causa de rescisão for constatada sem a necessidade de novos dados ou evidências.[341]

Assim, em requerimento de homologação de pleito de rescisão de acordo de colaboração premiada, no caso concreto específico, o Procurador-Geral da República informou a realização de procedimento administrativo prévio no qual se teria oportunizado o exercício da ampla defesa e do contraditório ao colaborador, apurando-se a sua má-fé, motivo pelo qual a autoridade ministerial teria decidido pela rescisão do acordo, requerendo ao Ministro Edson Fachin a "[...] a homologação da rescisão definitiva dos acordos de colaboração, com a consequente perda das premiações, mantendo-se plenamente válidas as provas trazidas e produzidas pelos colaboradores [...]".[342]

---

[340] STF, Inq 4483 QO, Relator(a): Min. EDSON FACHIN, Tribunal Pleno, julgado em 21/09/2017, ACÓRDÃO ELETRÔNICO DJe-116 Divulg 12-06-2018 Public 13-06-2018.

[341] Ministério Público Federal. Orientação conjunta nº 1/2018 – acordos de colaboração premiada. Disponível em: <http://www.mpf.mp.br/atuacao-tematica/ccr5/orientacoes/orientacao-conjunta-no-1-2018.pdf>. Acesso em: 23 jul 2018.

[342] STF, Pet 7003, Relator(a): Min. EDSON FACHIN, julgado em 27/06/2018, publicado em DJe-153 Divulg 31/07/2018 Public 01/08/2018.

Nesse caso específico, em razão da peculiaridade da sanção premial ofertada aos colaboradores (não oferecimento de denúncia), inexiste processo correspondente para que, no momento da decisão de mérito, se avaliasse o cumprimento do acordo por parte dos agentes.

Contudo, deve-se considerar absolutamente insuficiente a realização de procedimento administrativo para a rescisão do acordo. Diferentemente do que ocorreu, com o requerimento de homologação da rescisão apresentado pelo Ministério Público Federal, o procedimento judicial apropriado para a rescisão do acordo deve ser *rescisório*, com a oportunização para produção probatória, inclusive testemunhal, e não *homologatório*, de atuação judicial limitada.

Isso se justifica ao menos para os casos nos quais a pretendida rescisão não conte com a anuência do agente colaborador, traduzindo-se em pretensão resistida, demandando-se a atuação jurisdicional para a resolução do litígio. No caso concreto mencionado, esse foi o entendimento adotado pelo Ministro Edson Fachin, ao mencionar:

> Pretensão resistida trazida a Juízo configura litígio, conforme as clássicas lições de Carnelutti. Litígios, para serem compostos, demandam a observância, nos termos do art. 5º, incisos LIV e LV, da Constituição Federal, do devido processo legal assegurando-se ampla defesa e contraditório.[343]

Desse modo, determinou-se a instauração e o prosseguimento de procedimento judicial destinado à avaliação do descumprimento do acordo de colaboração, com a oportunização de produção probatória às partes, nos seguintes termos:

> Dito isso, é de se determinar o prosseguimento do feito com a determinação às partes para que, no prazo comum de 5 (cinco) dias, especifiquem as provas que pretendem produzir, indicando, no caso das testemunhas, qualificação e endereços atualizados. Isso levado a efeito e concluída a instrução, após razões finais das partes, indicarei à pauta para julgamento pelo Tribunal Pleno.[344]

Em síntese, não basta o requerimento da autoridade que com o colaborador celebra o acordo para a sua rescisão, nem mesmo a existência de procedimento administrativo com essa finalidade. É necessário o respeito às garantias processuais penais em um procedimento judicial para que se avalie a existência de responsabilidade do agente colaborador em eventual descumprimento do acordo e a extensão dessa responsabilidade.

---

[343] STF, Pet 7003, Relator(a): Min. EDSON FACHIN, julgado em 27/06/2018, publicado em DJe-153 Divulg 31/07/2018 Public 01/08/2018.
[344] *Ibid*.

3.6.5. Rescisão total, rescisão parcial e modulação do acordo de colaboração

Questão não resolvida pela doutrina e pela jurisprudência é a referente à eventual possibilidade de ocorrer somente a rescisão parcial do acordo de colaboração premiada. Nos casos de rescisão total, parece-nos que não há dúvidas de que poderá ser o acordo rescindido se houver vício na sua formação (coação), em que a consequência natural será a perda da prova para o Estado, que não poderão ser utilizadas contra o colaborador. Nesse caso, a consequência lógica é a de que todos perdem com a invalidação do acordo.

Se a rescisão for por culpa do colaborador, ou seja, ficar provado que houve omissão dolosa e não se respeitou a boa-fé objetiva do pacto firmado, este perderá o benefício das sanções premiais ao final do processo, e o Estado permanecerá com as provas, de acordo com a previsão expressa na Lei nº 12.850/13. Já mencionamos linhas acima a dificuldade de demonstração da omissão, fato este que nem deveria ensejar a rescisão do acordo, mas, somente uma penalidade pecuniária ou uma modulação dos efeitos do acordo por ocasião da concessão das sanções premiais.

Questão tormentosa é a relativa à possibilidade de ocorrer a rescisão parcial do acordo. Há casos em que o colaborador firma uma espécie de "acordo guarda-chuva", no qual vários anexos de colaboração são entregues à autoridade estatal. No decorrer do procedimento, o Ministério Público aponta omissão em relação a um ou mais fatos decorrentes dos anexos, ou que deveriam estar descritos por ocasião de sua confecção e entregues à autoridade no prazo estabelecido no acordo. A indagação é se essa suposta omissão apontada pelo Ministério Público tem força, por si só, de rescindir totalmente o acordo. Entendemos que não. O correto seria retirar do acordo os fatos apontados como objeto da omissão e deixar que o juízo competente os avalie no procedimento penal adequado, permitindo-se ao colaborador defender-se de acordo com as garantias constitucionais e, caso condenado, devendo cumprir as sanções impostas em face do fato praticado. Nos demais anexos nos quais não houver problema de narrativa, quando ocorrer por conta deles a possibilidade do desvelamento de organizações criminosas, o acordo deverá ser mantido, porque, novamente, o que está em jogo é o interesse público, e este se sobrepõe quando se trata de possibilitar a persecução penal de organizações criminosas.

De acordo com o exposto, não se trata propriamente de rescisão parcial do acordo de colaboração, mas de retirada parcial dos anexos ou de narrativas fáticas onde houver supostas omissões que deverão ser apuradas em procedimento penal próprio, com o risco de eventual condenação do colaborador caso o fato apontado pelo Ministério Público seja comprovado como verdadeiro. Esse parece ser o melhor caminho até mesmo para a preservação da segurança jurídica dos acordos de colaboração; ou seja, onde houver problemas pontuais, retira-se as partes problemáticas do acordo, remetendo-se as mesmas para a devida apuração, mantendo-se os demais termos do acordo na sua integralidade porque servirão de fundamento para a persecução de organizações criminosas.

Por fim, a indagação que resta é se cabe ao Judiciário a modulação do acordo em casos de pedido de rescisão. Entendemos que não é possível o magistrado e/ou relator modular o acordo nos casos de pedido de rescisão. Veja-se que não estamos tratando de casos de vinculação ao juízo de homologação do acordo, na qual entendemos que um reexame será possível diante do que foi produzido pelo colaborador (eficácia) por ocasião da sentença. No caso do pedido de rescisão, a hipótese é distinta, porque o Ministério Público não quer mais o acordo, logo, não caberia ao Poder Judiciário propor novas sanções premiais porque estaria atuando como parte.[345] Nesse sentido, há dois caminhos: o primeiro é no sentido de retirar tão somente os fatos apontados como omissão e remetê-los ao juízo competente para apuração; o segundo é a remessa do acordo ao Ministério Público para que faça uma proposta de readequação em face das supostas omissões. Essas são as duas únicas soluções possíveis, pois, como mencionamos, é vedado ao magistrado fazer nova proposta ou adequar as sanções premiais. As partes no acordo são, de um lado, o Ministério Público e/ou a autoridade policial e, de outro, o colaborador. No momento em que o magistrado participasse efetivamente do acordo, perderia a imparcialidade necessária para julgá-lo ou para aplicar as sanções premiais.

---

[345] Em sentido similar, porém fazendo referência à vedação da participação do juiz nas cláusulas de homologação do acordo, foi o voto do Ministro Edson Fachin por ocasião do julgamento da QO 7074, quando mencionou: "Logo, nessa fase homologatória, repiso, não compete ao Poder Judiciário a emissão de qualquer juízo de valor acerca da proporcionalidade ou conteúdo das cláusulas que compõem o acordo celebrado entre as partes, sob pena de malferir a norma prevista no § 6º do art. 4º da Lei nº 12.850/2013, que veda a participação do juiz nas negociações, dando-se concretude ao princípio acusatório que rege o processo penal no Estado Democrático de Direito" (STF, Pet 7074 QO, Relator(a): Min. EDSON FACHIN, Tribunal Pleno, julgado em 29/06/2017, ACÓRDÃO ELETRÔNICO DJe-085 DIVULG 02-05-2018 PUBLIC 03-05-2018).

Concluímos que o melhor caminho, que visa à preservação do acordo, da segurança jurídica e do interesse público, é a retirada somente dos fatos apontados como objeto da omissão, que deverão ser apurados em procedimento penal próprio pelo juízo competente.

Aliás, nesse sentido (preservação da segurança jurídica), o Ministro Roberto Barroso assentou na QO 7074 o seguinte:

> Estou convencido de que a colaboração premiada, uma vez homologada, só não será honrada se o colaborador não cumprir com as obrigações que assumiu. Porque, do contrário, se o Estado, pelo seu órgão de acusação, firma um acordo de colaboração premiada que ele, Estado, valorou ser do seu interesse, obtém as informações para punir réus mais perigosos ou crimes mais graves – e, portanto, se beneficia do colaborador –, e depois não cumpre o que ajustou, é uma deslealdade por parte do Estado e é a desmoralização do instituto da colaboração premiada.

No sentido de resguardar a segurança jurídica do instituto da colaboração premiada, também foi o preclaro voto do Ministro Celso de Mello, decano da Corte, ao afirmar no julgamento da QO 7074 o seguinte:

> *Por traduzir típico ato jurídico perfeito*, **o acordo de colaboração premiada** – desde que homologado na forma **do § 7º** do art. 4º da Lei nº 12.850/2013 – **deverá** ser respeitado **por todos** os órgãos e agentes do Estado, **sob pena de imprestabilização** *desse importante meio de obtenção de prova*, **eis que entendimento diverso**, *que admitisse a desconsideração* de referido pacto negocial, **faria instaurar** *situação de total instabilidade* **e** *de completa insegurança jurídica*, **fatores que culminariam por desestimular** a celebração de tais acordos *por potenciais* agentes colaboradores. (grifos no original)

Portanto, como enfatizamos, a primazia da segurança jurídica e do interesse público devem-se sobrepor às supostas omissões, porque o Estado não pode se valer do que lhe interessa e depois desprezar a colaboração que tanto lhe serviu em determinado momento.

3.6.6. Homologação da rescisão em tribunais: decisão monocrática ou por colegiado

Se houver pedido de rescisão do acordo de colaboração premiada homologado por tribunal, surge a dúvida sobre quem seria o responsável para processar e julgar o pedido de rescisão. É certo que na QO 7074, julgada pelo STF, o Plenário decidiu que a homologação do acordo é de atribuição do relator para quem foi distribuído o processo. Portanto, nesses casos, não é necessária a intervenção do colegiado, e a decisão pode ser monocrática.

Questão ainda não enfrentada é a relativa a quando houver o pedido de rescisão. Nesse caso, o julgamento do pedido, ao que tudo indica, também será de competência do Plenário da Corte. Essa conclusão pode ser retirada dos intensos debates ocorridos na QO 7074, na qual se acabou por definir que até mesmo as questões de eficácia da colaboração seriam decididas pelo colegiado. Além disso, recentemente, o Ministro Edson Fachin decidiu levar essa questão (rescisão do acordo) ao Plenário do STF, entendendo ser o colegiado competente para decidir sobre o pedido de rescisão formulado pelo Ministério Público.[346]

Essa decisão parece contrariar a lógica adotada por ocasião do julgamento da QO 7074, no qual ficou decidido que o relator, monocraticamente, teria competência para decidir sobre a homologação do acordo. A mesma regra deveria valer para os pedidos de rescisão ou anulação dos acordos de colaboração premiada. Isso possibilitaria, nos casos de acordos firmados no STF, que o colaborador tivesse uma instância recursal, porque nos casos de julgamento pelo Plenário da Corte isso não será possível.

3.6.7. Prisão preventiva como consequência do descumprimento do acordo

Duas situações podem ser consideradas ilegais na relação entre a colaboração premiada e a prisão preventiva. Primeiramente, a utilização da prisão preventiva como instrumento para coagir o investigado/acusado a formalizar acordo de colaboração premiada.[347]

Essa utilização da prisão preventiva, além de decorrer de absoluta inconsistência jurídica, dada a imprestabilidade desse fundamento para justificar a prisão cautelar, fulmina de morte a indispensável voluntariedade para a celebração do acordo. A utilização de qual-

---

[346] Nas suas palavras: "O caso em tela, então, exige manifestação jurisdicional prévia sobre as causas apontadas pelo Ministério Público como suficientes para que se tenha o acordo por rescindido. Tal atribuição se situa na competência do Plenário deste STF." (STF, Pet 7003, Relator(a): Min. EDSON FACHIN, julgado em 27/06/2018, publicado em DJe-153 DIVULG 31/07/2018 PUBLIC 01/08/2018).

[347] Essa justificação para a prisão preventiva foi utilizada em parecer de procurador da República, nos seguintes termos: "Com efeito, à conveniência da instrução processual, requisito previsto artigo 312 do Código de Processo Penal, deve-se acrescer a possibilidade real de o infrator colaborar com a apuração da infração penal, como se tem observado ultimamente, diante dos inúmeros casos de atentados contra a administração e as finanças do país." (Disponível em: <https://www.conjur.com.br/dl/lava-jato-parecer-mpf-prisao-forcar.pdf>. Acesso em: 10 jan 2018).

quer estratégia para coação do possível agente colaborador é flagrantemente incompatível com o caráter voluntário que deve reger o acordo de colaboração premiada.

A outra forma de relacionamento também verificada na prática entre o acordo de colaboração e a prisão preventiva é a referente à aplicação da prisão como consequência do descumprimento do acordo, quando a prisão preventiva tenha sido previamente revogada em razão da possível celebração do acordo.

Em caso concreto julgado pelo Supremo Tribunal Federal, após a revogação da prisão preventiva do agente em razão da crença de que iria celebrar acordo de colaboração, com o posterior esclarecimento dos fatos, houve a frustração dessa expectativa, motivo pelo qual se restabeleceu a prisão. A ilegalidade dessa prisão foi afirmada pela Segunda Turma do Tribunal, em decisão unânime[348] de relatoria do Ministro Edson Fachin, entendendo-se que não há relação direta entre a colaboração premiada e a prisão cautelar, até porque a prisão preventiva não se faz presente no rol de consequências legais para o descumprimento do acordo. Dessa forma, afirmou-se que a colaboração premiada não pode interferir no curso da prisão processual.[349]

É importante que não se esqueça que a colaboração do acusado jamais pode ser exigida; deve ser sempre voluntária. Dessa forma, o risco de restabelecimento da prisão exclusivamente pelo descumprimento do acordo, além de contrário aos requisitos legais para a prisão preventiva, exerceria mais uma forma de coação ilegal ao colaborador. Mesmo a falta de completude ou de verdade de suas declarações, que pode ser causa de rescisão do acordo ou de proporcional redução dos favores negociados, não pode ser considerada causa de risco ao processo ou à sociedade a justificar a prisão provisória.

Além disso, sequer há enquadramento legal previsto no ordenamento jurídico para fundamentar tal medida excepcional, tendo em vista que dentre as hipóteses previstas no art. 312 do CPP não se

---

[348] Cabendo, aqui, a transcrição do seguinte trecho do voto do Ministro Ricardo Lewandowski: "[...] a delação premiada é um início de prova, como outra qualquer, e não se pode dar esse valor a ponto de o descumprimento de uma cláusula dessa delação premiada ensejar, sem uma fundamentação fática mais concreta, a prisão preventiva." (STF, HC 138207, Relator(a): Min. EDSON FACHIN, Segunda Turma, julgado em 25/04/2017, PROCESSO ELETRÔNICO DJe-141 Divulg 27-06-2017 Public 28-06-2017).

[349] STF, HC 138207, Relator(a): Min. EDSON FACHIN, Segunda Turma, julgado em 25/04/2017, PROCESSO ELETRÔNICO DJe-141 Divulg 27-06-2017 Public 28-06-2017.

encontra a de descumprimento do acordo de colaboração, fato este que a toda evidência geraria constrangimento ilegal em relação ao colaborador preso sob este fundamento.

Nesse sentido, foi a decisão do Ministro Nefi Cordeiro, do STJ, ao apreciar pedido de *habeas corpus* no qual o fundamento da prisão era o descumprimento do acordo:

> Ocorre que a colaboração do acusado não pode ser judicialmente exigida; é sempre voluntária. Ademais, a falta de completude na verdade pode ser causa de rescisão do acordo ou de proporcional redução dos favores negociados, mas jamais causa de risco ao processo ou à sociedade, a justificar a prisão provisória. Esconder fatos hoje não significa que se prejudique a colheita de provas, mesmo investigatórias, do limite fático já revelado e criminalmente perseguido. [...] Ao que parece, prende-se porque não colaborou por completo, mais como punição do que por riscos presentes. Não sendo lícita a prisão, preventiva ou temporária, por descumprimento do acordo de colaboração premiada, tem-se efetivamente situação de ilegalidade.[350]

Esse voto do Ministro Nefi Cordeiro reflete o correto entendimento já adotado pela Sexta Turma do STJ em julgados mais antigos.[351]

3.7. Impugnação do acordo de colaboração por terceiros

Ao se considerar o acordo de colaboração premiada um negócio jurídico processual personalíssimo e diante do entendimento amplamente disseminado de que até mesmo a rescisão do acordo apenas produz os seus efeitos em relação às partes, tem-se como consequência a conclusão de que apenas as partes podem se insurgir contra vícios do acordo, não se permitindo a terceiros, mesmo que delatados, a impugnação do acordo.

Nesse sentido, o Ministro Ricardo Lewandowski afirma ser entendimento pacificado no STF o de que o acordo de colaboração premiada não pode vincular ou atingir a esfera jurídica de terceiros, o

---

[350] STJ, HC 479.227/MG, Rel. Ministro NEFI CORDEIRO, SEXTA TURMA, julgado em 12/03/2019, DJe 18/03/2019.

[351] Exemplificativamente: "[...] o simples fato de ter sido frustrado acordo de colaboração premiada, ou mesmo o seu descumprimento, por si só, não justifica a imposição do cárcere [...]. Em outras palavras, a prisão provisória não pode ser utilizada como 'moeda de troca' ou punição antecipada àquele que, réu em processo penal, celebra ou está em vias de celebrar o mencionado acordo." (STJ, HC 396.658/SP, Rel. Ministro ANTONIO SALDANHA PALHEIRO, SEXTA TURMA, julgado em 27/06/2017, DJe 01/08/2017).

que conduz à conclusão de que não cabe ao terceiro não participante da relação jurídica contratual questionar os termos do acordo.[352-353]

Em outras palavras, pode-se afirmar que a colaboração não produz o efeito de prova, mas de ferramenta processual destinada à produção de elementos de prova, reservando-se a possibilidade de que os terceiros discutam, em momento oportuno, as informações extraídas do acordo.[354]

No mesmo sentido, o Ministro Dias Toffoli, ao negar a possibilidade de impugnação de terceiro ao acordo de colaboração, afirma que as cláusulas do acordo em nada repercutem na esfera jurídica do terceiro, motivo pelo qual lhe faltaria interesse jurídico para a impugnação.[355] O mesmo Ministro, no julgamento do conhecido *Habeas Corpus* nº 127.483, discorre:

> O acordo de colaboração, como negócio jurídico personalíssimo, não vincula o delatado e não atinge diretamente sua esfera jurídica: *res inter alios acta*. Assim, a homologação do acordo de colaboração, por si só, não produz nenhum efeito na esfera jurídica do delatado, uma vez que não é o acordo propriamente dito que poderá atingi-la, mas sim as imputações constantes dos depoimentos do colaborador ou as medidas restritivas de direitos fundamentais que vierem a ser adotadas com base nesses depoimentos e nas provas por ele indicadas ou apresentadas – o que, aliás, poderia ocorrer antes, ou mesmo independentemente, de um acordo de colaboração.[356]

O entendimento dominante na Suprema Corte, portanto, é o de que, ao delatado, falta interesse jurídico para contrapor as cláusulas do acordo; entretanto, possui interesse para contrapor os elementos de prova advindos do acordo.[357]

---

[352] STF, Pet 7074 QO, Relator(a): Min. EDSON FACHIN, Tribunal Pleno, julgado em 29/06/2017, ACÓRDÃO ELETRÔNICO DJe-085 DIVULG 02-05-2018 PUBLIC 03-05-2018.

[353] Ainda, no entendimento de Carla Veríssimo: "[...] não sendo parte no acordo de jurisdição voluntária, o terceiro não poderia postular a invalidade da colaboração." (VERÍSSIMO, Carla. Principais questões sobre a competência para a homologação do acordo de colaboração premiada. In: BOTTINI, Pierpaolo Cruz; MOURA, Maria Thereza de Assis (org.). *Colaboração premiada*. São Paulo: Revista dos Tribunais, 2017, p. 111).

[354] DIPP, Gilson. *A "delação" ou colaboração premiada*: uma análise do instituto pela interpretação da lei. Brasília: IDP/EDB, 2015. Disponível em: <http://www.idp.edu.br/docman/ebooks/1043-delacao-ou-colaboracao-premiada/file>. Acesso em: 24 abril 2018. p. 27.

[355] STF, Rcl 21258 AgR, Relator(a): Min. DIAS TOFFOLI, Segunda Turma, julgado em 15/03/2016, PROCESSO ELETRÔNICO DJe-076 Divulg 19-04-2016 Public 20-04-2016.

[356] STF, HC 127483, Relator(a): Min. DIAS TOFFOLI, Tribunal Pleno, julgado em 27/08/2015, PROCESSO ELETRÔNICO DJe-021 Divulg 03-02-2016 Public 04-02-2016.

[357] STF, Inq 4405 AgR, Relator(a): Min. ROBERTO BARROSO, Primeira Turma, julgado em 27/02/2018, ACÓRDÃO ELETRÔNICO DJe-064 Divulg 04-04-2018 Public 05-04-2018.

Esse entendimento é o aplicado em situações como a de reclamação ajuizada no Supremo Tribunal Federal por alegada violação à Súmula vinculante n° 14 do STF, na qual se pretendia o acesso a um acordo de colaboração premiada para, nas palavras do reclamante delatado, "[...] examinar a existência dos pressupostos do[s] acordo[s] de delação premiada realizado[s]".[358]

Diante desse pleito, reconhece-se apenas ao Ministério Público e ao agente colaborador a legitimidade para impugnar a decisão homologatória do acordo em razão da ocorrência de algum vício, reservando-se ao agente delatado a liberdade de exercer sua defesa, em relação aos elementos de prova colhidos na colaboração, no inquérito policial ou na ação penal respectivos, havendo, na referência do Ministro Alexandre de Moraes, o exercício de um contraditório diferido,[359] inclusive com direito a inquirir o agente colaborador.[360]

Nesse sentido, pode-se afirmar, com Vinicius Gomes de Vasconcellos, que "[...] a posição dos corréus delatados é de extrema fragilidade diante da colaboração premiada, visto que ocupam um local limítrofe e nebuloso".[361]

Assim, o momento apropriado para o delatado exercer sua atividade defensiva, pelo entendimento hoje dominante na Corte Suprema, é o do procedimento criminal instaurado a partir da colaboração, quando os elementos colhidos no acordo passarão a influir nos seus direitos, considerando-se esse exercício do direito ao confronto um verdadeiro "filtro" contra "falsas colaborações"[362] (conduta que dá origem à figura típica também nomeada de "delação caluniosa",[363] tipificada no artigo 19 da Lei de Organizações Criminosas[364]).

---

[358] STF, Rcl 21258, Relator(a): Min. DIAS TOFFOLI, julgado em 03/12/2015.

[359] STF, Pet 7074 QO, Relator(a): Min. EDSON FACHIN, Tribunal Pleno, julgado em 29/06/2017, ACÓRDÃO ELETRÔNICO DJe-085 Divulg 02-05-2018 Public 03-05-2018.

[360] STF, Rcl 21258, Relator(a): Min. DIAS TOFFOLI, julgado em 03/12/2015.

[361] VASCONCELLOS, Vinicius Gomes de. *Colaboração premiada no processo penal*. São Paulo: Revista dos Tribunais, 2017. p. 103.

[362] MENDONÇA, Andrey Borges de. Os benefícios possíveis na colaboração premiada: entre a legalidade e a autonomia da vontade. In: BOTTINI, Pierpaolo Cruz; MOURA, Maria Thereza de Assis (org.). *Colaboração premiada*. São Paulo: Revista dos Tribunais, 2017, p. 58.

[363] STF, Inq 4435 AgR, Relator(a): Min. MARCO AURÉLIO, Primeira Turma, julgado em 12/09/2017, ACÓRDÃO ELETRÔNICO DJe-029 Divulg 16-02-2018 Public 19-02-2018.

[364] Lei 12.850/2013, art. 19. Imputar falsamente, sob pretexto de colaboração com a Justiça, a prática de infração penal a pessoa que sabe ser inocente, ou revelar informações sobre a estrutura de organização criminosa que sabe inverídicas: Pena – reclusão, de 1 (um) a 4 (quatro) anos, e multa.

Esse entendimento restritivo à impugnação do acordo por terceiro está pendente de reanálise pelo STF, o que ocorre na ação de *Habeas Corpus* nº 143.427.[365] Até a data de finalização da presente obra, apenas havia sido proferido o voto do Ministro-Relator da ação, o Ministro Gilmar Mendes (sessão da 2ª Turma ocorrida no dia 21 de maio de 2019). No seu entendimento, essa problemática deve ser revisitada pela Corte, já que é inegável que a homologação do acordo de colaboração premiada atinge a esfera de direitos dos agentes delatados.

Desse modo, a lógica civilista reconhecida aos acordos de colaboração premiada deve ser examinada com as cautelas necessárias da esfera penal, mormente em casos nos quais se demonstre a manifesta ilegalidade do acordo. Após a fala do Ministro Gilmar Mendes, o Ministro Edson Fachin pediu vista, prorrogando a definição do julgamento.

---

[365] STF, HC 142205 MC, Relator(a): Min. GILMAR MENDES, julgado em 21/05/2019.

Conclusão

A lógica negocial, de oferecimento de uma recompensa qualquer para que o agente contribua com a autoridade estatal, não é uma novidade no sistema processual penal brasileiro. Exemplos dessa característica são encontrados em diversos diplomas normativos brasileiros, entre os quais: a Lei dos Crimes Hediondos (art. 8º, parágrafo único), a Lei dos Crimes contra o Sistema Financeiro (art. 25, § 2º), a Lei dos Crimes Tributários (art. 16, parágrafo único), a Lei de Drogas (art. 41), entre outros.

Entretanto, é com a Lei de Organizações Criminosas que essa lógica negocial se apresenta de uma maneira intensificada e de forma sistematizada, a partir do regramento a respeito da colaboração premiada, um negócio jurídico celebrado entre a autoridade estatal (delegado de polícia ou membro do Ministério Público) e o investigado/acusado/condenado.

As diretrizes básicas desse instituto são fornecidas pela Lei de Organizações Criminosas, permeada, nessa matéria, pelos princípios gerais aplicáveis à classe jurídica dos negócios jurídicos, como a boa-fé, o *nemo potest venire contra factum proprium*, etc. Entretanto, essa legislação é significativamente concisa ao tratar do acordo de colaboração premiada, um instituto complexo e que demanda cautela na sua incorporação ao processo penal brasileiro.

Assim, diante da novidade dos temas que envolvem o instituto da colaboração premiada, da relevância desse instituto para o Direito Penal e o Processo Penal contemporâneos, bem como da incompletude legislativa a esse respeito, muitas das diretrizes práticas a respeito do acordo de colaboração acabam sendo definidas pelo Poder Judiciário, quando chamado a decidir.

Por esse motivo, um dos focos desta obra foi apresentar o posicionamento judicial a respeito da prática da colaboração premiada, que condiciona uma adequada compreensão do tema e, ainda, a atuação de qualquer profissional do Direito em acordos. Em razão da estrutura judiciária brasileira e do considerável número de agentes detentores de foro por prerrogativa de função em procedimentos de colaboração premiada, optou-se pelo exame do entendimento presente no Supremo Tribunal Federal.

Pode-se perceber, com isso, que, mesmo no curto espaço de tempo de sua existência, diversas linhas básicas de condução da colaboração premiada já foram traçadas pelo Supremo Tribunal Federal, algumas delas sem qualquer previsão legal prévia a respeito, especialmente em relação à natureza jurídica do acordo e em relação ao seu procedimento prático.

Algumas dessas definições são merecedoras de breve retomada, já que condicionam qualquer atuação prática e, mais do que isso, o sucesso da colaboração premiada no sistema processual penal pátrio. Destacamos as seguintes:

1. É entendimento disseminado na Suprema Corte, assim como na doutrina especializada, o de que a colaboração premiada possui a natureza de negócio jurídico processual, sujeito a muitos dos princípios historicamente desenvolvidos em relação a essa classe de ato jurídico.

Mais do que isso, o STF qualifica esse negócio jurídico processual de "personalíssimo", concluindo em tantos julgamentos que o acordo apenas atinge a esfera jurídica das partes contratantes (delegado de polícia ou membro do Ministério Público e agente colaborador), não produzindo efeitos jurídicos em relação a terceiros. Para compreensão dessa afirmação, deve-se ter clara a distinção entre o acordo de colaboração premiada em si e os elementos de prova a partir dele alcançados – esses últimos exercendo influência em terceiros.

Diante disso, chega-se à conclusão de que nem mesmo o terceiro delatado possui legitimidade para a impugnação do acordo de colaboração, prevalecendo o entendimento de que é inócua a utilização dos meios recursais manejados para a invalidação do pacto entre a autoridade e o agente colaborador. Restará ao delatado o exercício de sua defesa no procedimento criminal decorrente da colaboração, não se lhe permitindo a interferência direta no acordo em si;

2. O acordo de colaboração premiada é um instrumento efetivo de produção de provas, especialmente em crimes complexos, praticados por organizações criminosas, nas quais geralmente vigora um "pacto de silêncio" entre os agentes. Mesmo assim, é um instrumento que demanda corroboração em relação às declarações do agente

colaborador, não se podendo fundamentar uma condenação criminal exclusivamente com base nessas declarações.

Ainda em relação a isso, deve-se atentar para a qualidade do elemento a corroborar as declarações do agente colaborador. Alguns desses elementos podem possuir credibilidade igualmente insuficiente, como é o caso da corroboração cruzada (quando as declarações do colaborador são corroboradas por declarações de outro colaborador) e das anotações realizadas pelo próprio colaborador;

3. O acordo de colaboração premiada segue um rito específico, iniciando com a proposta de acordo e passando pela confecção do termo de acordo, que deverá ser judicialmente homologado. Esse juízo de homologação examina a regularidade, a voluntariedade e a legalidade do acordo, conferindo segurança ao agente colaborador de que, se cumprir com as obrigações que assumiu no pacto, lhe serão asseguradas, ao final, as sanções premiais.

É entendimento majoritário no STF de que o acordo homologado deve, em regra, ser observado pelo juiz ou pelo colegiado quando da decisão final de mérito (sentença ou acórdão), apenas se podendo revisar o acordo em caso de ilegalidade flagrante, como o caso de utilização de tortura como forma de coação do agente para que colabore (exemplo fornecido pelos próprios Ministros da Corte);

4. A autoridade estatal, ao celebrar o acordo de colaboração, se compromete a defender a aplicação das sanções premiais pactuadas se adimplidas as obrigações assumidas pelo agente colaborador. Entre essas obrigações assumidas, está o dever geral de colaboração, com o compromisso de não exercício do direito ao silêncio. Esse direito, deve-se advertir, não é retirado do agente colaborador, que pode exercê-lo quando bem entender, situação que importará, entretanto, em descumprimento do acordo e em sua rescisão;

5. Para a fixação das sanções premiais a serem pactuadas no acordo de colaboração premiada, dever-se-á levar em consideração uma série de circunstâncias, como a amplitude das informações que o colaborador possui, a consistência dessas informações, o grau de credibilidade e o valor probatório da documentação apresentada, o nível de exposição de sua própria segurança e de pessoas próximas a ele etc.;

6. Da proposta de colaboração se admite a retratação das partes. Todavia, durante a execução do acordo em si, o não cumprimento de qualquer dever por parte do agente colaborador importa em descumprimento do pacto, podendo ensejar a sua rescisão.

Diz-se que o descumprimento *pode* ensejar a rescisão do acordo porque se considera que a melhor prática se encontra na avaliação da extensão do descumprimento e, sempre que possível for, na reformulação do acordo, com a revisão dos prêmios, em detrimento da rescisão imediata. Nesse caso, diante do alegado descumprimento do acordo, deve-se possibilitar ao agente colaborador o exercício da ampla defesa e do contraditório, em procedimento judicial, para que possa contraditar a acusação de descumprimento.

A adoção do instituto da colaboração premiada no ordenamento jurídico brasileiro parece ser uma medida, ao menos a curto prazo, irrevogável. Desse modo, por mais que o a colaboração premiada promova, inevitavelmente, uma revisão de algumas práticas processuais, deve-se primar pela sua compatibilização com as garantias processuais penais há tanto tempo consagradas.

Referências

AGUADO CORREA, Teresa. *El principio de proporcionalidad en Derecho Penal*. Madrid: Edersa, 1999.
BADARÓ, Gustavo Henrique. A colaboração premiada: meio de prova, meio de obtenção de prova ou um novo modelo de justiça penal não epistêmica? In: BOTTINI, Pierpaolo Cruz; MOURA, Maria Thereza de Assis (org.). *Colaboração premiada*. São Paulo: Revista dos Tribunais, 2017, p. 127-149.
BOTTINO, Thiago. Colaboração premiada e incentivos à cooperação no processo penal: uma análise crítica dos acordos firmados na "Operação Lava Jato". *Revista Brasileira de Ciências Criminais*, São Paulo, v. 122, ago., 2016.
BOVINO, Alberto. Problemas del derecho procesal penal contemporáneo. Buenos Aires: 1998.
BRASIL, Decreto n° 5.015, de 12 de março de 2004. Promulga a Convenção das Nações Unidas contra o Crime Organizado Transnacional.
——, Decreto n° 5.687, de 31 de janeiro de 2006. Promulga a Convenção das Nações Unidas contra a Corrupção, adotada pela Assembleia-Geral das Nações Unidas em 31 de outubro de 2003 e assinada pelo Brasil em 9 de dezembro de 2003.
——, Lei n° 8.038, de 28 de maio de 1990. Institui normas procedimentais para os processos que especifica, perante o Superior Tribunal de Justiça e o Supremo Tribunal Federal.
CALAMANDREI, Piero. *Proceso y democracia*: conferencias pronunciadas en la Facultad de Derecho de la Universitad Nacional Autonoma de Mexico. Buenos Aires: Ediciones Juridicas Europa-America, 1960.
CANOTILHO, J. J. Gomes; BRANDÃO, Nuno. Colaboração premiada: reflexões críticas sobre os acordos fundantes da Operação Lava Jato. *Revista Brasileira de Ciências Criminais*, São Paulo, v. 133, jul., p. 133-171, 2017.
CAPEZ, Rodrigo. A sindicabilidade do acordo de colaboração premiada. In: BOTTINI, Pierpaolo Cruz; MOURA, Maria Thereza de Assis (org.). *Colaboração premiada*. São Paulo: Revista dos Tribunais, 2017, p. 201-236.
DIDIER JR, Fredie; BOMFIM, Daniela. Colaboração premiada (Lei n° 12.850/2013): natureza jurídica e controle da validade por demanda autônoma: um diálogo com o Direito Processual Civil. *Revista do Ministério Público do Estado do Rio de Janeiro*, Rio de Janeiro, n. 62, p. 23-59, out./dez. 2016. Disponível em: <https://bdjur.stj.jus.br/jspui/bitstream/2011/112667/colaboracao_premiada_lei_didier.pdf>. Acesso em: 24 abril 2018.
DÍEZ RIPOLLÉS, José Luis. *A Política Criminal na Encruzilhada*. Tradução de André Luís Callegari. Porto Alegre: Livraria do Advogado, 2015.
DIPP, Gilson. *A "delação" ou colaboração premiada*: uma análise do instituto pela interpretação da lei. Brasília: IDP/EDB, 2015. Disponível em: <http://www.idp.edu.br/docman/ebooks/1043-delacao-ou-colaboracao-premiada/file>. Acesso em: 24 abril 2018.
ESSADO, Tiago Cintra. Delação premiada e idoneidade probatória. In: BADARÓ, Gustavo Henrique (org.). *Direito Penal e processo penal*: processo penal I. São Paulo: Revista dos Tribunais, 2015. v. 6, p.1307-1331.
FELIPE i SABORIT, David. *Error Iuris*. El conocimiento de la antijuridicidad. Barcelona: Atelier, 2000.
GARCIA ESPAÑA, Elisa. *El premio a la colaboración*. Especial consideración a la corrupción administrativa. Espanha: Editorial Comares, 2006.

GIACOMOLLI, Nereu José. *Legalidade, Oportunidade e Consenso no Processo Penal*. Porto Alegre: Livraria do Advogado, 2006.
HASSEMER, Winfried. La persecución penal: legalidad y oportunidad. *Jueces para la Democracia*. Madrid, n. 4, p. 8-11, 1998.
HILGENDORF, Eric; VALERIUS, Brian. *Direito Penal*. Parte geral. Tradução de Orlandino Gleizer. São Paulo: Marcial Pons, 2019.
JAKOBS, Günther; CANCIO MELIÁ, Manuel. *Direito Penal do Inimigo*. 6a. edição. Tradução André Luís Callegari e Nereu José Giacomolli. Porto Alegre: Livraria do Advogado, 2015.
JESCHECK, Hans-Heinrich. *Tratado de Derecho Penal*. 4. ed. Traducción de José Luis Manzanares Samaniego. Granada: Editorial Comares, 1993.
LUCCHESI, Guilherme Brenner. *Punindo a culpa como dolo*: o uso da cegueira deliberada no Brasil. São Paulo: Marcial Pons, 2018
MENDONÇA, Andrey Borges de. Os benefícios possíveis na colaboração premiada: entre a legalidade e a autonomia da vontade. In: BOTTINI, Pierpaolo Cruz; MOURA, Maria Thereza de Assis (org.). *Colaboração premiada*. São Paulo: Revista dos Tribunais, 2017, p. 53-104.
MINISTÉRIO PÚBLICO FEDERAL. Orientação conjunta nº 1/2018 – acordos de colaboração premiada. Disponível em: <http://www.mpf.mp.br/atuacao-tematica/ccr5/orientacoes/orientacao-conjunta-no-1-2018.pdf>. Acesso em: 23 jul 2018.
NAÇÕES UNIDAS. Convenção das Nações Unidas contra a Corrupção. Disponível em: <https://www.unodc.org/documents/lpo-brazil//Topics_corruption/Publicacoes/2007_UNCAC_Port.pdf>. Acesso em: 25 jul 2018.
——. Convenção das Nações Unidas contra o Crime Organizado Transnacional. Disponível em: <http://www.unodc.org/documents/treaties/UNTOC/Publications/TOC%20Convention/TOCebook-e.pdf>. Acesso em: 25 jul 2018.
NOGUEIRA, Pedro Henrique. *Negócios jurídicos processuais*. 2. ed. Salvador: JusPodivm, 2016.
ORTIZ PRADILLO, Juan Carlos. La delación premiada en España: instrumentos para el fomento de la colaboración con la justicia. *Revista Brasileira de Direito Processual Penal*, Porto Alegre, v. 3, n. 1, p. 39-70, 2017. Disponível em: <https://bdjur.stj.jus.br/jspui/bitstream/2011/109157/delacion_premiada_espana_ortiz.pdf>. Acesso em: 24 de abril de 2018.
——. *Los delatores en el proceso penal*. Recompensas, anonimato, protección y otras medidas para incentivar una "colaboración eficaz" con la justicia. Espanha: Wolters Kluwer, 2018.
PACELLI, Eugênio; CALLEGARI, André. *Manual de Direito Penal*. Parte Geral. 5. ed. São Paulo: GEN/Atlas, 2019.
PEST, Robert. A Colaboração Premiada no Processo Penal Alemão. Tradução de Luís Henrique Machado. *Revista de Direito Público*, v. 13, n. 74, 2017, p. 30-51.
REGIMENTO INTERNO do Supremo Tribunal Federal. Disponível em: <http://www.stf.jus.br/arquivo/cms/legislacaoRegimentoInterno/anexo/RISTF_integral.pdf>. Acesso em: 19 jun. 18.
ROSA, Alexandre Morais da; SANT`ANA, Raquel Mazzuco. *Delação premiada como negócio jurídico*: a ausência de coação como requisito de validade. Florianópolis: Editora Emais, 2019.
ROXIN, Claus. *Derecho Penal*. Parte General. Tomo I. Madrid: Editorial Civitas, 1997.
SARCEDO, Leandro. A delação premiada e a necessária mitigação do princípio da obrigatoriedade da ação penal. In: BADARÓ, Gustavo Henrique (org.). *Direito Penal e processo penal*: processo penal I. São Paulo: Revista dos Tribunais, 2015. v. 6, p. 1207-1221.
SCHÜNEMANN, Bernd. *Estudos de direito penal, direito processual penal e filosofia do direito*. Coordenação de Luís Greco. São Paulo: Marcial Pons, 2013.
SILVA, Eduardo Araújo da. *Organizações criminosas*: aspectos penais e processuais da Lei 12.850/2013. 2. ed. São Paulo: Atlas, 2015.
STF, ADI 5508, Relator(a): Min. MARCO AURÉLIO, Tribunal Pleno, julgado em 20/06/2018, PROCESSO ELETRÔNICO DJe-125 DIVULG 22-06-2018 PUBLIC 25-06-2018.
——, AP 676, Relator(a): Min. ROSA WEBER, Primeira Turma, julgado em 17/10/2017, ACÓRDÃO ELETRÔNICO DJe-021 DIVULG 05-02-2018 PUBLIC 06-02-2018.
——, AP 694, Relator(a): Min. ROSA WEBER, Primeira Turma, julgado em 02/05/2017, ACÓRDÃO ELETRÔNICO DJe-195 DIVULG 30-08-2017 PUBLIC 31-08-2017.
——, HC 127483, Relator(a): Min. DIAS TOFFOLI, Tribunal Pleno, julgado em 27/08/2015, PROCESSO ELETRÔNICO DJe-021 DIVULG 03-02-2016 PUBLIC 04-02-2016.
——, HC 129877, Relator(a): Min. MARCO AURÉLIO, Primeira Turma, julgado em 18/04/2017, PROCESSO ELETRÔNICO DJe-168 DIVULG 31-07-2017 PUBLIC 01-08-2017.

———, HC 132143, Relator(a): Min. EDSON FACHIN, Primeira Turma, julgado em 15/03/2016, PROCESSO ELETRÔNICO DJe-060 DIVULG 27-03-2017 PUBLIC 28-03-2017.
———, HC 138207, Relator(a): Min. EDSON FACHIN, Segunda Turma, julgado em 25/04/2017, PROCESSO ELETRÔNICO DJe-141 DIVULG 27-06-2017 PUBLIC 28-06-2017.
———, HC 142205 MC, Relator(a): Min. GILMAR MENDES, julgado em 21/05/2019.
———, HC 88190, Relator(a): Min. CEZAR PELUSO, Segunda Turma, julgado em 29/08/2006, DJ 06-10-2006 PP-00067 EMENT VOL-02250-03 PP-00643 RTJ VOL-00201-03 PP-01078 LEXSTF v. 28, n. 336, 2006, p. 444-455.
———, Inq 3979, Relator(a): Min. TEORI ZAVASCKI, Segunda Turma, julgado em 27/09/2016, ACÓRDÃO ELETRÔNICO DJe-267 DIVULG 15-12-2016 PUBLIC 16-12-2016.
———, Inq 3982, Relator(a): Min. EDSON FACHIN, Segunda Turma, julgado em 07/03/2017, ACÓRDÃO ELETRÔNICO DJe-117 DIVULG 02-06-2017 PUBLIC 05-06-2017.
———, Inq 3983, Relator(a): Min. TEORI ZAVASCKI, Tribunal Pleno, julgado em 03/03/2016, ACÓRDÃO ELETRÔNICO DJe-095 DIVULG 11-05-2016 PUBLIC 12-05-2016.
———, Inq 3984, Relator(a): Min. TEORI ZAVASCKI, Segunda Turma, julgado em 06/12/2016, ACÓRDÃO ELETRÔNICO DJe-267 DIVULG 15-12-2016 PUBLIC 16-12-2016.
———, Inq 3994 ED-segundos, Relator(a): Min. DIAS TOFFOLI, Segunda Turma, julgado em 07/08/2018, ACÓRDÃO ELETRÔNICO DJe-185 DIVULG 04-09-2018 PUBLIC 05-09-2018.
———, Inq 3994, Relator(a): Min. EDSON FACHIN, Relator(a) p/ Acórdão: Min. DIAS TOFFOLI, Segunda Turma, julgado em 18/12/2017, ACÓRDÃO ELETRÔNICO DJe-065 DIVULG 05-04-2018 PUBLIC 06-04-2018.
———, Inq 3998, Relator(a): Min. EDSON FACHIN, Relator(a) p/ Acórdão: Min. DIAS TOFFOLI, Segunda Turma, julgado em 18/12/2017, ACÓRDÃO ELETRÔNICO DJe-045 DIVULG 08-03-2018 PUBLIC 09-03-2018.
———, Inq 4005, Relator(a): Min. EDSON FACHIN, Segunda Turma, julgado em 11/12/2018, acórdão não publicado no DJe até a finalização deste livro.
———, Inq 4118, Relator(a): Min. EDSON FACHIN, Segunda Turma, julgado em 08/05/2018, ACÓRDÃO ELETRÔNICO DJe-185 DIVULG 04-09-2018 PUBLIC 05-09-2018.
———, Inq 4130 QO, Relator(a): Min. DIAS TOFFOLI, Tribunal Pleno, julgado em 23/09/2015, ACÓRDÃO ELETRÔNICO DJe-020 DIVULG 02-02-2016 PUBLIC 03-02-2016.
———, Inq 4146, Relator(a): Min. TEORI ZAVASCKI, Tribunal Pleno, julgado em 22/06/2016, ACÓRDÃO ELETRÔNICO DJe-212 DIVULG 04-10-2016 PUBLIC 05-10-2016.
———, Inq 4405 AgR, Relator(a): Min. ROBERTO BARROSO, Primeira Turma, julgado em 27/02/2018, ACÓRDÃO ELETRÔNICO DJe-064 DIVULG 04-04-2018 PUBLIC 05-04-2018.
———, Inq 4415 AgR, Relator(a): Min. EDSON FACHIN, Segunda Turma, julgado em 13/06/2017, ACÓRDÃO ELETRÔNICO DJe-018 DIVULG 31-01-2018 PUBLIC 01-02-2018.
———, Inq 4419 AgR, Relator(a): Min. EDSON FACHIN, Segunda Turma, julgado em 13/06/2017, ACÓRDÃO ELETRÔNICO DJe-139 DIVULG 23-06-2017 PUBLIC 26-06-2017.
———, Inq 4435 AgR, Relator(a): Min. MARCO AURÉLIO, Primeira Turma, julgado em 12/09/2017, ACÓRDÃO ELETRÔNICO DJe-029 DIVULG 16-02-2018 PUBLIC 19-02-2018.
———, Inq 4483 QO, Relator(a): Min. EDSON FACHIN, Tribunal Pleno, julgado em 21/09/2017, ACÓRDÃO ELETRÔNICO DJe-116 DIVULG 12-06-2018 PUBLIC 13-06-2018.
———, Inq 4633, Relator(a): Min. EDSON FACHIN, Segunda Turma, julgado em 08/05/2018, ACÓRDÃO ELETRÔNICO DJe-113 DIVULG 07-06-2018 PUBLIC 08-06-2018.
———, Pet 5209, Relator(a): Min. TEORI ZAVASCKI, decisão proferida em 29/09/2014.
———, Pet 5244, Relator(a): Min. TEORI ZAVASCKI, julgado em 29/08/2016, publicado em DJe-188 DIVULG 02/09/2016 PUBLIC 05/09/2016.
———, Pet 5245, Relator(a): Min. TEORI ZAVASCKI, julgado em 17/12/2015, publicado em DJe-010 DIVULG 20/01/2016 PUBLIC 01/02/2016.
———, Pet 5733, Relator(a): Min. TEORI ZAVASCKI, julgado em 23/09/2015, publicado em PROCESSO ELETRÔNICO DJe-193 DIVULG 25/09/2015 PUBLIC 28/09/2015.
———, Pet 5885 AgR, Relator(a): Min. TEORI ZAVASCKI, Segunda Turma, julgado em 05/04/2016, PROCESSO ELETRÔNICO DJe-080 DIVULG 25-04-2016 PUBLIC 26-04-2016.
———, Pet 5952, Relator(a): Min. EDSON FACHIN, julgado em 05/06/2018, publicado em DJe-113 DIVULG 07/06/2018 PUBLIC 08/06/2018.
———, Pet 6138 AgR, Relator(a): Min. EDSON FACHIN, Segunda Turma, julgado em 21/02/2017, ACÓRDÃO ELETRÔNICO DJe-200 DIVULG 04-09-2017 PUBLIC 05-09-2017.

―――, Pet 6138 AgR-segundo, Relator(a): Min. EDSON FACHIN, Relator(a) p/ Acórdão: Min. DIAS TOFFOLI, Segunda Turma, julgado em 21/02/2017, ACÓRDÃO ELETRÔNICO DJe-200 DIVULG 04-09-2017 PUBLIC 05-09-2017.
―――, Pet 6138, Relator(a): Min. TEORI ZAVASCKI, julgado em 24/05/2016.
―――, Pet 6164 AgR, Relator(a): Min. TEORI ZAVASCKI, Segunda Turma, julgado em 06/09/2016, ACÓRDÃO ELETRÔNICO DJe-201 DIVULG 20-09-2016 PUBLIC 21-09-2016.
―――, Pet 6351 AgR, Relator(a): Min. EDSON FACHIN, Segunda Turma, julgado em 07/02/2017, PROCESSO ELETRÔNICO DJe-034 DIVULG 20-02-2017 PUBLIC 21-02-2017.
―――, Pet 6667 AgR, Relator(a): Min. EDSON FACHIN, Segunda Turma, julgado em 25/08/2017, ACÓRDÃO ELETRÔNICO DJe-200 DIVULG 04-09-2017 PUBLIC 05-09-2017.
―――, Pet 7003, Relator(a): Min. EDSON FACHIN, julgado em 24/04/2019, publicado em DJe-087 DIVULG 26/04/2019 PUBLIC 29/04/2019.
―――, Pet 7003, Relator(a): Min. EDSON FACHIN, julgado em 27/06/2018, publicado em DJe-153 DIVULG 31/07/2018 PUBLIC 01/08/2018.
―――, Pet 7074 QO, Relator(a): Min. EDSON FACHIN, Tribunal Pleno, julgado em 29/06/2017, ACÓRDÃO ELETRÔNICO DJe-085 DIVULG 02-05-2018 PUBLIC 03-05-2018.
―――, Pet 7265, Relator(a): Min. RICARDO LEWANDOWSKI, decisão proferida em 14/11/2017.
―――, Pet 7509, Relator(a): Min. EDSON FACHIN, Segunda Turma, julgado em 03/04/2018, ACÓRDÃO ELETRÔNICO DJe-092 DIVULG 11-05-2018 PUBLIC 14-05-2018
―――, Rcl 21258 AgR, Relator(a): Min. DIAS TOFFOLI, Segunda Turma, julgado em 15/03/2016, PROCESSO ELETRÔNICO DJe-076 DIVULG 19-04-2016 PUBLIC 20-04-2016.
―――, Rcl 21258, Relator(a): Min. DIAS TOFFOLI, julgado em 03/12/2015
―――, Rcl 21514, Relator(a): Min. TEORI ZAVASCKI, julgado em 11/11/2015, publicado em PROCESSO ELETRÔNICO DJe-229 DIVULG 13/11/2015 PUBLIC 16/11/2015.
―――, Rcl 22009 AgR, Relator(a): Min. TEORI ZAVASCKI, Segunda Turma, julgado em 16/02/2016, PROCESSO ELETRÔNICO DJe-095 DIVULG 11-05-2016 PUBLIC 12-05-2016.
―――, Rcl 24116, Relator(a): Min. GILMAR MENDES, Segunda Turma, julgado em 13/12/2016, PROCESSO ELETRÔNICO DJe-028 DIVULG 10-02-2017 PUBLIC 13-02-2017.
―――, Rcl 27229 AgR-segundo, Relator(a): Min. EDSON FACHIN, Segunda Turma, julgado em 15/06/2018, PROCESSO ELETRÔNICO DJe-127 DIVULG 26-06-2018 PUBLIC 27-06-2018.
STJ, AgRg no REsp 1765139/PR, Rel. Ministro FELIX FISCHER, QUINTA TURMA, julgado em 23/04/2019, DJe 09/05/2019.
―――, HC 396.658/SP, Rel. Ministro ANTONIO SALDANHA PALHEIRO, SEXTA TURMA, julgado em 27/06/2017, DJe 01/08/2017.
―――, HC 479.227/MG, Rel. Ministro NEFI CORDEIRO, SEXTA TURMA, julgado em 12/03/2019, DJe 18/03/2019.
―――, RHC 93.800/PR, Rel. Ministro ROGERIO SCHIETTI CRUZ, SEXTA TURMA, julgado em 18/09/2018, DJe 01/10/2018.
STRANTENWERTH, Günther. *Derecho Penal*. Parte General I. Traducción de Manuel Cancio Meliá e Marcelo A. Sancinetti. Madrid: Thomson-Civitas, 2000.
TRF4, ACR 2004.70.00.039573-7, Rel. Desembargador NEFI CORDEIRO, SÉTIMA TURMA, D.E. 30/06/2011.
VASCONCELLOS, Vinicius Gomes de. *Colaboração premiada no processo penal*. São Paulo: Revista dos Tribunais, 2017.
VERÍSSIMO, Carla. Principais questões sobre a competência para a homologação do acordo de colaboração premiada. In: BOTTINI, Pierpaolo Cruz; MOURA, Maria Thereza de Assis (org.). *Colaboração premiada*. São Paulo: Revista dos Tribunais, 2017, p. 111-126.
VILELA, Augusto Tarradt. Lei nº 12.850/2013 e a colaboração premiada: análise diante da relativização das garantias constitucionais. In: WEDY, Miguel Tedesco (org.). *Meios de obtenção de prova no processo penal*. Porto Alegre: Livraria do Advogado, 2018. p. 79-99.